中国社会科学院创新工程学术出版资助项目

新媒体时代抗议性谣言传播及其善治策略研究

雷霞 著

中国社会科学出版社

图书在版编目(CIP)数据

新媒体时代抗议性谣言传播及其善治策略研究/雷霞著. —北京：中国社会科学出版社，2016.1

ISBN 978-7-5161-7369-5

Ⅰ.①新… Ⅱ.①雷… Ⅲ.①谣言—传播—对策—研究—中国
Ⅳ.①D669.9

中国版本图书馆 CIP 数据核字(2015)第 313162 号

出 版 人　赵剑英
责任编辑　陈肖静
责任校对　韩海超
责任印制　戴　宽

出　　版　中国社会科学出版社
社　　址　北京鼓楼西大街甲 158 号
邮　　编　100720
网　　址　http://www.csspw.cn
发 行 部　010-84083685
门 市 部　010-84029450
经　　销　新华书店及其他书店

印　　刷　北京君升印刷有限公司
装　　订　廊坊市广阳区广增装订厂
版　　次　2016 年 1 月第 1 版
印　　次　2016 年 1 月第 1 次印刷

开　　本　710×1000　1/16
印　　张　14.75
插　　页　2
字　　数　249 千字
定　　价　56.00 元

目　录

第一章　绪论 …………………………………………………………（1）
第一节　选题背景和研究问题 ………………………………………（2）
一　选题背景 ………………………………………………………（4）
二　研究问题 ………………………………………………………（6）
第二节　国内外相关研究现状及文献综述 …………………………（8）
一　关于谣言的概念界定 …………………………………………（8）
二　关于谣言的产生与传播 ………………………………………（11）
三　关于新媒体时代谣言的传播 …………………………………（14）
四　关于谣言的社会意义 …………………………………………（17）
五　关于谣言的治理 ………………………………………………（18）
第三节　基本观点与逻辑结构 ………………………………………（20）
一　基本观点 ………………………………………………………（21）
二　逻辑结构 ………………………………………………………（23）
第四节　研究方法 ……………………………………………………（24）
一　案例分析法 ……………………………………………………（24）
二　内容分析法 ……………………………………………………（25）
三　（非）参与式观察法 …………………………………………（25）
四　深度访谈法 ……………………………………………………（26）

第二章　新媒体时代抗议性谣言概念解析 …………………………… (28)
第一节　新媒体概念界定 ……………………………………………… (28)
一　新媒体概念的提出 ……………………………………………… (28)
二　新媒体概念的拓展 ……………………………………………… (29)
三　对新媒体概念的质疑 …………………………………………… (29)
四　本书沿用"新媒体"提法的原因 ………………………………… (30)
第二节　谣言概念界定 ………………………………………………… (31)
一　中国古代谣言概念的界定 ……………………………………… (32)
二　谣言在中国古代社会中的作用 ………………………………… (33)
三　国外谣言概念的界定 …………………………………………… (36)
四　中西方谣言概念及其认识差异带来的启示 …………………… (37)
五　本书谣言概念的界定 …………………………………………… (38)
第三节　新媒体时代抗议性谣言概念界定 ………………………… (40)
一　抗议性的界定 …………………………………………………… (42)
二　本书对抗议性谣言的界定 ……………………………………… (43)

第三章　新媒体时代抗议性谣言传播特点 …………………………… (45)
第一节　近年来主要抗议性谣言传播概况 ………………………… (46)
一　当假设遇到现实 ………………………………………………… (47)
二　抗议性谣言的主要类型 ………………………………………… (47)
三　抗议性谣言的首发渠道 ………………………………………… (49)
四　抗议性谣言的处理结果 ………………………………………… (50)
五　抗议性谣言的持续时间 ………………………………………… (51)
第二节　"信息拼图":大众智慧的博弈 ……………………………… (52)
一　从"信息茧房"中走出来 ………………………………………… (52)
二　过于理想主义的"自清功能" …………………………………… (53)
三　"信息拼图"如何起作用 ………………………………………… (54)
四　新的集体记忆方式 ……………………………………………… (63)
第三节　抗议性谣言的参与者:非乌合之众 ………………………… (64)

一 大众的特点 …………………………………………………… (65)
二 谣言参与者分类 ……………………………………………… (67)
第四节 抗议性谣言的流传:被复制与叠加的群情激昂 ………… (68)
一 群体思维在抗议性谣言传播中的作用 ……………………… (69)
二 中国"关系"文化与群体思维的叠加 ………………………… (70)
三 主动围观的人群与群情激昂 ………………………………… (71)
第五节 当大众遇上推手:被利用的拼图 ………………………… (73)
一 不确定性让"信息拼图"更加开放 …………………………… (73)
二 实名认证增加"信息拼图"可信度 …………………………… (74)
三 新媒体营销:被"设置"的大众 ……………………………… (75)
四 利用"信息拼图"形成谣言的规律 …………………………… (78)

第四章 新媒体时代抗议性谣言传播的根源 ……………………… (81)
第一节 抗议性谣言的传播动因 …………………………………… (81)
一 谣言:与新闻互为补充的信息形式 ………………………… (81)
二 谣言公式的拓展 ……………………………………………… (84)
三 作为临时新闻的谣言 ………………………………………… (86)
四 辟谣的滞后与难度 …………………………………………… (88)
五 重复与变异并存:作为谣言的都市传说 …………………… (92)
六 媒体的误读、放大与被策划 ………………………………… (96)
第二节 抗议性谣言传播的心理动因 ……………………………… (99)
一 既有观念 ……………………………………………………… (99)
二 以往经验 ……………………………………………………… (101)
三 群体心理 ……………………………………………………… (102)
四 个人心理与情绪 ……………………………………………… (104)
五 记忆偏差 ……………………………………………………… (105)
第三节 抗议性谣言传播的社会动因 ……………………………… (107)
一 焦虑的时代与焦虑的个人 …………………………………… (107)
二 政府公信力下降 ……………………………………………… (109)

三　谣言与经济、社会、文化的大联动现象 …………………… (113)
四　民众与政府的矛盾 ………………………………………… (116)
五　“潜水谣言”随时出现 ……………………………………… (119)
第四节　抗议性谣言传播的技术动因 …………………………… (121)
一　删帖容易,根源难查 ……………………………………… (122)
二　拷贝沉帖,死灰复燃 ……………………………………… (123)
三　情景拼接,以假乱真 ……………………………………… (125)
四　技术恶搞,娱乐先行 ……………………………………… (127)
五　植入广告,营销造势 ……………………………………… (129)

第五章　新媒体时代抗议性谣言的社会影响 ……………………… (132)
第一节　抗议性谣言的正面社会影响 …………………………… (132)
一　弄清事实,建言献策 ……………………………………… (132)
二　舒缓焦虑,宣泄情绪 ……………………………………… (134)
三　避免被“谣”,官员自律 …………………………………… (135)
四　回归理性,提高免疫 ……………………………………… (136)
五　营造氛围,收集民意 ……………………………………… (137)
第二节　抗议性谣言的负面社会影响 …………………………… (137)
一　抗议性谣言多引发群体行为 ……………………………… (138)
二　谣言影响正常经济运转 …………………………………… (139)
三　谣言引发民众对政府的抵触和不信任 …………………… (141)

第六章　新媒体时代抗议性谣言的应对策略 ……………………… (143)
第一节　信息稀释:阻断不实谣言的拼接 ……………………… (144)
一　对群体智慧的呼唤 ………………………………………… (145)
二　对谣言信息的稀释 ………………………………………… (147)
三　稀释后的信息填充 ………………………………………… (148)
第二节　权威性的提升:信息确定性的回归 …………………… (149)
一　增强政府公信力 …………………………………………… (149)

二 提升媒体权威性 …………………………………………………………… (157)
三 共同维护健康的信息传播环境 …………………………………………… (169)
第三节 由抗议到协商:政府的善治策略 ………………………………………… (174)
一 完善法律法规 …………………………………………………………… (176)
二 警惕“寒蝉效应” ………………………………………………………… (181)
三 导入善治理念 …………………………………………………………… (185)
四 探寻善治策略 …………………………………………………………… (189)

第七章 结论 ……………………………………………………………………… (195)

参考文献 ………………………………………………………………………… (198)
附件 2003—2013 年主要抗议性谣言汇总表 …………………………………… (215)
后记 ……………………………………………………………………………… (224)

第一章　绪论

新媒体时代的信息分享和大众参与性媒体技术极大地改变了使用者和参与者的信息分享与交流模式，同时也极大地改变了人与人之间、人与社会之间、人与国家之间以及人与世界之间的关系，大众的时空观念和信息观念也随之改变。在托马斯·弗里德曼指出的使世界变“平”的重要力量中，强调了移动化与数字化的六种新技术，即被他称为“类固醇”的技术。这六种“类固醇”能够强化和放大其他推动世界变“平”的力量。其中，第一种新技术是运算、存储和输入输出的晶片处理速度与能力；第二种新技术是即时信息传送与共享技术；第三种新技术是使声音传输变成“免费”并且可以同时发送文字和图片的网络电话技术；第四种新技术是视频会议技术；第五种新技术是使得电脑图像更加清晰、操作更加多元的技术；第六种新技术是将所有的合作变得移动化的无线技术。[①] 世界正在因为互联网的作用而变“平”和缩“小”，并且还在继续变“平”和缩“小”。信息的传播在一瞬间便可传遍整个世界，而大众通过各种有线或无线网络获取各种信息，接收各种意见和观念。在这样一个新媒体普及的时代，用户可以利用电脑或者手机等各种移动终端更新即时通信、微博、微信等联网信息，而信息的制造、加工、分享与传播更是变得随意而快捷，每个用户都成为信息的制作者、发布者和接收者、互动者。新媒体扩大了传统媒体品牌价值的延伸，改变了话语表达方式和新闻的形式，也迎合了碎片化的、后现代化的大众喜

① ［美］托马斯·弗里德曼：《世界是平的——21世纪简史》，湖南科学技术出版社2008年版。

好。因此，新媒体时代的信息控制不再像传统媒体时代那样简单易行，信息的扩散像是插上了新科技的翅膀，这使很多人开始担忧。一方面，新媒体上的各种信息的碎片化接收是否会弱化人的思考？另一方面，新媒体上的信息传播，尤其是负面信息传播是否会一发不可收，进而影响到使用者中的绝大多数？

在某些时候，碎片化的阅读与接收确实缺乏言说与思考的深度。但碎片化的信息传播不能等同于简单的传播和肤浅的接受。首先，“碎片”与“碎片”的中间，是无数的信息“空白”，而这些“空白”正是留出了让信息的接收者充分思考的空间；其次，言说的深度与信息的字数的多与少实际上没有直接的相关关系；最后，接收信息的长与短、多与少与促使信息接收者思考的深度也没有直接的相关关系。新媒体技术的发展和各种社交网络平台的普及正是充分利用了大众的“碎片”时间与空间，也为大众的思考留出了“空白”。无数的“碎片”联结起来，是一种强大的力量，能够形成强大的舆论张力，甚至升华理性的思考，这已经成为一个不争的事实。

新媒体时代，大众有了更多的表达渠道与平台，媒体与社会机构也有了更多信息发布和与大众交流的渠道与平台，这是传统媒体时代所欠缺的。那么，积极面对新媒体技术带来的机遇与挑战，如何利用和引导这种张力，发挥其正面的、积极的作用，避免其负面的、消极的作用，成为亟待研究的新课题。而在这个课题中，非常值得研究的一个现象就是古已有之，当前尤甚的谣言信息的传播。谣言信息的传播在任何时代和任何社会背景下都是不可避免的。而且，有相当数量的谣言信息传播都会给良性的信息环境带来困扰，也会为正常的社会发展带来不良影响。这其中，又以抗议性谣言信息的传播为甚。因此，在新的时代背景下，研究抗议性谣言信息的传播及其应对策略，是顺应时代发展需要的课题，也是具有重大社会现实意义的课题。

第一节 选题背景和研究问题

中国青年报社会调查中心通过民意中国网和网易新闻中心对 1714 人进行的在线调查结果显示，83.2%的受访者的看法是，现在社会谣言“很多”，其中，34.4%的人表示现在社会谣言“非常多”。[①] 古老的谣言来到当今这个时代，变得“很多”和“非常多”，大众对谣言已经司空见惯，谣言也以一种正常的信息形态存在于社会和人们生活中的各个角落。但对于如何定义谣言，谣言到底是什么？对于绝大部分人来说，并不是非常明确。

人们对谣言的认识，其实是停留于表面的，甚至带有先入为主的偏见，或者直接等同于不实信息。能够确定的是，谣言在其形式上的确定（比如，以“据我同事亲眼所见……”等开头的谣言信息）或不确定（比如，以“据说……”等开头的谣言信息）及其在内容上的不确定与神秘性，在很大程度上增加了自身的迷惑性，这种迷惑性正是谣言存活的保障，也是吸引受众传播的前提。在传播谣言的人群中，有一些是简单的接收，有一些则是接收到了并传播出去，有一些更是要经过自己的增删与更改之后再传播，而接收到谣言信息的人还有可能依据谣言所传播的（或者所暗含的）信息与观念来做出判断或采取行动（包括线上与线下的行动）。对于不同性质和类别的谣言传播者，采取相同的方式来处置显然不太合理，也有失公允。

大多数抗议性谣言信息包含了对社会事件、人身安全、政策法规等的抵触与抗议，因而也极易引发各种抗议性的行为。有些社会抗议活动正是为抗议性谣言的传播提供了土壤，而抗议性谣言反过来又推动了社会抗议活动。尹韵公指出，网络除了媒体功能以外，还有多重服务功能，尤其是其社会动员和社会组织的工具性功能日益重要和凸显，正是因为有了网络的信息传输技术，才有了“新社会运动”更加强大的社会动员能力，而“动员方式网络化”使得“新社会运动”实际上成为“网络社会运动”。[②] 尤其是当这种抗议性谣言的发起者是怀有特殊目的的时候，经由大众的传播与扩散，继而引发大规模的现实中的抗议活动，其后果是不堪设想的。

因此，在新媒体时代，如何应对抗议性谣言，是个值得重视、值得深度研究的课题。而以往对于谣言过于一刀切的认识欠缺研究视角上的客观性与科学性，相应地，对付谣言所大量采纳的简单粗暴的应对方式，也已然与越

① 向楠：《83.2%受访者确认现在社会谣言很多》，《中国青年报》2011年9月8日第7版。

② 尹韵公：《当前网络发展的新特点》，《新闻与写作》2013年第1期。

来越开放的新媒体时代相背离。因此，本书试图从更加中立、客观的角度认识谣言与抗议性谣言，并结合新媒体时代特征来提出更加有效的应对抗议性谣言的态度与策略。

一　选题背景

推进民主和法治、惩治贪污腐败、发展国民经济和缓解社会矛盾成为中国共产党第十八次全国代表大会提出的治国安邦新方略的重要内容。目前社会发展和改革过程中出现了一些矛盾和问题，而且有些矛盾和问题并没有完全通畅的解决渠道，这正是构成抗议性谣言产生与传播的一个重要原因。正如《中国改革》记者张翃在采访中国问题研究专家哈佛大学社会学系教授怀默霆（2012）时，怀默霆指出的，中国很多抗议性的事件，大半原因是当事人没有能力和办法通过正常的渠道解决矛盾和问题，从而采取了包括通过媒体曝光在内的诸多手段来引起广泛的社会关注，目的是推动解决社会矛盾与问题。[①] 但有些时候，个人通过媒体曝光等手段依然没能如愿解决问题，反而得罪了地方上的利益相关者，或者地方政府。而地方政府官员怕影响自己的政绩与仕途，对于抗议性事件的普遍做法便是隐藏和掩盖，不可避免地，隐藏和掩盖使得矛盾更加激化，结果导致更加激烈的抗议性言行，这其中，就包含了各种抗议性谣言的产生、传播与扩散。

中国互联网络信息中心（CNNIC）发布的《第33次中国互联网络发展状况统计报告》显示，截至2013年12月，中国网民数量达到6.18亿，互联网普及率达到45.8%。其中，手机网民数量达到5亿，即时通信用户数量达到5.32亿。[②] 在这样庞大的网民群体中，谣言的影响范围有多大呢？据人民网舆情监测室（2013）统计，2005年至2011年上半年，网络谣言普遍存在于各网络论坛、贴吧及博客，谣言传播方式从单向度传播拓展为多维立体传播。随着微博、微信的普遍使用，社交媒体成为网络谣言新的传播平

① 怀默霆：《是什么让中国人不满意——专访哈佛大学社会学系社会学教授怀默霆》，《中国改革》2012年第5期，记者张翃。

② 中国互联网络信息中心（CNNIC）：《第33次中国互联网络发展状况统计报告》2014年1月16日，http：//www.cnnic.net.cn/hlwfzyj/hlwxzbg/hlwtjbg/2014-03/t20140305_46240.htm。

台，新浪微博中关键词“谣言”的热度超过 3000 万。[①] 面对这样庞大的网络用户与社交媒体用户，以及日益增多的谣言在新媒体平台上的传播，2013年，国家更是集中力量进行了一次对于网络上谣言传播的强力度集中治理活动，采取了全国公安机关打击网络有组织制造传播谣言等违法犯罪的专项行动，对于谣言的传播起到了非常大的警示和遏制作用。但同时我们也应该思考，这样强力度的治理背后，对于个人言论表达自由过度限制是否可能带来对正常的信息流通的不利影响？面对谣言，尤其是抗议性谣言传播带来的负面社会影响及其危害，必须要有强硬的法律制裁。但面对低危害性或非危害性的那些抗议性谣言信息，比如对于灾难、事故、食品安全、个人人身安全等的担忧所进行的自我缓释性的合理猜测性表达（往往在现实层面构成了谣言），是否这样的硬性治理也同样适用呢？这个问题值得深入思考。

根据周裕琼的统计，“在 2012 年，平均每天有 1.8 条谣言被媒体报道，平均每条谣言有 7.8 条相关的新闻”。[②] 无论在日常生活中，还是在各种媒体平台上，谣言都成为不可忽视的信息传播现象。而根据国家互联网信息办的“不完全统计”数字，在 2012 年 3 月中旬至 4 月中旬期间，互联网信息管理部门会同通信、公安等部门清理的各类网络谣言信息达 21 万多条。[③] 这个数字是国家相关部门发布的权威数据，尽管多数人都觉得谣言“非常多”，但该数字与大众在日常生活中所能感知到的谣言数量之间的差距还是非常大的，与周玉琼统计的经由媒体曝光的数字相比，反差就更大了。原因是，大众仅仅了解发生在自己周围的，或经由媒体曝光和传播的谣言，周裕琼则是通过对于谣言做出学术上的界定，再基于新闻数据库的数据统计而成，而国家相关管理部门的数据则是包含了更大量的没有被媒体报道和传播的谣言信息。而且，根据社会各界对于谣言等同于不实信息的认同，国家相关部门发布的谣言信息数量大概是指被“证伪”了的谣言信息，这其中极有可能没有包含被“证实”了的谣言信息。因此我们可以推断，实际上的谣言

---

① 人民网舆情监测室：《谣言和社会化媒体营销案例分析》2013 年 9 月 3 日。

② 周裕琼：《2012 年中国谣言传播特征解析与应对策略》，《新媒体蓝皮书・中国新媒体发展报告（2013）》，社会科学文献出版社 2012 年版，第 98、106 页。

③ 国家互联网信息办：《清理网络谣言取得阶段性成果》，《中国青年报》2012 年 4 月 13 日第 6 版。

信息，应该比这个官方数字还要大。并且，从作为信息的本质及其在新媒体平台上的传播特征来说，该数字实际上应该是趋于模糊的，但可以肯定的是，谣言的数量确实多。

面对谣言的大量传播，很多人提出了信息公开、透明的应对方法，认为只要信息足够公开并且透明，谣言就会消亡。但是，新媒体时代的谣言生成与传播更加复杂，简单的及时公布真相并不能完全阻断数目巨大的谣言的传播。如何治理谣言，这本身还是个难题。新媒体时代，受众的接收时间变得碎片化，接收地点变得随意化，伴随随时随地的“在线”状态的，是信息的无限扩散与去中心化，因为观点与热议事件往往变成多中心的，而且中心是快速转移的，也就是去中心化的，这就给谣言的监管带来困难。那么，结合新媒体时代谣言的传播特征，应采取怎样的应对态度与方式？这便是本书的选题背景。

二　研究问题

大量谣言借助新媒体平台广泛传播、扩散，形成极大的聚合效应，并产生极大的社会影响。由于新媒体是一个与时俱进的、不断发展的、永远都在更新的概念，并且新的技术层出不穷，新的传播平台日新月异，因此，古老的谣言传播在新媒体时代凸显怎样的新特点？带着这样的问题，笔者开始翻阅文献。

在查看文献的过程中，笔者注意到谣言研究的权威人物卡普费雷(Jean-Noel Kapferer) 在其经典著作《谣言：世界最古老的传媒》中不无遗憾地提到，谣言如此重要，但人们对于谣言的认识和研究还远远不够，甚至认为对于谣言的研究还处于“真空地带”。[①] 而参照多位谣言研究领域的前辈们对于谣言的概念界定与认识，随着时代的发展，尤其是新媒体技术的进步与发展，逐渐凸显了一些值得商榷和补充的地方，这更增加了笔者对于新媒体时代谣言传播的研究兴趣。

中国学界对于谣言的研究，虽然关注到了谣言产生与传播的心理机制，

① ［法］让-诺埃尔·卡普费雷：《谣言：世界最古老的传媒》，郑若麟译，上海人民出版社2008年版，第1页。

但大量传播学方面的研究成果主要以谣言的负面影响为切入点，先入为主，然后提出宽泛的整治策略。同时，学者们在奥尔波特提出的谣言传播的基本法则（即谣言公式）的基础上，认为只要信息变得透明，谣言就可以被杜绝。但是正如王绍光在桑斯坦的《谣言》一书的序中所指出的，“对令人厌恶的谣言，桑斯坦并没有提出一套完美的解决方案，他只是告诉读者，面对各种不甚完美的方案，‘选择权就在我们手中’”。[①] 消除谣言是公认的难题，已有的策略也是“不完美”的策略，目前还没有一致认为直接有效的谣言“控制”方式，这是一个有待展开与时俱进的探索的恒久课题。

那么，为什么在信息更加公开和透明的新媒体时代，谣言依然存在，并且更多？而且，王继先曾经指出，在新媒体平台上，由于信息海量，极容易淹没谣言信息的传播，即产生“钝化”效应，[②] 这就更加让笔者疑惑，依据这样的思路，为什么在新媒体时代的信息海洋里，谣言没有因为被淹没而消亡，而是变得更多？这个问题引发笔者更大的研究兴趣。

而胡泳提到，“谣言在中国社会发展的这一极端反复出现也有其积极意义，它意味着国家由于这样那样的因素放松了惯常的管制、阻遏和疏导，使潜伏的东西不再受到抑制，得以表达出来。透过谣言的遭遇，我们能够直观地感受到一个健康社会跳动的脉搏”。[③] 作为一种缓释焦虑的“出口”而存在，并以“安全阀”作为比喻，胡泳肯定了谣言信息传播在一定程度上的社会积极意义。周裕琼通过对“抵制家乐福”事件相关谣言的研究指出，谣言的传播使得政府和网民“联手成为此次事件中最大的赢家：网民宣泄了民族主义情绪，而政府获得了外交筹码”。[④] 这些文献为笔者打开了谣言研究的新视野，使笔者关注到谣言传播更加深刻的、有可能产生积极作用的社会意义层面的探究。这种视角也帮助笔者以更加客观、中立和全面的角度认识谣言。

---

① ［美］卡斯·R. 桑斯坦：《谣言》，张楠迪扬译，李连江校译，中信出版社 2010 年版，第Ⅷ页。

② 王继先：《浅析互联网谣言传播的钝化现象》，《传媒观察》2009 年第 9 期。

③ 胡泳：《谣言作为一种社会抗议》，《传播与社会学刊》2009 年第 9 期。

④ 周裕琼：《真实的谎言：抵制家乐福事件中的新媒体谣言分析》，《新媒体事件研究》，邱林川、陈韬文主编，中国人民大学出版社 2011 年版，第 117 页。

那么，在当下中国语境中，谣言传播除了广受关注的负面的社会影响之外，是否有正面的社会影响？为了让本书的研究对象更有针对性，笔者缩小研究范围，选择了在谣言中占有相当重要地位的抗议性谣言作为研究对象，来探求在新媒体环境下，抗议性谣言有哪些传播学特征？我们应该怎样看待抗议性谣言？抗议性谣言传播的根源是什么？在探究以上问题的基础上，和再来探究在有别于传统媒体时代的新媒体时代，我们应该怎样应对抗议性谣言以保障更健康、更具活力的信息传播氛围？这些问题构成本书的主要研究问题。

第二节　国内外相关研究现状及文献综述

本节对于谣言研究现状及其文献综述，以谣言的概念界定、谣言的产生与传播、新媒体时代的谣言传播、谣言的社会意义及谣言的治理等进行细分化的梳理，这样的细分化梳理与本书的研究主题相契合，因此能够为本书的研究奠定理论基础，并拓展思路。

一　关于谣言的概念界定

纳普（Knapp）认为，谣言是一种“旨在使人相信的宣言，它与当前时事有关，在未经官方证实的情况下广泛流传。”① 谣言研究领域的两位奠基人奥尔波特和波斯曼（G. W. Allport，L. Postman）认为，谣言是一个“与当时事件相关联的命题，是为了使人相信，一般以口传媒介的方式在人们之间流传，但是却缺乏具体的资料以证实其确切性”。② 彼德森和吉斯特（W. Peterson，N. Gist）认为，谣言是一种“在人们之间私下流传的，对公众感兴趣的事物、事件或问题的未经证实的阐述或诠释”。③ 国内学者普遍接受上述概念，比如苏萍（2001）认为，“谣言”是“旨在使人相信的宣言，它与当前时事

① R. Knapp, “A Psychology of Rumor,” *Public Opinion Quarterly*, 8 (1), 1944, pp. 22 - 37.

② G. W. Allport, L. Postman (1947), “An Analysis of Rumor,” *Public Opinion Quarterly*, 10, hiver 1946—1947, pp. 501 - 517.

③ W. Peterson, N. Gist, “Rumor and Public Opinion,” *American Journal of Sociology*, 57, 1951, pp. 159 - 167.

有关，在未经官方证实的情况下广泛流传”。[①] 王国宁将谣言直接定义为："传播开的虚假的消息。"[②] 刘建明指出，“谣言作为舆论出现，是众人传播虚假事件的行为，但多数传播者并不认为是假的。”[③] 以上对于“谣言”的定义和理解的共同点是在强调广泛流传的基础上，均认为“谣言”都是“未经证实”或没有根据的，因而偏向于认为是“假”的。但是，很多情形下，谣言所传播的信息也可能后来被证明是真实的。而且，“未经证实”普遍被认为是“未经官方证实”，但是，首先，“未经证实”的并不一定是假的；其次，“官方”是否应该成为证实信息真实与否的唯一发布者或者鉴定者，值得商榷；最后，有的信息在一定条件和时空内被认为是假的，但转换时空或观察角度来看，又是真的。在蔡静眼里，似乎“流言”和“谣言”的主要区别就是“真”和“假”的区别[④]，但是，“流言”和“谣言”都有可能是真，也都有可能是假，用真假来区分显然不能成立。

实际上，简单地将谣言等同于虚假的信息，显然是不客观的。加里·阿兰·费因（Gary Alan Fine，2007）认为，“虚假并非谣言的界定标准。谣言可真可假。”[⑤] 王绍光指出：“在西文中，‘谣言’是指在人群中传播的未经证实的说法，它可能为假，但也未必不真。”[⑥] 胡钰则认为，“没有的事情说成有，这就是谣言”，并将谣言依据传播内容的差异分为两类：一类是人的反常性行为；另一类是社会现象或自然现象的反常性表现。[⑦] 笔者认为，目前对于谣言的定义停留在判定其“真”或“假”的层面上显然不够，其概念还有一定的拓展和研究空间。至少，在对谣言进行界定时，一方面要注意到谣言本身是有真有假的；另一方面也要注意到，传播谣言的人是有相信它是真的、不相信它是真的，或者未置可否的几种类型，在此基础上，再区分谣

---

① 苏萍：《谣言与近代教案》，上海远东出版社2001年版，第6页。

② 王国宁：《从传播学角度看谣言及其控制》，《新闻研究资料》1991年总第53辑。

③ 刘建明：《舆论传播》，清华大学出版社2001年版，第291页。

④ 蔡静：《流言：阴影中的社会传播》，中国广播电视出版社2008年版。

⑤ 转引自周裕琼《真实的谎言：抵制家乐福事件中的新媒体谣言分析》，《新媒体事件研究》，邱林川、陈韬文主编，中国人民大学出版社2011年版，第100页。

⑥ 王绍光：《序一：知之为知之，不知为不知》，［美］卡斯·R. 桑斯坦：《谣言》，张楠迪扬译，李连江校译，中信出版社2010年版，第Ⅸ页。

⑦ 胡钰：《新闻与舆论》，中国广播电视出版社2001年版，第1—2页。

言的传播者是否是故意还是非故意、是否是恶意还是非恶意等以区分谣言及其传播，从而避免“一刀切”的方式应对。

有学者将“谣言”与“流言”视为同一概念，例如陈力丹认为，既然英文“rumor”被翻译成汉语为“谣言”、“流言”、“传闻”都可以，所以只强调了流言是没有确切来源的、在公众中流传的信息，并未区分“谣言”与“流言”。[①] 蔡静认为：“在定义某信息为‘谣言’时，它已经基本判断为‘假’，如‘辟谣’。而流言哄传，之所以社会影响广泛，一个根本原因是它在传播之时被人们信以为真或者至少被传播的信息有真实的可能性，因此，为了从学术上更确切地描述这一传播现象，在本书[②]里，将始终将其概括为‘流言’。”[③] 显然，这种观点忽略了有人明明知道是捏造的或虚假的“谣言”信息而故意传播的现象，而且将“谣言”与“流言”混为一谈，也有失偏颇。苏萍认为，“流言”、“讹言”、“谣言”、最大的区别在于谣言的制造者是有目的、有意图的。[④] 当然，这样的区分比较牵强，是有漏洞的。

王绍光对“谣言”与“流言”、“传言”以及“谗言”进行了具体区分，指出：“‘传言’是中性词，它不一定没有根据。‘流言’是没有根据的传言，朱熹称之为‘浮浪不根之言’（《诗经集传》卷七），但它不一定是有意制造出来的。‘谣言’不是一般的流言，而是有意制造出来的流言，但不一定都是坏话。‘谗言’最严重，它特指毁谤、陷害他人的谣言。”[⑤] 笔者认为，王绍光对于谣言及其相近概念的区分有一定的合理性，而且这种相近概念的区分也有助于我们对谣言概念认识的深化。只不过在现实的信息传播过程中，无论是“流言”还是“谣言”，都来自于人们生活所处的环境以及人们自己内心的情绪，都反映着实实在在的问题，并非都是没有任何依据，相反，有些谣言事后被证明是真实的信息，所以，用是否是“没有依据”来判

---

① 陈力丹：《舆论学：舆论导向研究》，中国广播电视出版社 1999 年版，第 102 页。

② 蔡静：《流言：阴影中的社会传播》，中国广播电视出版社 2008 年版。

③ 同上书，第 3 页。

④ 苏萍：《谣言与近代教案》，上海远东出版社 2001 年版，第 6 页。

⑤ 王绍光：《序一：知之为知之，不知为不知》，［美］卡斯·R. 桑斯坦：《谣言》，张楠迪扬译，李连江校译，中信出版社 2010 年版，第Ⅸ页。

定“流言”或者“谣言”都有不妥。而且在谣言传播中，往往有主观故意的，也有无意的，这一点需要进一步区分。

周裕琼认为，流言“关注微观的群体互动”，而谣言“关注中观的集体行为”。[①] 从大的框架和宏观层面来看，这样的区分有一定的意义，但笔者认为，当谣言信息所涉及的内容牵扯到某个人或某个微观事件，但又在社会上引起高度关注，进而成为热门信息而被广泛传播时，我们该将之归于流言还是谣言呢？因此，这样的区分还有待更进一步的探讨。笔者认为，从传播范围的广度来区分流言与谣言，是一个值得考量的角度。

“谣言”和“流言”在汉语习惯表达中显然是有不同的含义的，需要区分。但是，区分的标准以“是否有意”是有失偏颇的，因为，有些流言也可能是有意的，有些谣言也可能是无意的。而有些谣言事后被证明是真实的信息，所以，用“没有根据”或者“虚假”来区分“谣言”与“流言”也不合理。笔者认为，“谣言”和“流言”最大的区别在于传播的强度和广度不同，而不在于是否故意或者是否有事实依据。一般来说，“谣言”的传播范围更广，强度更大，“流言”的传播范围较小，强度也较小。同时，“谣言”与“流言”既然在于“谣”和“流”一字之差别，“谣言”更具信息“故事化”的完整性；“流言”则更具信息“碎片化”的流通性。而对于“谣言”与“流言”的社会影响，则需要辩证看待，两者都有可能带来正面的社会影响，也有可能带来负面的社会影响。

二　关于谣言的产生与传播

通过对法国20世纪八九十年代普遍流行的谣言进行研究，让-诺埃尔·卡普费雷（Jean-Noel Kapferer，1987）梳理和分析了谣言的起源与流传路径，以及谣言何以使得人们相信并得以传播，谣言如何被人们利用以达到种种目的，并通过列举谣言在生活、经济、政治等领域中的作用以及谣言本身所附带的文化与社会价值，来说明谣言传播所遵循的普遍规律，即一般谣言都必经产生、繁殖、流传、广受热议、冷却、熄灭，直至死亡的整

---

① 周裕琼：《当代中国社会网络谣言的本质特征、传播规律与社会功能：对八次实证研究发现的综合分析》，《中国传媒海外报告》2012年第8期。

个过程。[①] 笔者认为，即使谣言真能在新媒体普遍应用之前按照始终如一的规律来流传和消亡，那么，在新媒体时代，这种规律是要被打破的，甚或要复杂得多。这个过程也可能打乱顺序，甚或重复循环。不过，卡普费雷对于人们认识谣言以及传播谣言的主动性能给我们深刻的启发：人们可以主动利用谣言，使其发挥积极作用。

奥尔波特和波斯曼（Gordon W. Allport & Leo Postman，1947）认为，“谣言”的产生与传播有三个条件：其一，信息的缺乏。在缺乏可靠的、确定性的信息的情况下，最容易产生与传播“谣言”。人们越是不清楚关于某事件的真相，围绕某事件的“谣言”信息就越容易传播和扩散；其二，不安和忧虑。在不安和忧虑的情况下，很容易出现“谣言”的传播。例如，某种货物涨价，人们就会不安和忧虑，担心其他物品也会涨价，于是关于物价的各种“谣言”，就开始产生和传播；其三，危机。在社会处于危机状态下，如战争、地震、灾荒时，人们容易产生恐惧感和紧张感，这是“谣言”最容易传播的时机。[②] 这为我们理解谣言的产生与传播提出了合理的解释，有利于更加宽容和客观地认识谣言。

同时，奥尔波特和波斯曼（1947）还指出谣言为什么会流传的基本法则，即“R～I×a”（谣言公式）。也就是说：“流行谣言传播广度随其对相关人员的重要性（I）乘以该主题证据的含糊性（a）的变化而变化，重要性与含糊性之间的关系不是加法而是乘法，因为，如果两者之中有一个为0，也就没有谣言了。”[③] 但显而易见的是，“人们在对文化问题或文化事件的重要性的感知方面存在巨大分歧”。[④] 因此，该谣言公式中的“重要性”本身具有很大的含糊性。

1953年，克罗斯在奥尔波特和波斯曼的谣言公式中加入了公众批判能

① ［法］让-诺埃尔·卡普费雷：《谣言：世界最古老的传媒》，郑若麟译，上海人民出版社2008年版，第2页。

② 奥尔波特等：《谣言心理学》，刘水平、梁元元、黄鹂译，赵元村审校，辽宁教育出版社2003年版。

③ 同上书，第17页。

④ ［美］理查德·韦斯特、林恩·H. 特纳：《传播理论导引：分析与应用》（第二版），刘海龙译，中国人民大学出版社2007年版，第397页。

力，将谣言公式修改为："R～I×a/c"，其中，"c"代表公众对谣言的批判能力。[①] 在此基础上，国内学者胡钰（2000）引入"反常度"因素，提出新的谣言公式："R～a×a′×a″"，其中，"a"代表关注度，"a′"代表事件的模糊性，"a″"代表事件的反常度。[②] 巢乃鹏、黄娴考虑到了环境因素对谣言传播的影响，但并未给出具体公式，只是在论述了两种极端的环境：即"极端专制化"和"极度开放化"的基础上，指出"实际的环境越宽松谣言就会越少，反之就会越多"[③]，但该结论还有待实证的验证。

谣言公式比较直观地反映了谣言产生的重要因素，并能帮助人们简便了解谣言，从这个层面上来说，以上公式是非常有价值和意义的。但谣言的产生本身就是一个很复杂的过程，尤其在新媒体技术迅速发展的今天，再加上为数众多、分布在全世界各个地区的、具有不同背景、心理需求和目的的大众的参与，谣言的产生和传播过程不可避免地受很多偶然因素的影响，因此，通过一个简单的谣言公式，是很难覆盖全面的，从这个层面上来说，任何谣言公式都是不完善的。

应该认识到，新媒体谣言产生还有非故意因素。朱迪斯·马丁和托马·中山（Judith Martin and Thomas Nakayama，2000）指出，"意义具有文化的后果"，文化的表达"对不同的人来说会传达不同的意义"。[④] 新媒体让整个世界成为"地球村"，各民族、各地区、各年龄阶段、各种各样具有不同文化背景不同经历与经验的人相聚于新媒体各种平台上，对于同样的信息，也将更加容易产生不同的话语释义，而个人的记忆误差随时随地、迅捷而随意地发布以及各种各样随机的信息又导致集体拼凑的记忆误差，各种各样的新媒体用户不同的经验场导致对信息的不同理解等，都是新媒体谣言产生的非故意因素。

---

① 匡文波、郭育丰：《微博时代下谣言的传播与消解——以"7·23"甬温线高铁事故为例》，《国际新闻界》2012年第2期，转引自王灿发、何雯《突发公共事件的谣言传播系统及过程分析》，《青年记者》2009年第33期。

② 胡钰：《大众传播效果：问题与对策》，新华出版社2000年版，第113—116页。

③ 巢乃鹏、黄娴：《网络传播中的"谣言"现象研究》，《理论与探索》2004年第27卷第6期。

④ 转引自［美］理查德·韦斯特、林恩·H. 特纳《传播理论导引：分析与应用》（第二版），刘海龙译，中国人民大学出版社2007年版，第10页。

美国学者孔飞力（Philip Alden. Kuhn，1999）在《叫魂：1768年中国妖术大恐慌》（*Soulstealers：The Chinese Sorcery Scare of* 1768）中，从社会史、文化史、政治史、经济史的角度，结合区域分析、官僚科层制度分析以及心理分析等方法，论述了叫魂妖术的谣言是如何蔓延大半个中国，并且时间上如何从春天持续到秋天，如何引发社会大恐慌的。[①] 这为我们将谣言放置在社会和时代的大背景和大环境中，并结合一定的经济、文化、历史视角探究谣言传播现象提供了参照。

在新媒体时代，对于谣言流传规律的探寻显得更加艰难。施爱东通过对大量谣言信息的收集、整理和分析后，分别总结出了灾害事件中预报谣言、灾情谣言、灵异谣言及问责谣言四种类型的谣言传播公式，侧重于从谣言传播的过程入手，总结出了谣言传播的普遍规律，并指出，具体的谣言形态可以是完全形态的（即包含整个过程），也可以是非完全形态的（即有些环节缺失）。[②] 这四种类型的灾害谣言中，涉及了信息的“放大”、“歪曲”和“出乎常态的行为”等关键词，实际上，这几个关键词也让灾难谣言显得更加神秘，也更加可信，从而增大了灾难谣言传播的范围。

以上对于谣言传播相关公式的总结便于我们更加了解谣言传播的规律，同时也为我们多角度的深入研究谣言传播现象提供了参考。

三　关于新媒体时代谣言的传播

Zixue Tai，Tao Sun在考察中国2003年“非典”疫情相关谣言时发现，“非典”疫情越严重的地区，越容易传播与之相关的谣言，其传播渠道主要以网络传播和手机短信为主。[③] 网络论坛和手机短信是在微博、微信等社交化新媒体传播平台出现之前的早期新媒体时代最主要的新媒体传播平台。谣言信息即便一经出现马上得到澄清，但新媒体上信息的传播是迅速而大量

---

① ［美］孔飞力：《叫魂：1768年中国妖术大恐慌》，陈兼、刘昶译，上海三联书店1999年版。

② 施爱东：《灾难谣言的形态学分析——以5·12汶川地震的灾后谣言为例》，《文化研究》2008年第4期。

③ Zixue Tai, Tao Sun (2011), “The rumouring of SARS during the 2003 epidemic in China.” *Sociology of Health & Illness*. Volume 33, Issue 5, July 2011, pp. 677－693.

的，即便被辟谣，其可能产生的影响已经很难控制。

申艳妮通过对网络上广泛流传的50条谣言所做的内容分析得出的结论是，一旦谣言信息经由网络平台传播出去，接收者一般直接进行传播与扩散，而不进行对信息的求证，也不追寻信息的源头。因此，网络谣言信息往往难以追溯其源头、而谣言包含的内容也与传谣者的兴趣和情绪有很大的关系，同时还与同一时期内的新闻热点事件相关联。① 张晓雪、高珊通过对江苏省人民医院的“艾滋门”事件的分析，指出谣言信息的广泛传播往往是借助了当前的互联网传播平台，而谣言的产生源头不确定，谣言的传播往往又是群体的和聚合的。② 上述学者普遍认为新媒体作为信息分享和传播的工具，为谣言信息的传播提供了便利条件。而且，谣言信息一旦在新媒体平台传播开来，负面影响极大。无疑，新媒体传播平台确实为谣言的传播提供了更多的便捷性，但要注意到，尽管新媒体平台打破了现实中的地理位置的局限，新媒体时代的信息传播范围更加广泛，也更加全球化，但依然有一定的地缘关系的影响，也就是说，信息所包含或所指涉的要素与传播信息的人（或人群）之间的相关度越高，信息就越容易传播。而且，从另一个层面来说，无论是网络论坛、手机短信也好，还是各种社交化媒体平台也好，技术与平台所提供的仅仅是工具和渠道，谣言信息传播可以以其为载体，确定性的信息和辟谣的信息传播也可以以其为载体。我们要深入研究的，是如何更好地使用各种新媒体平台，而不是为了避免谣言信息在新媒体平台上的传播而阻塞传播路径。

在大量研究成果认为互联网加大了谣言的传播范围和控制难度，甚至认为新媒体谣言是“洪水猛兽”时，周裕琼指出：“在一定程度上，谣言未必是洪水猛兽，而互联网也未必会使谣言传播畅通无阻。”③ 王继先指出，在互联网络中传播的谣言，并不能完全依赖互联网进行传播，而互联网的某些固有特性（比如信息海量、信息受关注的时间短、网络媒体公信力低等）甚

① 申艳妮：《网络谣言传播研究》，《东南传播》2008年第12期。

② 张晓雪、高珊：《互联网在谣言传播中的角色及应对策略——以江苏省人民医院“艾滋门”事件为例》，《青年记者》2011年3月上。

③ 周裕琼：《谣言一定是洪水猛兽吗？——基于文献综述和实证研究的反思》，《国际新闻界》2009年第8期。

至阻碍了谣言的传播，即“钝化”效果。[①] 信息海量是新媒体时代一个重要特征之一，信息海量容易淹没信息也是不争的事实。但同时，信息更容易被关注和放大，从而快速引起热议，这也是新媒体时代信息传播的特征之一。所以，“钝化”效果是相对的。另一方面，网络媒体是否比传统媒体的公信力更低还有待考证。笔者认为，传统媒体和新媒体分别都有公信力高或不高的，不能一概而论，比如公信力高的大型传媒集团的官方网站、官方微博或其微信公众账号等发布在新媒体平台上的信息也相应的具有较高的公信力，而某些以传统媒体形式存在的小报、地铁报等，虽然属于“传统媒体”的范畴，但其公信力是不高的。新媒体平台上的信息量大，这一特点确实会在一定程度上阻碍某条特定谣言信息的传播，但前提是，新媒体平台没有刻意设置推送该谣言信息，而且该谣言信息也未能在新媒体平台引发较高的关注度，不然，在新媒体平台上受关注度高的谣言信息反而是极其容易被突显，而非被“阻碍”和“钝化”。

周裕琼采用控制实验法向八位参与实验者植入四则奥运谣言，并要求其在QQ群讨论，通过对实验数据及访谈资料的分析，发现“传统环境下谣言传播的削平、磨尖和添加过程在网络传播中仍然存在，但其具体表现发生了一些微妙变化”，即谣言信息的接收者通过网络搜索来核实和验证自己所收到的信息是否属实，同时也通过个人的主观判断来增加针对该谣言信息的观点。该实验得出的结论是，网络上的QQ群对于谣言信息的传播和针对谣言信息进行的聊天与沟通并没有使得该谣言得到强化，反而是更加澄清了信息，因而使得该谣言信息变得“更不可信”。[②] 因此，在新媒体时代，多源头信息的自清（自净）功能值得关注。但是“自清”的前提，一是有广泛而真实的信息来源可供搜索从而有所参照；二是有勇于挑战现有信息并积极而理性思考的信息接收与传播者。如果没有可靠的信息源头，得到的搜索结果就会误导搜索者接收到不恰当或不真实的信息；如果没有理性思考的信息接收与传播者，无论多么荒谬的谣言信息都会有人传播和相信。

---

① 王继先：《浅析互联网谣言传播的钝化现象》，《传媒观察》2009年第9期。

② 周裕琼：《QQ群聊会让人更相信谣言吗？——以奥运谣言实验为基础》，中华传播学会年会，台湾新竹2009年版。

四　关于谣言的社会意义

纳普（Knapp，1944）指出，谣言能够表达人们的对抗性诉求，而这些对抗性诉求恰好反映的是无法通过其他有效途径表达的诉求。① 弗朗索瓦丝·勒莫（Francoise Reumaux）在《黑寡妇：谣言的示意及传播》中，将谣言看作“社会环境投射的影子”。② 美国社会学家特·希布塔尼（Shibutani T.，1966）认为，谣言反映了群体的智慧，谣言是在群体议论过程中产生的即兴新闻。③ 卡普费雷（1987）在其基础上认为，谣言是信息的扩散过程，也是对信息的解释和评论过程。④ 以上视角有利于将谣言同社会和时代背景联系起来，同时，启发研究者对谣言的传播做出更加客观的评价，避免对于谣言“一刀切”的简单化处理，并对造谣、传谣的人群及其心理做更加深入的考察与探究。对于个人来说，Rosnow 指出，谣言是一种公共的信息交流，反映了个人对某一社会现象的阐释，能帮助消除焦虑、获得平静；⑤ 对于社会来说，Fine 指出，谣言“允许群体在充分互动的基础上获得集体记忆，解构并重构社会信任，最终推动社会发展”。⑥ 以上从社会的、个人的和群体的视角为谣言传播做出了注解与阐释，同时指出了谣言对于促进社会问题的解决方面及推动社会发展方面的作用和意义。

程中兴视谣言为人们之间社会互动的过程及其结果，认为谣言的逻辑凭借话语展开，而造谣则包含了个人的心灵与世界，即社会间双向的话语投射过程。⑦ 王灿发、侯欣洁提出，谣言在传播中形成了一种对话关系，这种对话

---

① R. Knapp, “A Psychology of Rumor,” *Public Opinion Quarterly*, 8 (1), 1944, pp. 22 - 37.

② ［法］弗朗索瓦丝·勒莫：《黑寡妇：谣言的示意及传播》，唐家龙译，商务印书馆 1999 年版，第 21 页。

③ 转引自［法］让-诺埃尔·卡普费雷《谣言：世界最古老的传媒》，郑若麟译，上海人民出版社 2008 年版，第 8 页。

④ 同上。

⑤ Ralph L. Rosnow, “Rumor as Communication: A Contextualist Approach,” *Journal of Communication* 38 (1), 1988, pp. 12 - 28.

⑥ G. A. Fine, “Rumor, Trust and Civil Society: Collective Memory and Cultures of Judgment”, *Diogenes*, 2007 (213): 5—18，转引自周裕琼《真实的谎言：抵制家乐福事件中的新媒体谣言分析》，《新媒体事件研究》，邱林川、陈韬文主编，中国人民大学出版社 2011 年版，第 102 页。

⑦ 程中兴：《谣言、流言研究：以话语为中心的社会互动分析》，博士学位论文，上海大学，2007 年。

关系是某种特殊情境配置的言语表达，在叙事者与隐含读者、叙事者与叙事对象之间展开。[①] 以上研究从符号、话语以及互动的传播角度出发，对谣言研究拓展了新的思路。同时，将关注的视角拓展至人们所处的话语环境，连接起个人的心灵、个人与个人、个人与环境互相之间的“话语投射”。因此可以启发我们认识到，谣言的传播并非孤零零的单个信息的传播，而是必定会带有“事出有因”的“投射”。从这个层面上来说，这些观点对我们进一步挖掘谣言传播的社会动因及其社会影响具有一定的启发意义。

周裕琼则直接指出，谣言反映人们内心真实的诉求。[②] 王灿发、侯欣洁认为谣言是特殊语境下的“异常”对话形式，将谣言比喻为监测舆情的“哈哈镜”，呼吁人们要对谣言的真实性判断标准做进一步的思考，但是目的指向的是“通过以谣言传播与表达过程中的社会聚焦来舒缓压抑作用，达到降低结构性紧张的忧虑”。[③] 这里，强调了谣言作为一种个人心理的“减压阀”作用，以及对社会事件的认知作用。周裕琼（2011）认为，在抵制家乐福事件相关谣言的传播使得政府和网民“联手成为此次事件中最大的赢家”。[④] 也就是说，某些特定情形下，谣言传播也可能会带来实际上的正面价值和意义。在对于谣言充满偏见与简单的一刀切的认识的时代，这种对于谣言信息传播的正面意义上的考察与关注难能可贵，也值得重视。

五 关于谣言的治理

新媒体时代的谣言治理问题引起了社会管理、政府管理、信息管理、社会心理等诸多领域的广泛关注。

Jinyu Huang & Xiaogang Jin 指出，破坏性谣言对社会会产生很大的负面影响，因此探寻如何组织谣言传播的策略就显得非常有必要。作者利用 SIR 模型对网络上的谣言传播模式进行描绘，并使用了随机免疫和定向免疫

---

① 王灿发、侯欣洁：《重大突发事件中的谣言话语分析》，《新闻与传播研究》2012 年第 5 期。

② 周裕琼：《谣言一定是洪水猛兽吗？——基于文献综述和实证研究的反思》，《国际新闻界》2009 年第 8 期。

③ 王灿发、侯欣洁：《重大突发事件中的谣言话语分析》，《新闻与传播研究》2012 年第 5 期。

④ 周裕琼：《真实的谎言：抵制家乐福事件中的新媒体谣言分析》，《新媒体事件研究》，邱林川、陈韬文主编，中国人民大学出版社 2011 年版，第 117 页。

两种策略进行网上实验。实验发现，两种策略在平均度低（即节点不密集）的网络上都能起到阻止谣言传播的作用，而在平均度高（即节点密集）的网络上，两种策略都失效。之后，作者提出了一个新的有效策略，即降低谣言的可信度，并且同时采用两种策略。[①] 这是偏向于从技术手段控制谣言传播的尝试，有一定的借鉴意义，但谣言信息错综复杂，仅仅依赖技术手段的控制是远远不够的。

滕露璐、熊忠辉提出了新媒体环境下谣言预防的四条策略，即树立利益关联意识，注重信息预警、与网络媒体中的“舆论领袖”形成常态沟通、充分运用多种媒体和引导方式以及加强新媒体舆论管理机制等。[②] 陶国根、魏星河认为，我国社会资本匮乏是网络谣言肆虐的重要根源。重塑政府公信力、加强网络法治建设和完善社会参与机制，不断提升社会资本存量是我国有效治理网络谣言的必然选择。[③] 陈东冬（2012）认为，网络谣言涉及建构社会理性、保障社会公平、稳定社会秩序、提升社会公信力、引导社会舆论以及构建网络主导价值观等深层次的社会管理问题。政府在治理网络谣言过程中应注意掌握谣言背后的真实民意和呼声，采取有针对性的措施来应对网络谣言的挑战。[④] 刘荣认为，网络谣言治理过程中涉及的社会主体间权力和利益具有互相依赖性和互动性，有必要对政府的作用范围及方式作重新界定，发挥公众和非政府组织在网络谣言治理过程中的作用，形成从单一到多元的网络谣言治理主体的优化方案。[⑤]

谣言的治理是世界公认的难题，还没有一致认为直接有效的谣言“控制”方式。目前对于谣言的应对策略及其控制研究较多，但落脚点大都在信息透明化和政府信息公开上，或者在采取法律措施上，还少有人从认识和理解谣言作为不确定性信息传播的本质特征出发，并以善治理念为前提的应对

---

① Jinyu Huang & Xiaogang Jin, “Preventing Rumor Spreading on Small-world Networks,” *J Syst Sci Complex* 24, 2011, pp. 449 - 456.

② 滕露璐、熊忠辉：《新媒体环境下的谣言传播与预防：从“抢盐”风波谈起》，《声屏世界》2011 年第 6 期。

③ 陶国根、魏星河：《社会资本与网络谣言的有效治理》，《党政干部学刊》2011 年第 10 期。

④ 陈东冬：《网络谣言的治理困境与应对策略》，《云南行政学院学报》2012 年第 3 期。

⑤ 刘荣：《善治语境下网络谣言治理的多元主体结构》，《广西社会科学》2012 年第 9 期。

策略方面作专门探讨和研究。

可以看出，目前国内学者已经在结合国内外谣言研究成果的基础上联系中国社会现实问题和具体的谣言案例进行具体分析，为国内的谣言研究奠定了一定的基础。但同时，目前国内对于谣言的研究也存在几个问题。第一，大多数研究的前提假设都认为谣言信息是负面的，是需要被“控制”的，而未对谣言作不同类别与性质的区分；第二，大多数研究都将信谣、传谣的大众默认为一个有着大致同样特征的群体，而未对其作细分，从而也未能对群体的信谣、传谣行为作不同的研究；第三，大多数研究都将大众认为是完全被动的被“蛊惑”的信谣和传谣者，而未指出这些信谣、传谣者的主动性；第四，大多数研究都试图提出“控制”和“治理”谣言的方式，但谣言的控制远不是“信息透明”这样简单的策略就能达到的。本人认为，结合新媒体时代谣言传播的新特点，在全面、客观认识谣言的传播根源，及其正面和负面的社会影响的基础上，探求谣言的公共治理方面，还可进行更加深入的研究。由抗议转为协商的态度来应对抗议性谣言，善治理论正好为本书提供了一定的理论基础和拓展空间。

第三节　基本观点与逻辑结构

本书在前人研究的基础上，提出谣言是被广泛传播的、含有极大的不确定性的信息。不确定性是谣言的生命力，只要有不确定性的信息存在，就有谣言存在。谣言可能对社会产生不良影响，甚至是危害性影响，但也有可能带来正面的作用，因此，对待谣言，需要区分不同的性质和类型。本书首次提出“信息拼图”概念，对“自清功能”理论有所拓展和补充。在对谣言研究现状进行了文献梳理之后，本书重点针对近年来广泛流传的有代表性的抗议性谣言做了内容分析，由此挖掘了新媒体时代抗议性谣言的传播特征，结合深度访谈、案例分析、（非）参与式观察等方法，对抗议性谣言的传播动因、社会影响等进行了深入探讨，在此基础上，提出了具体的应对策略，其中，在“信息拼图”前提下提出采用“信息稀释”来阻断谣言信息的传播是本研究具有的独创性贡献。

一　基本观点

本书结合以往学界对谣言的定义和认识，尝试提出新的谣言定义，并选取抗议性谣言为主要研究对象，对2003年至2013年间抗议性谣言传播流变做了梳理（见附件），总结了新媒体时代抗议性谣言传播的特征及其传播动因，提出了具体的应对抗议性谣言的策略和建议。具体来说，本书主要的观点如下。

（一）不确定性是谣言的生命力

本书摒弃以往谣言概念界定中关注于信息是否真实、信息的发布是否是官方及信息的确认是否是官方等传统观念，将谣言视为一种正常的信息传播现象，并定义谣言为广泛传播的、带有不确定性的信息。因此，谣言作为一种带有不确定性的信息，与新闻有着同样重要的传播学地位，人们对带有不确定性的谣言信息的谈论和关注增强了谣言的活力和生命力。不确定性正是谣言的生命力所在，一旦不确定性被消除，谣言也随之死亡——要么成为真实信息，要么成为虚假信息。在新媒体时代，谣言与游戏、广告等结合的现象也值得关注，而受众一旦发现被认为是谣言的信息其实是广告或者游戏，该信息也就不再是谣言了。本研究重点选取抗议性谣言信息作为研究对象，对娱乐性、广告性谣言信息未做赘述。

（二）新媒体时代谣言何以更多

很多研究者认为，只要信息透明，就可以杜绝谣言。实际上，在信息更加透明的新媒体时代，谣言并没有减少，而是更多。究其原因，一是因为新媒体时代的信息量极大增长，所以作为不确定性信息的谣言也就理所当然的大幅增加；二是因为“自清功能”有限。新媒体网络一方面带来不确定信息的快捷而大范围的传播和扩散；另一方面又因其天然具有的“无影灯”效应和“自清功能”，从而能够减少谣言的传播和扩散，但是，通过“自清功能”还原的信息数量远没有被扩散的未被还原和澄清的谣言信息的数量多；三是因为有些时候由于“信息拼图”的存在，不确定性的谣言信息一旦形成主氛围和主导要素，确定性的信息反而被排挤。因此，在信息变得更加透明的新媒体时代，信息“自清功能”有限，“信息拼图”作用凸显，再加上信息海量，这三个主要因素导致谣言没有减少，反而更多。

（三）谣言存在的价值与意义

首先，新闻的目的之一是消除信息的不确定性，而谣言正是不确定性还未被消除的信息，人们总是试图将信息的不确定性消除，从而得到确定性的信息。因此，谣言的存在正好能够促进人们对于更加确定性的信息的探寻。反过来说，只要社会存在不确定性的信息，就不可避免的有谣言存在的合理性。作为不确定性信息的谣言越多，说明整个社会的所有信息量越大，也就说明了我们生存的世界并非一潭死水。从这个意义上来说，谣言作为一种具有不确定性的信息，有一定的传播价值，并为整个社会的信息传播增加张力与活力。

其次，新媒体时代的受众沉浸在信息的海洋里，对于权威、可靠、消除了不确定性的真实信息的追寻更加迫切。因此，要取得受众的信任，需要权威而真实的信息发布。谣言驱使大众寻求和依赖更加确定的信息。从这个层面上来讲，谣言的存在一方面给专业的新闻机构和工作者带来挑战；但另一方面，谣言的存在也为专业的新闻机构和工作者提供了塑造自身公信力和权威性的绝佳机会。

最后，谣言信息中所包含的抗议性因素在某些情形下能够推动社会矛盾和问题走进大众视野，使这些矛盾与问题得到探讨与热议，进而促进这些矛盾与问题的解决，或者提出解决思路与方法。而政府部门或者相关机构对于这些抗议性谣言的有效回应能够促进政府与民众的交流和沟通，有利于政府公信力的建设，也有利于形成社会合力。

（四）“信息拼图”对“自清功能”的拓展

本书原创“信息拼图”提法，并用“信息拼图”来解释谣言传播与扩散的原因，即：如果与事件相关联的确定性的信息或真实的信息成为主导和主氛围，其他的确定性的信息或真实的相关信息自然比较贴合，因为一旦是真实的，其确定性自然也是比较确定的，但如果不确定的或非真实的信息成为主导和主氛围，确定性的或真实的信息反而被排异。因此，无论信息确定与否，真实与否，都可能被广泛传播、扩散。

“信息拼图”还可以解释谣言在新媒体平台上被净化和消除的原因，即：越靠近真实的信息越贴合。因此新媒体平台可以自我净化，消除谣言。“信息拼图”可以很好地解释新媒体时代谣言传播的互相矛盾的现象与观点，即：新媒体平台具有“自清”功能，谣言信息能被自我净化，但为什么新媒体时代谣言数量激增，并且有些时候受制于营销公司与“网络水军”打造的“人造舆论”这一问题。

相应地，在谣言的治理与控制层面，通过“信息稀释”则可以实现对谣言信息传播与扩散的阻断，即用更多的确定性的信息，或者更加靠近真实的信息，或者用其他相关事件或不相关事件的确定性的信息来填充空白，形成合力，从而阻断谣言信息的拼接。

（五）应对谣言：导入善治理念

一个无可置疑的事实是，只要个人的判断力和想象力存在，就会有谣言的存在。而新媒体最大的特性之一就是信息的分享和传播，要允许个人在一定程度上的言论和观点的自由表达，就要允许非（或低）危害性谣言的存在。

在信息集聚聚合与多中心化的新媒体时代，谣言的产生、传播与扩散往往也变得更不容易控制。但因谣言也有其合理性和正面社会意义，所以在谣言的应对上，不能简单地实行“一刀切”的策略，应当对不同类型与性质的谣言进行区分，并区别应对。

而对于谣言的传播主体，也应当进行区分，并区别对待。比如一些政府机关部门、权威机构、媒体单位，无论是在传统媒体上，还是在新媒体平台上发布信息，都更加有义务和责任确定信息的真实、准确；而对于个人在新媒体平台或社交化媒体平台上的信息发布，一方面没有专业主义的要求，另一方面没有权威机构的保障，大多数情形下，只要不涉及非法的、故意的、恶意的、危害性大的信息发布，都可以相对宽容对待。

二 逻辑结构

本研究选取 2003 年至 2013 年间主要的抗议性谣言信息作为研究对象，并在谣言与抗议性谣言的概念和认知上做出了拓展，在此基础之上，挖掘了新媒体时代抗议性谣言的传播特点、传播规律、传播根源及其社会影响，在对以上各方面做出一定的定量与定性的研究之后，试图提出更加客观公正的、具有针对性的对策建议。

本研究基本的逻辑结构如图 1－1 所示。

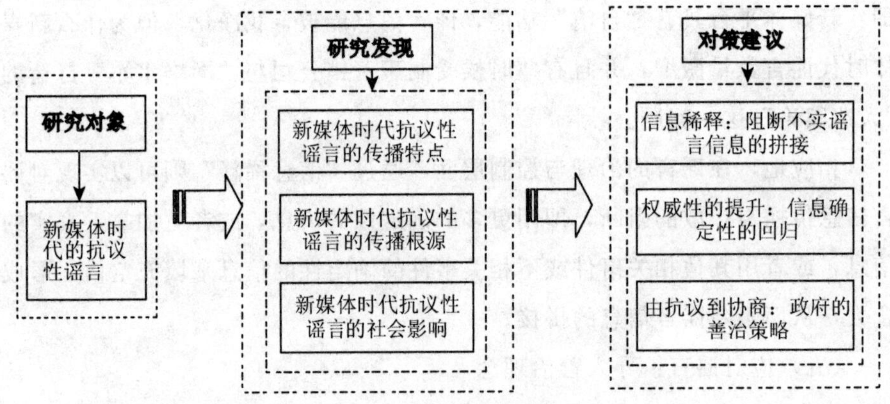

图 1－1　本研究的逻辑结构图

本研究在对新媒体时代抗议性谣言的传播特点、传播根源及其社会影响进行研究的过程中，综合运用了内容分析、深度访谈、（非）参与式观察和案例分析等方法，尽可能保证研究结果的客观性和科学性，同时也保证提出的对策建议的现实针对性和可操作性。

第四节　研究方法

考虑到本书的研究问题是探讨新媒体时代抗议性谣言的传播特点、传播动因，以及在信息多元、开放、分享的大数据时代，如何理性认识和应对抗议性谣言的传播，同时也考虑到笔者能力、精力所限，因此选择了比较适合提出对策建议的案例分析法、内容分析法、（非）参与式观察法和深度访谈法等作为主要的研究方法。

一　案例分析法

国内对于案例研究方法的使用集中于对于已知理论的验证、对于提出新理论的探索，以及对于新发现的客观情况的描述。在验证中，只在选取的单个或个别的案例中得到证实，但有可能在相同情形下的其他案例中被证伪，因此，对采用验证式的案例研究法的可信度提出一定程度的挑战，但是利用案例来验证理论，有助于加深对于理论的理解和认识；在探索中，利用案例的分析，加上思辨和理论推导，容易在理论上有所拓展与突破，以修正和完善现有理论与认识；在描述中，为新理论和新认识的探索奠定了基础，提供了依据。笔者在论文中摒弃了验证的形式，而综合使用了描述与探索这两种案例研究法中对于理论拓展与创新最有帮助的形式，为总结新媒体时代抗议性谣言传播的特点，尤其为拓展“自清理论”而提出“信息拼图”提供了有效的方法保障。本研究选取了2003年至2013年间有代表性的、在各大媒体及网络上传播面广、涉及人数多、热度高的33例抗议性谣言，并对其作了梳理和分析。在此基础上，进一步选取了一些具有代表性的抗议性谣言作了较为详细的案例分析与解读，试图发现问题、阐释特点、寻求规律，以提出有针对性的、可操作性强的应对方式和策略。

二　内容分析法

内容分析法是一种对文献内容作客观系统的定量分析的专门方法，也即以量化的方式来强化质化的研究方法。因此，内容分析法实际上是兼具质化和量化的特征，用来测验文献中本质性的事实与趋势，揭示文献所含有的隐性内容的半定量研究方法。本研究的目的之一是梳理新媒体时代抗议性谣言传播的特点，以提出更有针对性的应对策略与建议，而量化的数据分析有助于更加客观地认识新媒体时代抗议性谣言的传播特征，避免主管臆断与偏见。因此，在探讨新媒体时代抗议性谣言的传播特征时，本研究主要采用了内容分析法。在本研究中，具体做法是将2003年至2013年间流传于各媒体平台上的、关注度高的抗议性谣言信息转化为定量的数据，建立有意义的类目分解内容，并以此来分析抗议性谣言信息在新媒体时代传播的特征。

三　（非）参与式观察法

观察法是一种对研究对象进行观察与分析的方法，要求尽可能详尽、客观地记录与研究目的相关的事实和细节，并促进理论的强化或创新。针对探究新媒体时代抗议性谣言的传播规律、传播动因以及大众对谣言信息的认知及其可能采取的行动这些研究目的，采用非参与式观察法能够尽可能的保证研究对象处于自然状态，得到比较真实的资料。在本研究中，大部分抗议性谣言信息的传播速度较快，短时间内转发与评论数量较大，同时，又极有可能在瞬间消失（内容被删除），因此，在记录方面会有质与量的限制，但是笔者采用非参与式观察法，通过对抗议性谣言信息传播过程中相关信息内容的截屏，保留了大量的原始资料，在一定程度上保证了本研究的客观性。本研究在两个层面采用（非）参与式观察法，第一个层面是借助于网络，也就是不同的新媒体传播平台，跟踪抗议性谣言信息的首发、传播、扩散、消亡等整个过程中不同主体的表现及其关系；第二个层面是在现实生活和工作环境中，观察接收到抗议性谣言信息的个人和群体如何反应，如何选择信息和阐释信息，继而如何采取行动，试图对谣言传播的参与者做出客观的评价与认知。需要指出的是，因为谣言本身作为一种非确定性的信息的传播，不可避免地渗透于生活中方方面面，本人实际上是做不到完全的非参与式观察的，更多时候是在参与式与非参与式观察两种方法间切换。

四　深度访谈法

深度访谈法，是一种通过访谈者与访谈对象的深度交谈与互动以获得认知的研究方法。在深度访谈中，访谈者能够围绕着访谈的主题，根据访谈对象的回答以及访谈对象提供的新线索、新思路而灵活地调整和变动访谈的问题，这种方法比较灵活，有弹性，从而能够得出深层的、鲜活的、有意义的一手资料，同时也容易得到意想不到的发现和收获。比如，在研究新媒体时代谣言传播中，谣言传播被营销化的现象时，对于中传互动营销研究院于明先生的访谈，让笔者对营销活动的策划者主动传播谣言和积极应对谣言两个层面有了新的认识。在党报新媒体平台方面，笔者对人民日报新闻协调部副主任、高级编辑丁伟（人民日报官方微博团队负责人）做了访谈；地方都市报方面，笔者对辽宁报业集团社委、辽沈晚报社社长彭宁、辽沈晚报主编徐晓民、辽沈晚报数字新闻部主任吴新星等做了访谈；在地方门户网站方面，笔者对北国网（给腾讯提供重要新闻源）网络编辑部主任林琳、北国网副总编辑胡庆涛做了访谈；在信息传播与营销方面，笔者对新浪网新闻中心副总监王薇和新浪网新闻中心传媒频道主编成功、中传互动营销研究院 CEO 于明和华艺传媒公司项目经理孙懿楚做了访谈；针对新疆“7·5”事件后的断网处理的感受与理解，笔者对《当代传播》主编郑瑜、《新疆经济报》首席记者张雷做了访谈。遗憾的是，由于谣言的敏感性和“非法性”等因素，没能找到接受访谈的谣言发布者和积极传播者进行访谈，只能通过报纸和网络新闻报道中提到的已经被拘禁或拘留的造谣、传谣者，以及相关新闻报道中涉及谣言传播者的其他相关信息中，找寻他们造谣、传谣的心理动机、具体做法和行为后果。

本书研究方法上的局限与不足主要体现在，研究对象的代表性与普适性有所欠缺。本书对于大量存在的谣言案例没有进行总体上的、全面的整理和定量的统计分析，从而缺乏更加全面和充分的数据来支撑本书论点。没有做的原因，一是考虑到谣言的数量确实太大，所以选定样本框并抽取出所有的动态发展的谣言样本，几乎是不可能做到的，即便是试图做到，以个人的能力和力量，也未必能够取得可信的数据；二是考虑到本书落脚点在于提出对策，而通过案例分析法和深度访谈法也能够提出针对性强的对策建议；三是考虑到在谣言研究领域，已有学者使用实验室观察法和内容分析法做了一定程度的定量研究，本研究可以选择和采用这些研究成果中较有说服力的数据和结果，充分利用前人的相关研究成果。

由于受到研究的时间、精力与条件等因素的制约，笔者只选取了从2003年至2013年间有代表性的33例抗议性谣言。首先，这33例抗议性谣言有没有代表性？其次，笔者对于这33例谣言所做的分析结果在多大程度上能反映整体？虽然本人在抽取这33例抗议性谣言时，是在本书对于抗议性谣言所做的可操作性定义的前提下，抽取了近年来受关注度高的、百度搜索热度排名靠前的抗议性谣言，但基于这些抗议性谣言所做的数据分析并不能推广到全体。本书对于新媒体时代抗议性谣言的抽样时间跨度较大（11年），所以仅在一定程度上规避了部分的局限，以期其数据分析结果能对认识整体有所参照。

第二章　新媒体时代抗议性谣言概念解析

本章探讨新媒体概念的发展及其界定、中国古代对于谣言的认识、谣言在中国古代社会中的作用、国外谣言的概念发展、中西方谣言概念及其认识的差异以及本研究对于谣言概念和抗议性谣言概念的界定。

第一节　新媒体概念界定

随着新的媒介技术的快速发展和各种无线通信网络的大面积覆盖，目前的新媒体已经实现了“移动化”，使用者无论身处何方，只要有无线网络覆盖，通过手机等智能手持终端，就可以非常便捷地进入互联网，发布或接收来自任何地方的任何人发布的任何信息。未来，随着新媒体硬件与软件技术的发展与普及，其用户还将持续增长。因此，新媒体的概念从一开始提出到现在，从来都是一个相对的概念，也是一个与时俱进的概念。

一　新媒体概念的提出

1967 年，美国哥伦比亚广播电视网（CBS）技术研究所负责人戈尔德马克（P. Goldmark）首次提出“新媒体”概念。在当时，新媒体指的是有线电视技术。如今，新媒体的概念已经随着数字多媒体技术的发展与普及产生了根深蒂固的变化，各种媒体一经出现，其本身就是“新”的，或者是在旧有媒介的基础之上增加了“新”的特质，或者是对已有媒介经过了“新”

的整合。因此，新媒体，是在无限发展的、与时俱进的、“新的”概念。

二　新媒体概念的拓展

匡文波（2008）对已有的新媒体概念进行了梳理和分析，并对目前新出现的媒体形态进行了辨析，认为数字化、互动性是新媒体的根本特征。[①] 廖祥忠（2008）提出新媒体是“以数字媒体为核心的新媒体”，即通过数字化和交互性的，或固定，或移动的多媒体终端向用户提供信息和服务的传播形态。[②] 邵庆海（2011）提出，新媒体是基于数字技术产生的，具有高度互动性、非线性传播特质，能够传输多元复合信息的大众传播介质。[③] 纵观国内学者们对于新媒体的界定，虽然千差万别，但最普遍认可和强调的基础便是新媒体的“数字化”和“互动性”特征，同时也都强调新媒体概念的不断发展和变化的相对性，这也是笔者认可的观点。

三　对新媒体概念的质疑

也有学者对于“新媒体”的提法产生质疑，比如 Steve Duck & David T. Mcmahan（2009）提出，互联网、手机、Ipod 等对于研究者而言可能是“新媒体”，但对于新一代人，他们从出生后就开始自然接触和使用这些媒介，这些媒介就不能算是“新媒体”。[④] 笔者认为，对于伴随新媒介成长的人来说，“新媒体”确实已经不存在“新”的问题了，但对于整个社会上存在的媒介发展历程和现状来说，又确实有“传统的”和“新”的区分。“新媒体”是一个相对的提法，也是通过比较得来的概念。

保罗·莱文森（2009）将媒介发展分为三个阶段，即报纸和电视之类的旧媒介、电子邮件和网站等“古典”的新媒介以及诸如博客、优视网、维基网、脸谱网、推特网之类的“新新媒介”。[⑤] 莱文森认为“新新媒介”描绘

---

① 匡文波：《“新媒体”概念辨析》，《国际新闻界》2008 年第 6 期。

② 廖祥忠：《何为新媒体?》，《现代传播》2008 年第 5 期。

③ 邵庆海：《新媒体定义剖析》，《中国广播》2011 年第 3 期。

④ Steve Duck & David T. McMahan. *The Basics of Communication: A Relational Perspective*, SAGE Publication, Inc. 2009, pp. 233 – 235.

⑤ ［美］保罗·莱文森：《新新媒介》，何道宽译，复旦大学出版社 2011 年版，第 1 页。

的互联网生活和工作与“新媒介”截然不同，比如，读维基网的网页和读CNN电视网的网络版就完全不同，因为维基网的网页是很容易编辑的。[①]虽然莱文森的观点具有启发性，也不无道理，但是，考虑到如果以后出现更加新的媒介，我们该如何称谓呢，为了避免使用“新新新媒介”这样的提法，本书舍弃了该思路，沿用“新媒体”提法。

四　本书沿用“新媒体”提法的原因

本研究仍然沿用“新媒体”的提法，原因如下：

第一，新旧本来就是相对的，即便是对于新一代人而言，虽然从出生就开始使用，但较传统媒体而言，从社会时间角度来说，最新出现的媒体就是相对来说的“新媒体”，况且，实际上还很难完全区分开来所谓的“古典的”新媒介和“新新媒介”，比如当一个人使用电脑一边发送电子邮件，一边阅读和转发微博或微信信息时，我们该如何界定他（她）所使用的媒介到底是新媒介，还是“新新媒介”呢？

第二，按照使用习惯沿用“新媒体”的提法更加易于理解，大家也都有约定俗成的默认，不易产生歧义，也不用再冠以新名和解释，省去很多不必要的麻烦。

第三，之所以没有称之为“社交媒介”、“Web 2.0”、“Web 3.0”，是因为过去的新媒介和旧媒介也拥有重要的社交因素，而“Web 2.0”、“Web 3.0”的界定本身有很大程度的“猜度性”，并且正如何道宽（2011）指出的，数字本身并不传达语义。[②]

第四，之所以没有称之为“新媒介”时代，是因为“媒介”本身涵盖的意蕴在于介质，偏向其工具性；而“媒体”的概念更加宽泛，涵盖了媒介及其与之相关的外延，偏向其文化性。

第五，新媒体的“新”本身含有了新技术、新平台、新理念和新做法，这正好与本研究所强调的对于谣言的辩证理解以及用新的视角来认识和应对抗议性谣言信息的传播等新观念更加贴合。

---

① ［美］保罗·莱文森：《新新媒介》，何道宽译，复旦大学出版社2011年版，第5页。

② 同上书，第1页。

因此，本研究直接使用更为直接的“新媒体时代”，涵盖了莱文森所提的“新新媒介”时代与“古典的”新媒介时代两个阶段。

保罗·莱文森（1979）在其博士论文《人类历程回放：媒介进化理论》中认为：“媒介的无线性、便携性演化应该继续展开，直到个人能获取地球上的一切信息，而且是从任何地方去获取信息，所谓任何地方包括家里和户外，当然还包括这颗行星之外的广袤宇宙。”① 在该论文中，莱文森还提出了“人性化趋势”（anthropotropic）的媒介演化路径，即“在一个接一个的发明中，媒介的功能越来越人性化”。② 而随后电子技术和网络的发展成为莱文森颇有洞见的预言的佐证。目前，手机与互联网的结合使得人们可以在自由移动中保持“在线”状态，做到随时随地对信息的接收和发送。互联网使得用户足不出户就能游走于世界，只需要坐在电脑前，并且上线，而移动互联网使用户从固定的电脑前解放，真正实现了“随时随地”的互联。如今，可穿戴设备等更新的媒介技术正在发展，并逐渐走入人们的工作和生活，未来，更加移动化的、更具便捷性的新媒体将是媒介技术发展的大趋势。

我们正在体验的，是已经将人类所有的知识完全地存储于人体之外的延伸设备中，并且随时随地被搜索、被分享的时代，而且，历史上从来没有哪个时代能够像现在这样，能够有如此众多的民众在接收信息的同时生产、存储和传播信息。未来，新媒体技术的发展必然更加超乎想象和预期。站在当下的时代，我们不得不以更加开放的视角和态度来应对新媒体及其带来的一切。

第二节 谣言概念界定

新浪微博官方辟谣账号“@微博辟谣”在其认证信息中明确标明：“新浪微博虚假消息辟谣官方账号”，见图 2-1。③

---

① 转引自［美］保罗·莱文森《新新媒介》，何道宽译，复旦大学出版社 2011 年版，第 188 页。

② 同上。

③ 来源：新浪微博：http：//weibo.com/，截图日期：2013 年 7 月 26 日。

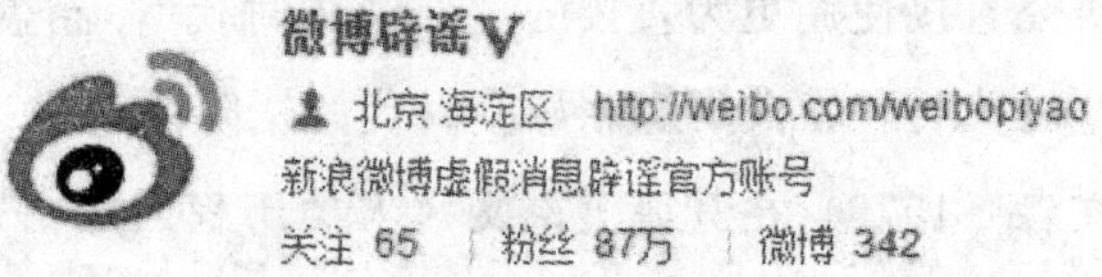

图2-1　新浪微博截图

可以理解为，新浪微博将谣言等同于虚假消息，而辟谣等同于揭露虚假消息，即证伪。实际上，无论是政府部门，还是大多数研究者，抑或是社会各界从业者，包括传媒工作者，都对谣言有着根深蒂固的偏见和误解，多数时候都是简单将其归为“虚假消息”或“不实信息”。

本节从谣言概念的演变出发，尝试从更加客观、科学的角度来认识和界定谣言。

一　中国古代谣言概念的界定

晚清杜文澜在其所编《古谣谚·凡例》中，这样阐释谣谚：“谣谚二字之本义。各有专属主名。盖谣训徒歌。歌者咏言之谓。咏言即永言。永言即长言也。谚训传言。言者直言之谓。直言即径言。径言即捷言也。长言主于咏叹。故曲折而纡徐。捷言欲其显明。故平易而疾速。此谣谚所由判也。”[①] 杜文澜从外在形式及其特点入手，对“谣”作了界定，并将其和“谚”进行了区分，认为“谣”是“长言”，“谚”是“直言”，“谣”的特点是“曲折而纡徐”，因而是“长言”，较长；“谚”的特点是“平易而疾速”，因而是“捷言”，较短。且不论这种区分是否科学严谨，但可以看出，虽然古人习惯于将“谣”和“谚”编注在一起，[②] 但已经试图对“谣”和“谚”进行区分了。

程中兴（2007）认为，“谣言”一词最早出现在《后汉书》，既有歌颂、颂赞之意，又有诋毁、诽谤之意。[③] 但是，黄宛峰（1988）指出，“谣言”

---

① （清）杜文澜：《古谣谚》，周绍良校，中华书局1958年第1版，2008年第4次印刷，第3页。

② “谣”与“谚”经常被古人合在一起编辑，如中国最早专门辑录“谣”、“谚”的宋代著作《乐府诗集》和《古今谚》等等。

③ 程中兴：《谣言、流言研究：以话语为中心的社会互动分析》，博士学位论文，上海大学，2007年。

一词，在汉代的意义，并非如我们今天所理解和使用的“凭空捏造”之意，而是指民间流行的歌谣。“‘曲合乐曰歌，徙歌曰谣’，与乐曲配唱的韵语便谓歌；不配乐曲的韵语，则称谣。”[①] “谣”在形式上一般比较押韵或对仗，简单明快，因而便于口头传播；而在内容上，大多“谣”能反映出人民的智慧和生活的哲理，具有深刻的内涵和思想，往往成为知识或技艺普及的传播工具，因而受到民间的重视，同时也便于世代流传。“以谣谚行教化”是古代编注谣谚的目的之一，因而“谣”的收集也受到官府的重视，这也是“谣”能够长期流传下来的重要原因。

到了现代，虽然谣言的概念已经完全改变了，但其对于社会问题的反映功能是没有改变的。在新媒体时代，大众拥有了更多的意见表达渠道和平台，信息来源和样式也更加多样和多元，在此情形下，我们更要重视谣言所隐含的社会问题与矛盾，并采取适当的方式予以处理和疏导，方能从根本上减少谣言的生根发芽和传播。

二　谣言在中国古代社会中的作用

在中国的文化传统中，“采诗”和“诗教”是非常重要的两项制度。“采诗”目的在于考察社会风俗，而“诗教”旨在利用诗歌对民众进行教化。例如，《古谣谚》的编纂宗旨就是在于“观民风”和教化民众，以期更好地为政教服务。[②] 杜文澜认为，在考察社会风俗，对民众进行教化两方面，谣谚具有和诗歌一样的功能。正因为谣言在中国古代社会中有着上述重要功能和作用，因此，也就不难理解谣言在中国古代社会政治统治中所发挥的以下作用了。

（一）儒家“察谣听政”常规化

儒家“察谣听政”理念的治理传统更加加固了上述谣言的社会功能。在中国古代，监察御史等言官有“风闻言事”的特权，所谓“言者无罪，闻者足戒”。这种机制的特点是，无论言官所说内容是不是属实，言官不

---

① 黄宛峰：《汉代考核地方官吏的重要环节——“举谣言”与“行风俗”》，《南都学坛》（社会科学版）1988 年第 3 期。

② 尉程炜：《〈古谣谚〉研究》，硕士学位论文，北京大学，2011 年。

需要对其言说内容担负责任，也即造谣与传谣者是“无罪”的；而被言者必须“足戒”，如果被指摘者不服，就要为自已辟谣，要自己拿出辩驳的有力证据来解脱干系。这种机制直接造成的后果是，造谣者和传谣者不被责罚，甚至“合法化”了，这就造成一个严重的后果，即如果有人故意捏造或者中伤他人，一般倒霉的是他人，而造谣者免于承担责任。如南宋庆元二年，监察御史沈继祖“风闻言事”，指控朱熹十宗罪，但没有一宗罪是有确凿证据，件件都是“风闻”。朱熹对这些“风闻”置之不理，未做辟谣和澄清。于是，朱熹理学成了“伪学”。随后，沈继祖的好友洪迈在其《夷坚志》中，进一步造谣，称朱熹包养尼姑为妾。[①]“风闻言事”的特权使得言官有了造谣、传谣的合法性，其中不乏污蔑与诽谤，但也确实成为“察谣听政”的一种特殊的监察方式，因此，“谣言”也在中国古代政治统治中有非常重要的地位。

（二）改朝换代合理化

中国历史上有很多借助谣言制造舆论，使得改朝换代合理化的案例。后周末年，社会上流传了一条以“点检作天子”为主要内容的政治谣言，其目的是为“殿前都点检”赵匡胤及其集团“陈桥兵变”改朝换代做好舆论准备。[②] 西汉末，公孙述称帝后废除了五铢钱（汉钱），民众因被盘剥得厉害导致生活极度贫困，蜀中一带便开始传唱童谣：“黄牛白腹，五铢当复。”黄牛指王莽，白腹即指公孙述。这首童谣是在预言公孙述会像王莽一样被消灭，汉朝江山就要恢复。后来，公孙述的结局果然像王莽那样，被刘秀消灭，汉政权得以“光复”。[③] 在很多历史事件中，都出现过借助“歌”或者“谣”来讽喻当朝，或对未来改朝换代的预言。一般在兵变或者流血事件发生之前，便流传出这样的谣言，显得改朝换代是历史的“宿命”，不是个人能够主宰的，因此逃脱了道德上的枷锁，也更加让民众顺服，使得改朝换代合理化。

---

① 中国国学网：《中国古人如何造谣？盘点谣言史上的“四大发明”》2012 年 4 月 24 日，http：//www. confucianism. com. cn/Show. asp？id＝216456。

② 顾吉辰：《论后周末年的一场政治谣言：兼论赵匡胤上台》，《学术月刊》1994 年第 4 期。

③ 中国国学网：《中国古人如何造谣？盘点谣言史上的“四大发明”》2012 年 4 月 24 日，http：//www. confucianism. com. cn/Show. asp？id＝216456。

（三）皇权神圣化

在中国古代，谣言还有一种功能就是增加皇权的神圣不可侵犯性。景德元年（1004年），契丹人所建的辽国入侵，宋真宗亲征，并取得胜利，但为换取与辽之间的和平，宋以每年向辽进贡白银三十万两、绢二十万匹为“岁币”作为代价，与辽结下“澶渊之盟”，以结束战争，保持和平。但这样的结果使老百姓不服，并严重影响了宋真宗的皇权及其在老百姓心中的权威。景德五年（1008年），参政王钦若建议宋真宗为挽回“澶渊之盟”丧失的统治权威，传播“天书”谣言。于是，宋真宗“召群臣拜迎于朝元殿启封，号称天书”。“天书”与另外三幅黄帛上写的内容都是说真宗以孝道承统，必致世祚长久等。其后，在全国范围内大肆宣扬“天书”一事，短时间内全国上下掀起了一股“争言祥瑞”的热潮。[①] 这是在皇权威严受到威胁和削弱后，统治阶层故意制造和传播的政治谣言，借助于宗教或“神”的权威来发布，以弥补现实中失去或被削弱了的统治权威。一方面，谣言中不可或缺的要素是“神”的出现，并且正因得到了“神”的认可与庇佑，失去或削弱了的权威才能很快得到补救，其统治的合法性与权威性才能同时得到提升。另一个方面也说明，如果不借助“神”的力量以及有神在庇佑的谣言的传播与扩散，实际上其统治地位已经被威胁，统治者已经丧失了权威而变得无能为力，这种情形下，借助于“神力”的谣言便成了一个有力的工具，使得皇权神圣化。

（四）政治对手妖魔化

借助于谣言的传播，即以虚假的、夸张的、以偏概全的方式故意散播不利于自己的政治对手的负面信息，目的是从舆论上压制和打击对手。以宋代狄青的谣言为例，当时有人编造狄青“汉似胡儿胡似汉，改头换面总一般，只在汾河川子畔”[②] 的谣言；有人还称看到狄青家里夜晚发光，恰好与五代朱温称帝前惊人相似[③]；有人称狄青家里的狗长出角来；有人称狄青在相国寺前穿黄袄[④]，等等。狄青这么一个不畏生死、屡立战功的忠臣被污蔑有当

---

① 360百科：http://baike.so.com/doc/5421339.html，2013年11月23日。

② 丁传靖：《宋人轶事汇编》卷7，中华书局2003年版，第326页。

③ （宋）魏泰：《东轩笔录》卷10，中华书局1997年版，第117页。

④ （元）脱脱：《宋史》卷290《狄青传》，中华书局1977年版，第9721页。

皇帝的野心，被各种谣言所迫，最终离职，并含冤而死。这是中国古代历史上一个明显的使政治对手妖魔化的谣言，并且最终的后果是，谣言作为一种政治工具，在使政治对手妖魔化方面发挥了相当大的功用，狄青被谣言所陷害，以离职告终，显示了谣言在人身攻击和污蔑个人名誉等方面的威力。

可以说，上述种种谣言都起到了相当大的作用，但对于造谣者和传谣者而言，谣言是一种“价廉而物美”的性价比极高的工具，所需投入非常少，功能却异常强大。

三 国外谣言概念的界定

国外对于谣言的研究，普遍认为是从第二次世界大战时期开始。国内学者王灿发、侯欣洁（2012）提出了围绕“谣言本体的真实与虚假，谣言效果的正向与负向，谣言中心事件对象的真实性与重要性存在与否，谣言传播主体有无动机”等指标，将国外谣言研究者分为三大派别，即：“以对谣言真实性为评判的虚假倾向派”、“中性派”和“真实肯定派”。① 从是否真实的视角给谣言定性以划分繁杂的谣言定义，具有一定的概括意义，但以这样简单的标准来划分复杂的谣言及其研究本身是有待商榷的，因为谣言本身就带有极大的不确定性，所以，本书摒弃了这种分类法，而选择从历史的视角来分析。

谣言的定义向来众说纷纭（见文献综述），但从 20 世纪 40 年代至今谣言概念的发展中，笔者可以看到这样的逻辑，即受众由完全被动的，容易被说服的（纳普，1944、奥尔波特和波斯曼，1947），到主动寻求解释的（彼德森和吉斯特，1951、克罗斯，1953、特·希布塔尼，1966、卡普费雷，1987），再到探寻真相以形成集体记忆的（Fine，2007）这样一个脉络，谣言从旨在使人们相信（强效果的，受众完全被动，愿意相信一切信息），到旨在解释和阐释的（有限效果的，受众试图解释的，阐释的）转变，因此，对于谣言的认识也经历了由非理性到理性的转变，见图 2-2。

从一开始的谣言概念中，可以明显地看到“魔弹论”的影子。谣言概念后来的发展中，加入了受众的主动性，强调了阐释性，即受众主动寻求对某

---

① 王灿发、侯欣洁：《重大突发事件中的谣言话语分析》，《新闻与传播研究》2012 年第 5 期。

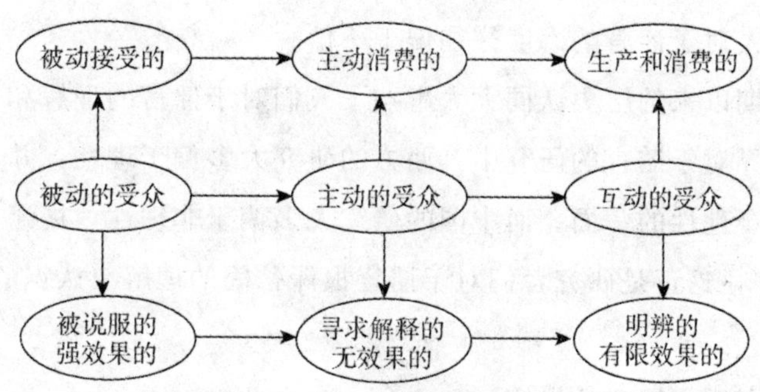

图 2-2　谣言认识的转变

一事件或说法的理解和阐释。到了现在的新媒体时代，受众不再仅仅是受众，也变成了信息的制造者、整合者和传播者，因此，如今的受众有了更多的主动性和互动性。

四　中西方谣言概念及其认识差异带来的启示

中国历史上，谣言曾经是对官员的监督手段和政治工具。而历来的起义、夺权和战争中出现的种种谣言总是与神力同时出现，这就更加大了谣言的神秘性、神圣性和不可置疑性。长此以往，中国大众对于谣言总是偏于相信。

而西方历史上，对于谣言充满了丑化、防范与怀疑。在古罗马诗人普布利乌斯·维吉尔·马罗的史诗《埃涅阿斯纪》（公元前19年）中，法玛（即谣言）的形象被描述为："她走路迅速，生着灵巧的双翼，真是个怪物，可怕又巨大，身上长着羽毛无数，羽毛下仿佛奇迹般，有许多警惕的眼睛，还有那许多舌头，说着话的嘴和偷听的耳朵。"[①] 谣言被描述为一个可怕的怪物，她的身量、力量和速度以及恐怖的外形代表了谣言"丑陋的"内容。她的工具是人的眼睛、耳朵和嘴巴。作为消息，她的移动迅疾如风，传播的是虚拟的事，其中混杂了具有依赖性的言辞、杜撰和事实。[②] 不难看出，"谣言女神"在西方自古以来的形象往往都是非常丑陋的、令人恐惧和警惕的。

---

① 转引自［德］汉斯-约阿希姆·诺伊鲍尔《谣言女神》，顾牧译，中信出版社 2004 年版，第 46 页。

② 同上书，第 50—51 页。

因此，西方人对于谣言的态度往往偏于不信。

这种长期以来的历史认同大大影响了人们对于谣言的理解和认识，但反映到当代学界对于谣言的研究中，西方的研究大多偏于理性，并且充分认识到了谣言的合理性的一面。而中国的研究大多偏于非理性，视谣言为“洪水猛兽”。也许，这正是研究者们对于谣言根深蒂固的理解与认识的矫枉过正。

五　本书谣言概念的界定

无论在古今中外，谣言都是一个重要而又难以界定的概念，因此，大众对于谣言的认识也是模糊的。中国社会科学院舆情调查实验室（2013）对关于整治网络谣言舆情的调查结果显示，多数人对于“网络谣言”的界定并不清楚，自认为对“什么是网络谣言”清楚的受访者仅占14.6%，“比较清楚”的占48.2%，“不太清楚”的占29.2%，“不清楚”的占2.6%，“不好说”的占5.4%。[①] 从该调查结果可以看出，对于谣言的概念持不太清楚的人的总数量已经大于37.2%之多，而那些自认为自己清楚的，也未必就真的清楚。实际上，在谣言相关的研究领域，对于谣言的界定也是莫衷一是，多数情形下，是将谣言简单等同于“虚假的信息”，甚至简单等同于“危害性信息”。

在梳理了各种对于谣言的概念界定与认识之后，本书试图用更加客观、中立与科学的视角来认识和界定谣言：谣言是被广泛传播的、含有极大的不确定性的信息。新媒体时代，谣言在传播过程中可能被个人与群体共同加工、增减、修补而产生变异，也有可能在个人与群体追求真相与明辨的过程中被证实或证伪，从而消除其不确定性。[②] 谣言的明了过程或辟谣过程是对信息的不确定性的消除过程，一旦其不确定性被消除，谣言要么转化成为真实信息，要么转化成为不实信息，总之，一旦其不确定性被消除，谣言就终止或死亡了。但是，曾经是谣言的信息，如果不再被加工重现，那么在新媒

---

① 中国社会科学院中国特色社会主义理论体系研究中心：《合力构建聚民心尚理性的网络舆论空间》，《人民日报》2013年11月14日第14版。

② 需要说明的是，本概念中所指涉的“不确定性”与广为流传的香农信息定义中的“不确定性”是有区别的。本概念中的“不确定性”关注的是信息本身的可靠性未被确定，而香农信息概念中的“不确定性”关注的是信息在传递过程中的失真，主要适用于信息通信领域（本书中所强调的信息的“不确定性”均指此意，不再单独说明）。

体时代的信息海洋里很快就会彻底消失，如果又被加工或重新出现，即又被当作是新近消息传播开来或者是重新经过改造再传播开来，那么，它就以原来的形态或者被改造过的形态又“复活”了。

值得注意的是，谣言是含有不确定性的信息，是对于大多数传播谣言的人而言，实际上对于最初或者传播中间故意制造、增补了不确定性信息的人来说，是明知不确定，但又以确定性的，或者求辟谣的形式来传播的。

同时还要注意到，谣言的制造与传播并不总是故意和恶意的，也有非故意的和非恶意的。有些谣言被辟谣或被怀疑虚假，后来被证实是真的；有些谣言从一开始就是假的，是被故意制造和传播的；有些谣言从一开始就是假的，是非故意制造和传播的；有些谣言信息中包含了部分真实的成分，部分虚假的成分，甚至真假掺和在一起，很难严格以“真”或“假”的二元法来进行区分。

本定义中舍弃以往公认概念中谣言是由“未经官方证实”的提法，原因有二：其一，有些谣言虽然未被官方证实，但得到了直接相关的和拥有绝对权威性的非官方机构或个人的确定，显然，被确定后的信息就不能称之为谣言了。而有些时候，出于一些政治或经济目的，即便是官方已经“证实”的谣言也有可能是不实的，我们不能将“官方”定为证实谣言是否属实的唯一权威；其二，有些谣言是未被证“实”，但也有相当一部分谣言是未被证“伪”，因此，“证实”的说法不够贴切。本书提出的谣言概念中强调了“不确定性”，而这种不确定性就指可能是真，或者可能是假。而且，大量形形色色、大大小小的谣言，是不可能被“官方”一一所证实或证伪的，有些是没有必要得到官方证实或证伪的，也有一些是没有可能得到官方证实或证伪的。因此，本书不再沿用“未经官方证实”的提法。

本定义中舍弃以往公认概念中谣言是由“非官方发布”的提法，原因是，新闻消息一般被认为是会经由官方信息发布平台，或者官方权威部门直接通过其认可的大众传播媒介发布，而谣言作为不确定性未被消除的信息，是与之相对的，传统观念中也认为谣言生来就应该没有像官方这样的发布者的权威性。但是，事实上，官方在一定情形下也会（甚至故意会）发布一些不确定性的谣言信息，并且会暗示大众相信其确定性，以达到自己的政治或其他目的。比如，在 2004 年台湾“大选”期间，国民党、民进党、亲民党选举结果公布前一天，即3月19日下午，发生了陈水扁、吕秀莲称在台南市遭到不明枪击受伤事件。国民党与亲民党自动宣布停止举办原定的大型选举造势活动。3月20日公开选举投票结果，陈水扁、吕秀莲以50.11%的得票率领先。但从3月20日晚开始，国（民党）亲（民党）联盟政治人物及其支持群众走上街头，开始了对选举不公不义的抗议。抗争活动一直持续了两周时间。根据台湾《联合报》3月22日公布的民意调查，枪击事件“是选情逆转的最主要因素”，牵动了8%的选票流动，其中有5%的民众“由不投票或可能投票转为投票”，有3%的人则“由投票转为不投票”，两者相抵，投票率因此提高了2%。① 枪击案后，国民党指控枪击案作假，意图获得民众同情以赢得选票。在这一事件中，无论民进党和国民党哪一方的说法属实，都有另外一方属于造谣，并且，双方均为官方。因此，有些时候，官方发布的信息不一定就不是谣言。而谣言的制造与传播者也不一定全是非官方。因此，本书不再沿用“非官方发布”的提法。

同时需要指出的是，该定义中的“不确定性”和“广泛流传”是缺一不可的。也就是说，即便是带有不确定性，如果没有被广泛流传，也成不了谣言，而广泛流传的信息，如果有很强的确定性，就不再是谣言了。正因为其不确定性未被消除，因而大多数时候当人们听到或看到谣言信息时，会自然而然地表现出一定程度的将信将疑，而且期望被确定。而“不确定性”正是区别谣言与新闻消息的重要指标。实际上，谣言本身无所谓真假，而是反映和隐含了某些社会和心理诉求，这些隐含的社会和心理诉求才是真正需要被正视和关注的。

第三节　新媒体时代抗议性谣言概念界定

王国宁（1991）指出，谣言按标准不同可分为几种类型。以其内容区别，可分为政治谣言、经济谣言、个人生活谣言等。按语言表达方式区别，

---

① 东方网：《阿扁枪击案全景记录：两颗子弹扭曲选举岛内人人成神探》，来源：《瞭望东方周刊》，作者：范丽青，2004年5月11日，http：//mil.eastday.com/eastday/mil/node3208/node16679/userobject1ai231975.html。

可分为说明性谣言、描述性谣言、预言性谣言等。还可根据动机的不同，将谣言划分为无意误传和有意捏造两类。王国宁还指出，台湾《传播学补白》一书，结合谣言的性质和功能，将谣言分为挫折性、不安性、恐惧性、期待性、抵抗性、辩护性、反击性、神怪性、扰乱性 9 大类。[①] 笔者认为，这样的区分实际上很难分得清楚，因为在一般情形下，不安伴随着恐惧、期待、挫折；反击伴随着扰乱、抵抗、辩护等，在多数情形下，这些类别是重合的。因此，这样的区分意义不大。而王国宁本人对于谣言的区分有很大的适用性，也被普遍接受。

考虑到本书的专注点在于谣言本身具有的"抗议性"，而且本书"抗议性谣言"所指涉的社会事件涵盖了政治的、经济的、个人生活的等方面因素，同时，本研究也不对谣言做语义和修辞学方面的梳理，因此，本书对"谣言"仅以"抗议性谣言"和"非抗议性谣言"做一区分。为了避免两分法可能陷入二元对立的风险，笔者在此特别说明的是，实际上，多数谣言都含有抗议性成分，也就是说，谣言中的少数属于"非抗议性谣言"，多数属于"抗议性谣言"，只不过，"抗议性谣言"中又因抗议程度的不同而分为多种。有些学者干脆认为谣言就是一种社会抗议。卡普费雷（1987）认为："谣言并不一定是'虚假'的：相反，它必定是非官方的。它怀疑官方的事实，于是旁敲侧击，而且有时就从反面提出其他事实。这就是大众媒介未能消除谣言的原因。"[②] 卡普费雷进一步提出，谣言是与当局的一种关系，而这种关系必定常常是反抗性的，因为它不承认官方的真实。追随这样的见解，胡泳（2009）认为，谣言常常作为一种社会抗议而出现。[③] 这种观点显然是在将大众与官方设为对立的基础上来认识谣言，但实际上从大量案例来看，谣言的传播主体并不仅仅全是非官方的，而有时候谣言所抗议的也不一定全是"官方"或者官方发布的信息。因此，首先，本书认为不应将谣言一并认为都是"抗议性"的，也有"非抗议性"的，应该将谣言以"抗议性"

---

① 王国宁：《从传播学角度看谣言及其控制》，《新闻研究资料》1991 年总第 53 辑。

② ［法］让-诺埃尔·卡普费雷：《谣言：世界最古老的传媒》，郑若麟译，上海人民出版社 2008 年版，第 287—288 页。

③ 胡泳：《谣言作为一种社会抗议》，《传播与社会学刊》2009 年第 9 期。

和“非抗议性”来区分；其次，抗议性谣言所抗议的对象也不全是“官方”，而抗议性谣言的发起者与传播者也不全是“非官方”。

综上所述，就谣言的性质来说，本书将谣言区分为抗议性谣言和非抗议性谣言。以下对抗议性谣言进行界定。

一　抗议性的界定

根据《现代汉语词典》，抗议的基本解释是：“对某人、某团体、某国家、某单位的言论、行为、措施等表示强烈的反对。”① 在查阅相关概念时，笔者注意到网站 www.protese.net 上抗议性话题的分类，见表 2－1。②

表 2－1　www.protese.net 上的抗议性话题

动物权利
儿童和教育
民权
死刑
药物
选举和民主
环境
法西斯主义和右翼
女权主义和生育权
食品和农业
全球化和帝国主义
人权
移民和避难
伊拉克
劳工和工会
媒体
和平
贫穷和饥饿
监狱、警察和镇压
种族和阶层
宗教和信仰
性、性别与各种性取向者
第三世界

① 中国社会科学院语言研究所词典编辑室：《现代汉语词典》（修订本），商务印书馆 1996 年版，第 707 页。

② 2001 年 8 月 10 日 www.protese.net 上的“话题”，转引自［美］詹姆斯·E. 凯茨、罗纳德·E. 莱斯《互联网使用的社会影响：上网、参与和互动》，郝芳、刘长江译，商务印书馆 2007 年版，第 213 页。

当试图界定抗议性时，这些抗议性话题能够给我们带来很大的启示。实际上，抗议性是随着国家、民族、视角、时代的不同而有所变化的。简单来说，抗议性的普遍认同的概念就是“针对某问题发表反对或者不同意见”，其英文对应词为“resist”、“against”。

二　本书对抗议性谣言的界定

新媒体时代的谣言有些是娱乐性的，有些是营销性的等“非抗议性”的，因此，本书不将谣言一概而论，而是单单以抗议性谣言为研究对象。下面试图对抗议性谣言做一界定。

结合上文中对“谣言”和“抗议性”的界定，本书认为，抗议性谣言是指与公权机构、主流媒体发布的信息，或与社会上广泛流传的信息、现象、行为规范、社会期许、意见表达及采取的行动等相左的，旨在提出质疑、猜测、非议的不确定性信息。抗议性谣言排除了娱乐性、广告性、游戏性等非抗议性谣言。抗议性谣言有恶意的，也有非恶意的，有故意的，也有非故意的。抗议性谣言在维权、突发事件、群体事件、环境保护议题中更多出现。

非恶意的抗议性谣言，大多是对那些在社会上广泛流传的信息的质疑与猜测，其本身抗议性成分较少，但在某些特殊语境中，包含了某些抗议性成分。比如2013年夏天高温，有些地方的网友就传出了“马路上热得可以煎鸡蛋”的谣言，实际上反映了民众针对自身生活环境恶化、气温升高等的恐惧、担忧与抗议。中央电视台《是真的吗?》栏目指出，谣传图片中老人的篮子中的鸡蛋打烂掉到地上，但却没有蛋壳，因此对该视频的真实性提出了质疑，有效回应了谣言。该栏目还公布了征集的各地网友拍的视频，均证明在井盖和马路上煎鸡蛋的信息不实，鸡蛋在地上三十分钟后凝固是因为风干，而不是因为高温。类似这样的一些谣言，都不是完全恶意的。因此，提到抗议性谣言，不能过于一刀切地简单对待，也不能不假思索地认为抗议性谣言就是有害信息。

必须要指出的是，有一些抗议性谣言是弱势群体或相对处于弱势的人群对于强权、不公正现象、不合理政策等的抗议；还有一些抗议性谣言则是打着正义的旗号，利用社会热点事件，或者制造热点事件，来蛊惑大众，故意制造的谣言。比如，2008年“5·12”地震发生后，网上热炒的针对红十字会的抗议性谣言：“中江县红十字会人员购买了1万多元救灾药品，要求开5万多元发票。”经四川省中江县检察院查明，该文章原文是网名为“中心两点”的网民在麻辣社区博客中所发，其内容为“我以前在成都市荷花池批发药品，一天有两个中江县红十字会的人来我们这里购买了1万多元的救灾药品，但要求我们开5万多元的发票。我们（成都制药一厂）没有答应，结果由隔壁通化一家药厂经营部开给他们了，该事件发生在1991年10月份”。而中江县红十字会批准成立的时间为1992年1月。“5·12”地震发生后，该文又被网民断章取义后发布到网上，引起众多网民及社会各界人士的强烈反应。中江县检察院通过成都市工商局查询，该文章中提到“通化一家药厂经营部”，而成都市只有“通化市第二制药厂成都经营部”和“通化盛安堂制药厂成都经营部”，且两家经营部均于2002年注销工商登记。① 因此，网上流传的中江县红十字会有关人员在抗震救灾期间涉嫌贪污行为的内容不实。再如，2013年在全国公安机关集中打击网络有组织制造传播谣言等违法犯罪的专项行动中被抓获并刑拘的秦志晖、杨秀宇，利用“郭美美炫富事件”蓄意炒作，恶意攻击中国的慈善救援制度就是一个例证。他们曾公开宣称，网络炒作必须“忽悠”网民，他们觉得自己是“社会不公”的审判者，只有反社会、反体制，才能宣泄对现实的不满情绪。秦志晖、杨秀宇等人组成网络推手团队，伙同少数所谓的“意见领袖”，组织“网络水军”长期在网上炮制虚假新闻、故意歪曲事实、制造事端等，甚至声称要“谣翻中国”。② 因此，抗议性谣言有其复杂的一面，需要理性、客观和全面的认识与判断。

还有一点需要说明的是，本书将研究对象界定为“新媒体时代抗议性谣言”，而非“抗议性网络谣言”，主要原因是，在新媒体时代，各媒介平台之间的信息互通互传，网上网下的增添、变异或消除等因素的存在，使得谣言已经不能简单被归于网络或者非网络了，故而本书使用“新媒体时代的抗议性谣言”这一表述。

---

① 刘德华、邹明斌：《中江县检察院：红十字会买药虚开发票系谣传》，《检察日报》2008年5月25日第4版。

② 朱继东、李晓梅：《网络谣言泛滥的根源及对策》，《新闻爱好者》2013年第9期。

第三章　新媒体时代抗议性谣言传播特点

传统媒体因为有把关人的存在，并且新闻源相对集中，舆论引导力强，议程设置相对简单。新媒体时代，用户通过手机就可以更新微博、即时通信软件、个人网页等信息，随意而快捷。同时，微博、微信与即时通信工具的捆绑“同步”功能使得信息的即时、多点传播成为可能。而快速转发使得新媒体信息能够在瞬间以几何数量无限扩散，新媒体的聚合效应凸显。鉴于手机用户随时随地随身携带手机并且能够通过简单发送信息的方式来表达观点，而不用通过更复杂和更占用时间的方式来进行参与，所以，手机与用户之间的互动也随之变得随意和便捷。并且，手机用户传送信息方式多元，包括短信、即时通信软件、社交媒体平台、电子邮件、各种移动应用、网页等，也可以发布多媒体内容，如图片、影音剪辑等，种种甚至不需要标题的短小精悍的信息，随时随地都可以很快地发送和接收。DV拍摄、手机随身携带的便捷还使得用户可以随时通过网络来发布音频、视频信息，并可以将自己随时拍摄的图片、影像等发布到微博。这就使得大量信息都有了“有图有真相”的表面上的确定性。

以微博为例，微博集中了很多网络即时通信工具的特点，更重要的是，用户可以利用其微博与QQ、MSN、微信、飞信等即时通信工具或插件，甚至移动应用App进行捆绑式的“同步”，网络用户只要捆绑了其他一个或多个工具或插件，或微博账户，就可以做到在其中一个发布信息，选择“同步”功能使发布的信息自动显示在其他选择可以更新的微博或者上述即时通信工具和移动 App 上。[①] 这使得“一对多”（即一个用户对多个账户，多个界面）成为可能，同时使得“同时媒介消费”实现了“无缝”对接，从而更加促进了信息的快速传播与分享。新媒体用户转发的信息如果能多次循环转发时，受众随时能收到最新的信息，或者转发的旧信息还可以被视为最新信息而显示在用户个人页面的顶部，容易得到访问者的关注。

新媒体使得每个用户都成为信息发布者，而且发布的信息有很强的贴近性和互动性。这样，每个用户都成为大量信息的制作者、发布者和接收者、互动者。这种互动性和即时性以及便捷性极大促进了新媒体的传播效果，使得信息以圈子化、熟人化的方式、以更加具有“确定性的”姿态出现在大量的新媒体平台上，极具蛊惑性。那么，充斥在各新媒体平台上的抗议性谣言信息，究竟有些什么样的特点呢？下面就以 2003 年至 2013 年间抗议性谣言传播为例，进行探究。

第一节 近年来主要抗议性谣言传播概况

本节试对国内 2003 年至 2013 年间出现的 33 例较有影响的抗议性谣言进行初步的考察、梳理和分析（见附件）。这 33 例抗议性谣言的选取方法是：从 2003 年到 2013 年，选取其中每个年度出现的 3 例抗议性谣言，合计 33 例。选取依据是，在慧科新闻和网络搜索中被高度关注，且与同时期社会热点事件相关谣言相比在门户网站、论坛、微博等媒介平台上热度排名靠前；同时，选取时还参照了主流媒体的一些评判，如人民日报总结的当年十大谣言中的抗议性谣言等。也就是说，选取的研究对象大多是近年来同时活跃于传统媒体和新媒体上的、引发广泛关注的抗议性谣言。需要说明的是，以下各部分内容分析中的百分占比仅仅适用于笔者所梳理的 33 例抗议性谣言，并不能推论到抗议性谣言的总体，但作为通过部分了解整体的一种认识路径，或能提供些许新的参照。

① 雷霞：《微博舆论引导与危机防范研究》，《现代传播》2013 年第 10 期。

一　当假设遇到现实

在梳理 2003 年至 2013 年间抗议性谣言之前，笔者曾经假设，政府与媒体面对谣言时，发布信息越来越及时、迅捷了，但梳理后发现，对于谣言的处理与应对，多数时候取决于具体涉及谣言的性质、涉事人、涉事地点等复杂因素，并非全部都能够以新媒体的速度及时、迅速发布信息。

在梳理十余年间抗议性谣言之前，笔者发现，新媒体往往被冠以谣言传播的摇篮和罪魁祸首，但梳理后发现，有一些谣言是由新媒体平台首发，但也有相当一部分谣言是由传统媒体（专业记者）首发，继而再由新媒体转载的。

在梳理十余年抗议性谣言之前，笔者注意到，在新媒体时代，大众还原事件的途径多了，比传统媒体时代更加便捷了，成本也更低了，更快消除不确定性的可能性增大了，因此谣言的生命力在新媒体时代可能更弱了，单个谣言存在的时间或许更短了，但梳理后发现，谣言传播的速度与范围更多是与谣言与传播者自身切身利益高度相关，只是在新媒体时代，谣言的被关注度（较之传统媒体时代）大大提高。

二　抗议性谣言的主要类型

抗议性谣言的类型区分实际上按照不同的标准有不同的区分方法，但考虑到本研究的落脚点在于提出新媒体时代有针对性的应对谣言的对策与建议，笔者以谣言的制造与传播者是否恶意、是否故意为标准，对于 2003 年至 2013 年间有代表性的 33 例抗议性谣言进行了区分。由 33 例抗议性谣言所进行的区分是不可能推广到抗议性谣言的全体的，但是至少，这样的区分能够提示我们更加客观和细化的认识、判定抗议性谣言的性质，从而做到有区别地应对。

实际上，对于主观的故意或者非故意、恶意或者非恶意，是很难下定论，也很难证实的，再加上谣言本身的敏感性，笔者很难访谈到当事人，只能根据已经有所定论的谣言，并追随其媒体采访报道等来进行定性。这种定性可能会有一定的风险，但是，不能因为这种风险舍弃区分，所以笔者在此尝试进行了分类，发现在 33 例抗议性谣言中，有 32 例是故意制造与传播的，占近 97%，其中，21 例属于被定性为恶意，约占 64%；11 例为非恶意，约占 33%，见图 3-1。

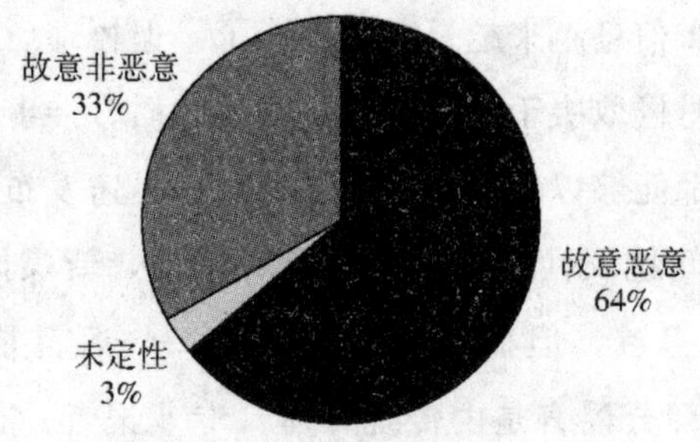

图 3-1　抗议性谣言性质

可以看出，在抗议性谣言的制造与传播中，故意传播占绝对多数。这是因为，一般只要是制造谣言，就明显会有故意制造的成分，不然就不叫“造谣”了，但是要注意的是，在这些故意制造和传播谣言的案例中，有相当一部分虽然是故意的，但是是非恶意的，也就是说，虽然是故意造谣，但不一定所有的造谣都是恶意的，这就为我们后续提出应对策略提供了参照，我们应该做到区分对待。另外还需要注意到的是，这是针对谣言的制造与首发者（首先传播者）的定性和分类，并不包含所有传播谣言的人，如果加上所有传播谣言的人，那么，非故意因素可能就会占有相当的比例，因为在很多情形下，多数人可能在不知不觉中传播了谣言而不自知。

抗议性谣言涉及的领域包括国家、民族、政治、治安、法制、民生、健康、医疗、环保、安全、灾难、事故、经济以及学术腐败等，合并起来，大概包括国家民族政治经济类、健康医疗类、人身安全类、食品安全类、民生法制类、灾难事故类、环境污染类、社会腐败以及社会道德 9 大类。其中，排前三位的是涉及民生法制的、人身安全的和灾难事故的：涉及民生法制的有 10 例，约占 30%；涉及人身安全的有 10 例，约占 30%；涉及灾难事故的有 8 例，约占 24%。其余的依次是：涉及国家民族政治经济的有 5 例，约占 15%；涉及社会腐败的有 5 例，约占 15%；涉及环境污染的有 3 例，约占 9%；涉及健康医疗的有 2 例，约占 6%；涉及食品安全的有 2 例，约占 6%；涉及社会道德的有 1 例，约占 3%，见图 3-2。

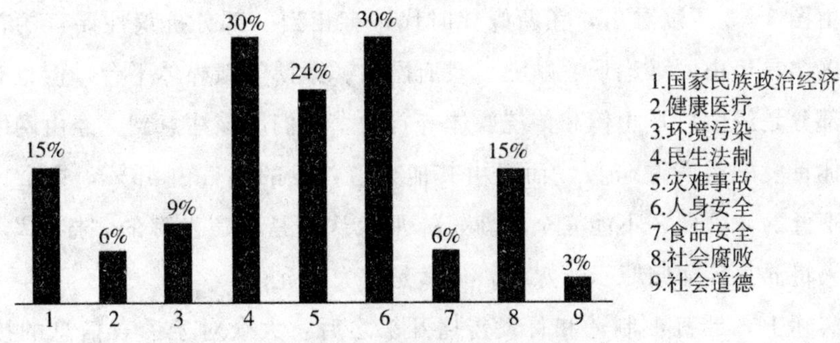

图 3－2　抗议性谣言涉及领域及占比

一般来说，民生法制方面包含有很多对于司法公正的质疑和不信任；而灾难事故类的谣言往往伴有对于人身安全的担忧与恐慌。因此，民生法制、灾难事故和人身安全三类话题相关的谣言数量在抗议性谣言中占比比较大，也是合情合理的。

三　抗议性谣言的首发渠道

在笔者梳理的 2003—2013 年间 33 例抗议性谣言中，最多的首发渠道是网络（包括论坛、贴吧、政府网站和微博等），有 18 例，约占 55%；其次是始发于口耳相传（包括面对面和电话），有 6 例，约占 18%；再次是由传统媒体（报纸）首发，有 5 例，约占 15%；接下来是手机短信首发，有 3 例，约占 9%；最后是经由信函首发，有 1 例，约占 3%，见图 3－3。

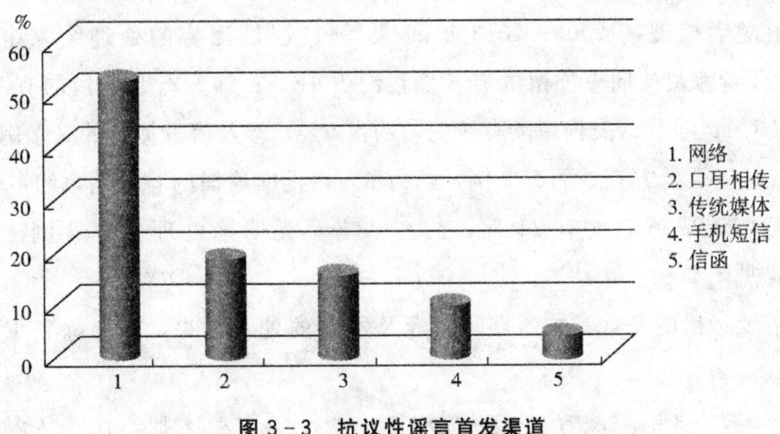

图 3－3　抗议性谣言首发渠道

由图3-3可以看出，在新媒体时代，有相当一部分抗议性谣言的首发渠道确实是经由网络论坛、贴吧、政府网站、微博等新媒体平台，但也有相当一部分是经由口耳相传和传统媒体等首发。我们应该注意到，经由网络等新媒体首发的谣言占55%，而经由其他渠道首发的谣言占45%，这个比例也是不低的，因此，不能完全将新媒体平台认为是谣言发酵的“摇篮”，而很多人将谣言传播归罪于新媒体，显然是有失公允的。

实际上，谣言被制造和首发传播开来之后，大众对于谣言信息的接收渠道，也不能过分夸大新媒体平台所占的比重。杜骏飞（2003）通过两次主题为“SARS流行的公众反应与社会后果”的有关舆情民意的跨学科调查发现，中国民众在灾害事件中对于流言的接受渠道，有56.7%的受访者是通过“道听途说”，而通过网络的只有14.2%。① 因此，各种新媒体网络平台并非是传播和扩散谣言的专属平台，口耳相传作为古老谣言的主要传播方式，在新媒体时代依然奏效，而传统媒体，也并非是谣言传播的绝缘地带，因此，我们需要在一定程度上打破对于新媒体就是谣言产生与传播的“摇篮”的偏见，不能简单认为新媒体就是谣言传播的罪魁祸首。新媒体对谣言的传播确实有推动作用，但是不能放大这种作用，同时，也不能忽略其他渠道，尤其是通过传统媒体渠道或以媒体专业人员传播谣言的现象。

四 抗议性谣言的处理结果

在笔者梳理的2003—2013年间33例抗议性谣言的处理结果中，造（传）谣者涉及被刑事拘留的有6例，约占18%；涉及行政拘留的有4例，约占12%；涉及治安拘留的有3例，约占9%；涉及警方抓获的有1例，约占3%；涉及警方查处的有2例，约占6%；批准逮捕的有1例，约占3%；有明确辟谣或道歉的有11例，约占33%；无明确处理的有6例，约占18%，见图3-4。

需要指出的是，有的谣言同时涉及不同的处理结果，因此除去重复计

---

① 杜骏飞：《流言的流变：SARS舆情的传播学分析》，《南京大学学报》（哲学·人文科学·社会科学）2003年第5期。

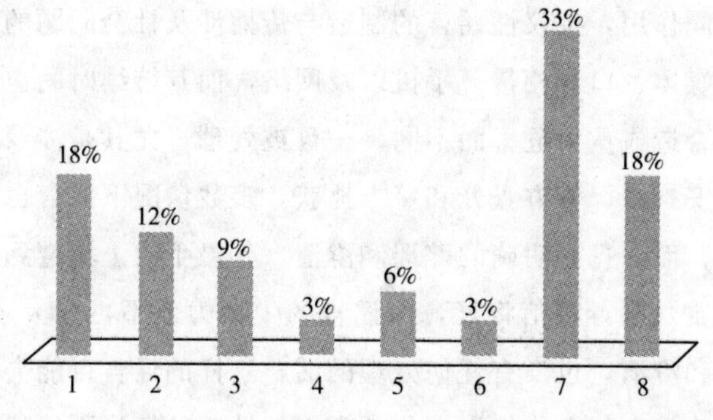

图 3－4　抗议性谣言的处理结果

算，造（传）谣者涉及被刑事拘留、行政拘留、治安拘留、警方抓获、警方查处、批准逮捕等“硬”处理的涉及 16 例，约占 49%；以辟谣或道歉等方式“软”处理的有 11 例，约占 33%；但有 6 例是既没有“硬”处理，也没有“软”处理的，这个比例占 18%，还是有些偏高的，抗议性谣言治理和及时应对方面还需要进一步完善。

五　抗议性谣言的持续时间

在笔者梳理的 2003—2013 年间 33 例抗议性谣言中，其持续时间持续数年的有 3 例，约占 9%；持续数月的有 9 例，约占 27%；持续数日的有 21 例，约占 64%，见图 3－5。

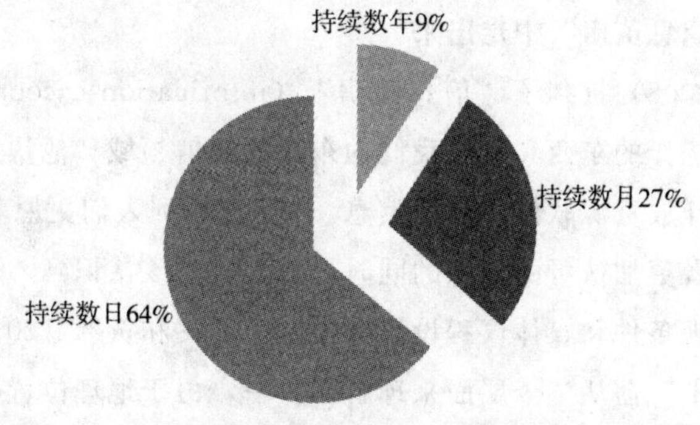

图 3－5　抗议性谣言的持续时间

抗议性谣言的性质及其带来的危害性或社会效应都成为对其处理与应对的前提，多数情形下，由于社会问题复杂性和新媒体技术发展提供的信息流通的便捷性等因素的共同作用，抗议性谣言的制造与传播涉及社会问题的方方面面，也来源于传统媒体、口耳相传、手机以及网络，而其持续时间也因是否被及时处理以及是否造成重大危害而不同。一旦被处理，尤其是涉及刑事拘留、行政拘留、治安拘留、警方查处和警方抓获，多数情况下谣言也自然而然的马上被终结了；而一旦有明确的辟谣和澄清，其滋生的土壤遭到破坏，虽然也有部分网友质疑或者将信将疑，但谣言的生命力就不再强大了；但如果没有明确的辟谣和澄清，也没有任何处理的话，这样的谣言可能会持续数年，并且很多民众已然在信息或知识（包括常识）缺乏的情形下仍然相信谣言，甚至依然采取某些相关行动。

第二节 “信息拼图”：大众智慧的博弈

在新媒体时代，大众手中已经握有了“麦克风”，并具备了一切参与到信息创造与传播中的技能和途径，这是一个铁定的事实，已经无法改变，也无法退缩；在新媒体时代，抗议性谣言信息的萌芽充斥于网络，一触即发，各种文字的、图片的、音频的、视频的、融合的信息以极高的到达率来到大众眼前，无视是不可能的，那么，大众对于这些信息该如何处理呢？

一 从“信息茧房”中走出来

桑斯坦（2008）批判了“信息茧房”（information cocoons）现象，即我们只听我们选择的东西和愉悦我们的东西的通信领域。他认为，确保革新的最佳方式是开放资源软件，分享信息。[①] 在注意到人们更愿意主动选择自己感兴趣的或者更加认可的信息的同时，我们也应该认识到，人们能够获得的信息受到客观条件和媒体议程设置等限制。姜飞和黄廓（2013）指出，信息的“灰色地带”需从三个层面来理解：其一，由于地理位置、硬件设施等原因造成的信息不能到达；其二，个人信息获取方面的盲点，即关注到国家

---

① ［美］卡斯·R. 桑斯坦：《信息乌托邦：众人如何生产知识》，毕竟悦译，法律出版社 2008 年版，第 8、15 页。

和世界上发生的事件，但对于周边及社区的信息无知；其三，个人在判断是非、完善自我和社会认知方面应获得信息的缺乏。[1] 我们应该从个人所处客观条件、个人所接触到的媒体的选择性报道内容，以及个人基于自己以往知识和经验的信息接收等方面来阐释“信息茧房”效应。信息传播、信息生产和信息消费等诸多因素互相影响和制约，从“信息茧房”中如何走出来，也是一个需要多维度考量的问题。

可喜的是，新媒介技术的发展从各个层面都开拓了个人对信息接收的维度，有利于打破“信息茧房”，从而逐渐缩小信息的“灰色地带”。詹姆斯·E. 凯茨和罗纳德·E. 莱斯（2002）认为，目前大众媒体受控于少数的财团，而这些财团只顾私利，因而媒体传播的内容受其私利影响，也被单纯的娱乐所支配。在此情形下，网络为大众提供了不同的表达渠道，这种渠道可能是“兴奋的、冷漠的、创造性的和无味的”。他们指出，“尽管最初人们担心互联网会强化主流文化的优势，但事实表明它为几百万富有创造性的人们开辟了一条阳关大道”。[2] 个人在各种新媒体平台上进行的资讯分享与意见表达，是具有创造性和社会意义的，应该受到鼓励，并且也符合新媒体时代发展潮流。新的媒介技术提供了极佳的信息分享与传播平台，使得任何人在任何地方的任何时间，只要客观允许和主观愿意，传播信息和分享信息变得可能，而且便捷，来自不同地区的不同个人的富有创造性的意见和观点也因此而聚合。而新的社交化媒体又使得这种信息的传播与分享具有了极佳的即时到达与互动性特征。

二　过于理想主义的“自清功能”

喻国明（2012）把微博所造就的真相还原效应称为“无影灯效应”。他认为，任何个人的观点都可能不够全面，正如同每一盏灯都有“灯下黑”现象一样，但是，当所有知情人的观点汇聚在一起的时候，就会形成一种互相

---

① Jiang Fei & Huang Kuo. Community media in China: Communication, digitalization, and relocation, *Journal of International Communication*, 19: 1, 2013, pp. 59 - 68.

② ［美］詹姆斯·E. 凯茨、罗纳德·E. 莱斯：《互联网使用的社会影响：上网、参与和互动》，郝芳、刘长江译，商务印书馆2007年版，第383页。

补充、互相纠错、互相印证、互相延伸的结构性关系，真相就会在这样的信息结构中毕现，这便是新媒体时代信息的“自清功能”。[①] 喻国明提出的“自清功能”主要来源于对微博上信息的传播与净化现象的观察。“自清功能”提供了一个难能可贵的新的思路来理解微博上的信息传播，尤其是在很多人质疑微博上信息的真实可靠性的时候，这个思路带来另一种启发。微博作为信息公开与分享，以及平等参与的平台，因为多人参与，多人信息互为印证，从而具有“自清功能”。只是，这一思路似乎只解释了网络信息传播中真实信息互相印证与传播的方面，而没有解释非真实信息的多人传播情形。尤其在“网络水军”以及各种网络营销公司普遍利用网络散布信息的情境下，“自清功能”比较理想主义，因此，笔者在其基础上提出“信息拼图”对于新媒体平台上各类信息拼接与传播过程中所起的作用。

三　“信息拼图”如何起作用

受到“自清功能”的启发，也鉴于“自清功能”的局限性，笔者提出了“信息拼图”现象，来总结和描述新媒体时代的信息还原与信息拼接。

（一）多角度的拼接

网民从各自视角出发，所发表的对于同一个事件及其相关联事件的看法和意见表达，以及对应的各个角度的情况表述，包括文字的，也包括声音的、画面的和动态影像的记录，从而可以还原一个全方位、全视角的立体事件，并形成逐渐接近真实的集体性记忆，这与以往的单纯由传统媒体机构记录新闻事件不同，原因正是因为增添了个人的记忆，并且个人的记忆被无数个另外的个人的记忆重置、验证、纠错、还原、叠加、强化而成为更加饱满和更加接近事实的记忆。

在 2013 年 12 月 2 日上午发生的北京撞人事件中，伴随一张显示一位外国年轻男士衣服被撕破，而倒地的一位中国中年女性像在“撒泼”的现场照片，各大网络媒体一片倒地配以文字报道外国小伙被中国“大妈”碰瓷，塑造出好心扶人却遭碰瓷的无辜“老外”和无礼又讹人的“大妈”形象，而网

① 喻国明：《“微博辟谣”是个伪命题》，《中国经济时报》2012 年 1 月 6 日第 12 版。

络舆论更是一片倒地质疑“大妈”，为“老外”鸣不平。之后，随着一段“老外”用地道的北京脏话骂倒地“大妈”的视频的传播，以及多名网友提供的现场资料细节和媒体记者采访得知的“老外”骑一辆“无证摩托车”、“逆行”、“撞倒”并用粗话骂“大妈”，而非之前报道中模糊处理的“大妈倒地”（没有报道被撞倒），各网络媒体于是又一片倒地质疑“老外”的言行。实际上，之前广泛流传的照片的摄影记者也承认自己为了“鞭笞丑恶”，对事件过程进行了模糊化处理，只说“女子在经过一个骑车老外旁边时突然摔倒，随即瘫软倒地不起。外国小伙下车急忙搀扶，女子却要老外负责”。[①] 这样的语句本身含糊其辞，并且刻意表达预设立场，完全不符合新闻规范。后续报道中描述的“瘫倒在地并有抽搐”的“大妈”听到“老外”要离开便“立即起身拉住老外的摩托车”情形，也让人怀疑“大妈”倒地时的瘫软是否真有“装”的嫌疑。比较先后立场完全相反的两类报道，都有让人质疑的地方，但媒体报道的立场太过偏激，缺乏中立。只不过，这个抗议性谣言起因于中国国际广播电台旗下国际在线网站，后来该事件的细节被纠正，事件原貌逐渐被还原，直至引发拍照人登报向大妈道歉，这个过程中离不开广大网友对于该事件的关注，尤其是网友们提供的相关细节资料的拼接。

新媒体技术的发展和各种新媒体平台都为信息的拼接和还原事件的真实提供了便捷。一是由于新媒体平台提供了快捷而又能够完整记录的途径，弥补了单靠人的大脑的记忆容易产生的记忆误差；二是由于新媒体平台提供了多人互动、互相证伪或证实的可能，使得不可靠或者出现纰漏的记录在短时间内就可能被别的更加可靠而真实的记录所取代和淘汰。这就正如同正在拼插的立体拼图，不适当的碎片非常容易被清理出局，而只有那些适当的碎片才能够天衣无缝地与别的碎片衔接，因为事实只有一个，因此，接近事实的碎片彼此能够契合。

因此，在新媒体时代，“信息拼图”在拼成事件相关信息的过程中，不合适的拼块自然被淘汰，最合适的信息块被填充，于是逐渐“还原”了

---

① 网易新媒体：《新闻杂谈：以讹传讹》2013 年 12 月 4 日，http://www.52rkl.cn/xinwenzatan/1204123262013.html。

事件全貌，而且，这种“还原”是立体的，多侧面的和多维度的，含有文字的，图片的，声音的，影像的，而且是包含有情感和立场的。但“信息拼图”在不实信息的拼接和被策划的舆论宣传中同样起作用。如果关于事件的信息一开始是不实的和不全面的，而所谓的“了解真相”的网友也只是凭借道听途说和自己的猜测来发布信息，这样的信息一旦迅速拼接上，少量的真实的信息反而被排异，那么，不实的信息就主宰了舆论的主氛围，例如上面案例中，在关于对“老外”的质疑信息没有占领舆论主氛围时，针对“大妈”的质疑信息就形成了迅速的拼接而形成了主导舆论。另外一种情形，便是有意的、故意的舆论宣传，比如网络营销公司利用“水军”造势，有选择性地发布信息，甚至编造信息，再由其他水军发布与之能够拼接的“支援性”信息，从而迅速形成“信息拼图”，形成“舆论”。

（二）理性的验证

周裕琼（2008）通过实验发现，网民除了从谣言来源、谣言本身、谣言背后的心理预期以及谣言的传播情境这四大传统线索来判断网络谣言是否可信外，还会积极主动地搜索相关信息，以集体合作的方式来对谣言进行多方验证。① 周裕琼所做的这个控制实验虽说是在小范围展开，但还是有效证明了在一个信息圈子里“谣言”的传播与扩散的一些理性层面的特征。通过散布于各个地方各个个人之间的多人即时互动与相互间的启发，形成了对于“谣言”信息多层面的互相补充与探求，完成了对于事件与信息的多维度、多角度的、立体化的拼接，这种拼接除了事件真实存在和发生的细节，还包括对于该事件的看法与观点的拼接，因而成为一个理性的探索过程。

雅安地震中产生了很多谣言，有一些是不明就里、借题发挥的质疑和责难，见图 3 - 6。②

跟在上面微博之后的评论大都是与该微博信息一致的质疑和责难愤怒，见图 3 - 7。③

---

① 周裕琼：《当代中国社会的网络谣言研究》，商务印书馆 2012 年版，第 138 页。

② 来源：新浪微博：http：//weibo. com/，截图日期：2013 年 4 月 20 日。

③ 同上。

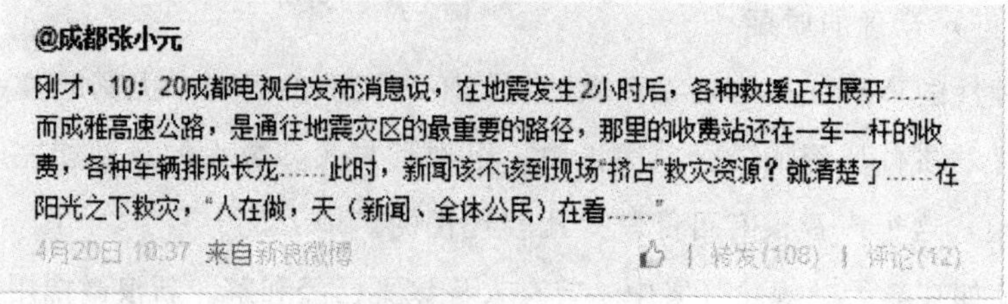

@成都张小元
刚才，10：20成都电视台发布消息说，在地震发生2小时后，各种救援正在展开……
而成雅高速公路，是通往地震灾区的最重要的路径，那里的收费站还在一车一杆的收
费，各种车辆排成长龙……此时，新闻该不该到现场"挤占"救灾资源？就清楚了……在
阳光之下救灾，"人在做，天（新闻、全体公民）在看……"
4月20日 10:37 来自新浪微博
转发(108) | 评论(12)

图 3－6　新浪微博截图

Forget-迪：(4月20日 11:01)
回复
雪莹zhu：能爆粗口么!!!! (4月20日 10:56)
回复
--Accelerator--：唉。。(4月20日 10:45)
回复
密苏里新闻学院孙志刚 V：如果我是那儿的收费员，我将用自己的良心说
话，所有车辆一律放行。(4月20日 10:44)
回复
射手女绕地球三圈：争分夺秒的时候，干的是人事么！(4月20日 10:42)

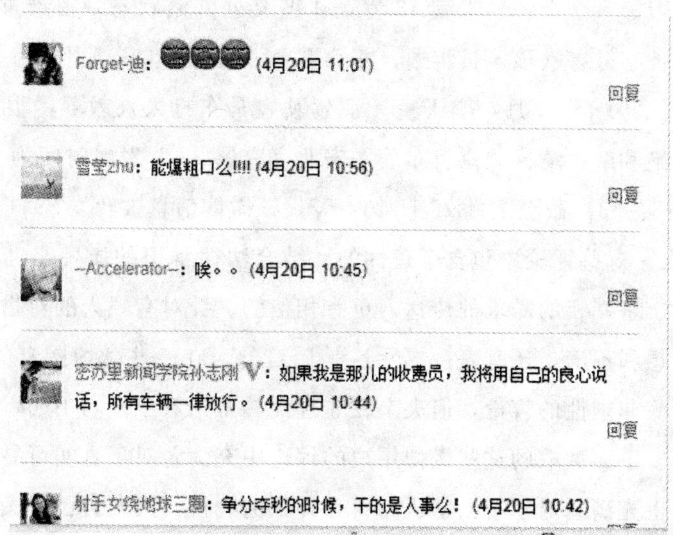

图 3－7　新浪微博截图

但也有从另外一个角度澄清的评论，是对于上面微博信息的质疑，见图 3－8。①

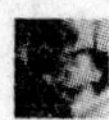

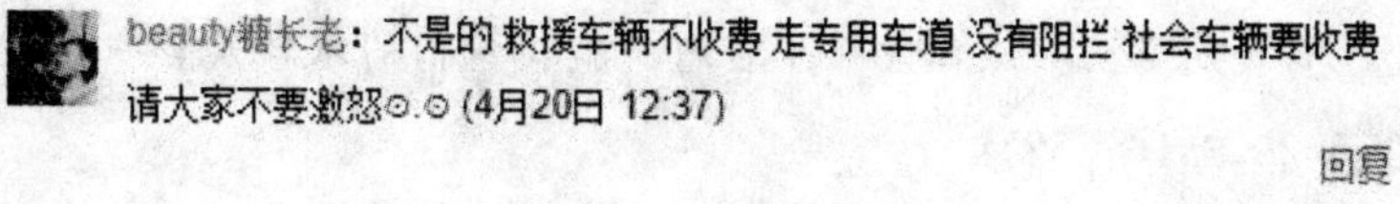

beauty糖长老：不是的 救援车辆不收费 走专用车道 没有阻拦 社会车辆要收费
请大家不要激怒⊙.⊙ (4月20日 12:37)
回复

图 3－8　新浪微博截图

可见，"信息拼图"中除了对于事实性信息的多方拼接外，确实还包含了理性思考的拼接，这是"信息拼图"非常可贵的一个特点。

---

① 来源：新浪微博：http：//weibo. com/，截图日期：2013 年 4 月 20 日。

（三）合理的质疑

理性的声音往往出现在沉默的螺旋不再沉默的时候，尤其是在一个备受关注的事件所形成的公共舆论中，出现了与大多数人的意见相左的声音的时候，这个声音很有可能就是比较理性的。

比如在李天一等轮奸案中，曾有人称该案已经和解。新浪微博用户“@大鹏看天下”发微博：“【李双江儿子轮奸案和解了?】25日傍晚，某认证博友称：李冠锋（李天一）未满18岁，作案又处醉酒状态，很难重判，5名嫌疑人家长与被害女孩家长沟通，赔偿重金、北京户口、工作、1套房，女孩已撤诉。2011年9月，李天一无证驾驶宝马车打人被教养，很大程度是受害人拒绝和解。请@北京发布@平安北京辟谣～。”发帖时间为2013年2月25日18：53，截至2月26日16：52，该微博信息被转发8941次，被评论2263次。这些评论中包含了理性的、结合法律常识的质疑，也有表示个人疑惑的、求真相的需求的传达，更有相信的、针对有钱人的对物质换来的和解的猜想和不满，还有直接揭示这是谣言的。在一些微博网友的评论中，虽然有一些非理性的言论，但夹杂在非理性的言论甚至谩骂中的，是很多理性的声音。下面截取的这些微博用户的评论中充满着对于真实可靠信息的期望，而且也充满着对于司法常识与科普知识的期待，网友自己发掘真相的兴趣浓厚。部分新浪微博用户的评论如下。[①]

一木和尚：也不是没可能衙内行为本身不重要有这样的现象现在不管什么新闻只要与某些官员相关的即使是谣言大家心里都相信这是为什么还有我发觉公共媒体发布平台也是搞笑他们的本领只有一个封锁禁言（2月26日16：52）

lean666：这个谣言假的不能再假了，居然有人信，还传，还有记者报道……刑事伤害赔偿赔户口、房、安排工作，奇葩，中国历史上就没听说过……安排工作，她能去上班吗，人人都知道是被轮奸的工作（2月26日16：29）

---

① 来源：新浪微博：http：//weibo.com/，截图日期：2013年2月26日。

Angie 的暖围脖：啊？北京户口都成特权强奸犯的脱罪福利了??这一定不是真的，不可能。这要能是真的……忒难以接受了。(2 月 26 日 14：56)

马那谁：例行诅咒：造谣死全家//@胡杨林 717：胡扯！刑事案件是公诉不存在受害人撤诉！警方介入后根本就没当事人的事，这是常识，怎么大记者这都不懂啊，况且北京户口是李家说给就给的吗？造谣传谣，煽风点火，唯恐天下不乱，什么人啊。(2 月 26 日 11：16)

月光倾洒一地：利用民众对权贵阶层的不满，造谣惑众唯恐天下不乱你是何居心啊？事实是怎样的就是怎样的好不！(2 月 26 日 10：56)

季嘉就是季嘉：只要有钱有势，就无限量的爽，爽到刑事案件也能广而告之的和解，你们丫赤裸的你妈漂亮！这姑娘唉！(2 月 26 日 10：36)

何大刀：强奸案属公诉案件，民事赔偿部分可和解，刑事责任不能和解，撤不撤诉检察院决定。据《刑法》第 236 条，二人以上轮奸，处十年以上有期徒刑、无期徒刑或者死刑。小霸王已满 16 周岁，已满 16 周岁的人犯罪，应当负刑事责任。而因为未满 18 周岁（暂且这么认为），属未成年人，应从轻或减轻处罚。预计刑期 6—8 年。(2 月 25 日 19：10)

小弟无处躲藏：刑事案件应该是公诉吧？由检察机关提起公诉，不可能公诉人撤诉的……（2 月 25 日 19：09)

港文罗：这是刑事案件，由检察院代表国家提起诉讼的，怎么可能和解？真“和解”的话，无非是其中的民事部分。不代表李天一就不承担刑事责任。(2 月 25 日 19：06)

载_物：如果是真的，那这就是大家骂的原因了，而且该狠狠地骂，每日一骂；另外，这不是刑事诉讼吗？怎么可以这样子撤诉，求科普（2 月 25 日 19：06)

木棉旖旎：求辟谣，尽快落实真假，这种消息不是大家想看到的(2 月 25 日 19：02)

临临 Lynn：没听说强奸罪能和解的！这属于国家公诉案件！女孩

解决户口，凭什么规定？谁给她解决？女孩翻供，会涉嫌妨碍公务，包庇，诽谤等罪名。(2月25日19：01)

爱在太阳系：早就看好李双江了，这事一出来就跟同事说双江一定能摆平这事的，人家是上将唉，别说轮奸了，估计杀人都能摆平，在这天朝的国度里法律都是给P民的。(2月25日18：57)

村上春树：有权有钱有关系真好（2月25日18：57）

危情的白昼：这是刑事案件，不是民事案件……不是女孩说撤诉就撤诉的……有点常识好吗。。。(2月25日18：56)

魂淡疯清：刑事案不是公诉的吗？(2月25日18：56)

无敌宋帅：求辟谣，不敢直面啊（2月25日18：56）

cofi朱：丰富物质压倒一切（2月25日18：56）

红小兵_captain：哎呀，神通广大么（2月25日18：55）

bjzps：强奸案是公诉不是自诉吧（2月25日18：55）

族痕：不造谣你会死啊（2月25日18：55）

可见，有的质疑是针对谣言信息本身，而有的质疑是针对谣言信息相关的科普与社会现象进行的自查与反思，随着真相的浮现，新浪微博对该微博进行定性，为不实信息。在广大网友合理的质疑声中，逐渐得到了真相。

（四）“信息拼图”的排异性

谣言传播者传播谣言的原因大致可以分为以下四类。第一类是不知道信息来源或不追究信息是否属实，只是因为某种自身感兴趣的原因而传播了抗议性谣言；第二类是因为涉及的信息与笔者或周围环境有密切关联，或与笔者有关注需求的人或事物有关联；第三类是因为恶作剧的原因；第四类是为了追求点击率和吸引粉丝，故意“挖洞”，俗称“钓鱼谣言”，即故意留出“bug”（漏洞）来吸引网友质疑和澄清，自己则得到了关注。

在信息一旦发布便可以瞬间到达所有媒介平台的新媒体时代，无论出于上述哪一种原因，谣言传播者一旦传播出了谣言信息，就不再受自己控制了。谣言的传播往往有时候势不可收，最终即便自己站出来澄清，说明是自己制造和传播的谣言，但大众已经不再认可和相信，反而更加相信谣言本身了，这便是“信息拼图”的排异性造成的。也就是说，在一定时间内，当某些信息或观念成为传播的主流信息或观念时，其他的不能拼接的信息或观念就会被排异，因此在一定时间内有一个舆论的主流。只有当这个主流舆论被打破的时候，逐渐地有了其他信息或观念来填充并有了新的拼接的时候，主流信息或观念才有可能转移，从而形成新的主流舆论。这也从另外一个角度说明了“辟谣”的难度。

比如在2013年7月25日发生的一位北京的父亲带着他9岁的女儿摆地摊被城管打伤的事件，在事件被广泛关注的前期，舆论一律地倒向同情父亲和女儿，批评城管，表达对城管及城管制度的愤恨和不满，后来又有人开始质疑这位父亲是新京报主编，主动发起该事件来“钓鱼”，再后来，出现了更加理性的声音，开始质疑9岁儿童摆地摊本身的合法性。一时间该事件成为热点事件，截至2013年7月29日15：44，“父亲陪9岁女儿摆摊被打”在百度新闻热点排名第二，相关结果约311000个；“父亲陪9岁女儿练摊”在新浪微博搜索搜到356411条结果。事件发生后，该事件的视频被传到网上，引起广泛关注和热议。该事件背后的真相在不同时间段的说法众说纷纭，先后出现了谴责城管暴力执法说、新闻碰瓷说和谴责借用事件攻击城管执法说等。

当有人称带女儿摆地摊的父亲田先生为新京报社副总编田延辉，并引发大家对于“钓鱼”城管的质疑的时候，有新浪网友举报该消息不实，新浪微博对原始微博信息作了处理，见图3-9。[①]

图3-9　新浪微博截图

该谣言信息在被处理之前，引起很多网友的将信将疑甚至相信。随着该信息被举报和处理，这个谣言信息很快在该事件相关信息的“信息拼图”中

① 来源：新浪微博：http：//weibo.com/，截图日期：2013年7月27日。

被排除出局。

对于网络上流传的“提前预谋商讨，有多名媒体人埋伏在现场”等说法，田先生认为全是造谣，7 月 28 日下午，田先生通过新浪微博“@田予冬 2013”首次讲述了当天发生的事情，公开自己身份，否认“碰瓷”质疑，承认“练摊”违法，否认暴力抗法，指责暴力执法。

新浪微博用户“@大鹏看天下”表达了一种很有代表性的观点，见图 3－10。①

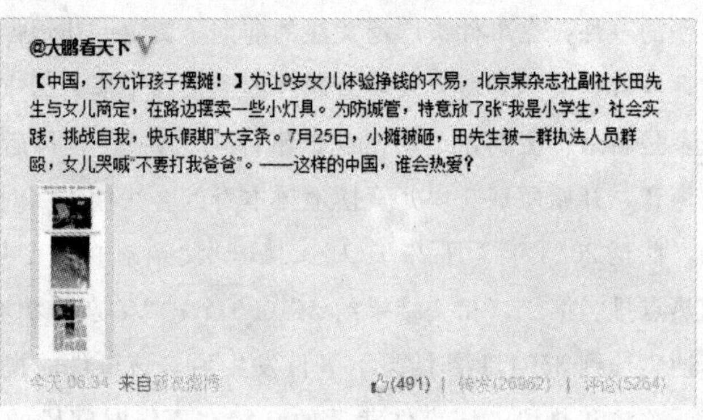

图 3－10　新浪微博截图

该微博发布于 2013 年 7 月 29 日 6：34，在短短的 1 小时 38 分钟的时间内，被转发 26962 次，评论 5264 次。而在这些转发与评论中，出现了“@老曾阿牛”这样的另外一种有代表性的声音，即质疑事件中主人公的未成年人身份及无证小贩等标签的合法性。

在当时，拥有 340940 粉丝的新浪微博用户“@北京西城”采信了完全不同的另外一种代表性观点，发布观点称，“对用未成年的孩子制造社会事件，炒作所谓城管暴力执法更认为应该予以谴责。”新浪微博用户“@捍卫北京的牙医晖子”则更是站在法律的角度借用“举报”并公示的方式来维护微博平台的理性，见图 3－11。②

该微博发布于 2013 年 7 月 29 日 8：43。继这个微博之后，出现大量的

① 来源：新浪微博：http：//weibo.com/，截图日期：2013 年 7 月 28 日。

② 来源：新浪微博：http：//weibo.com/，截图日期：2013 年 7 月 29 日。

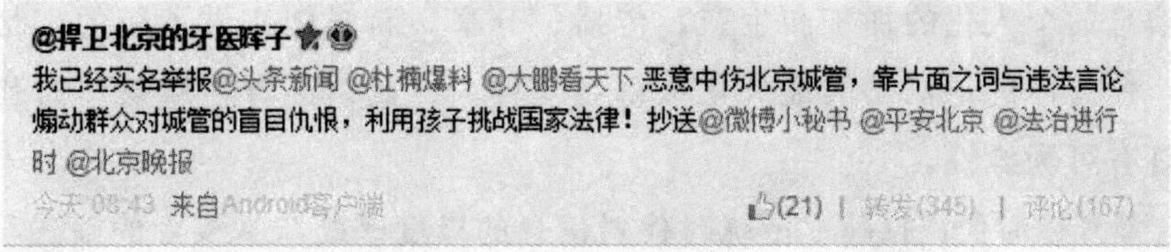

@捍卫北京的牙医珲子
我已经实名举报@头条新闻 @杜楠爆料 @大鹏看天下 恶意中伤北京城管，靠片面之词与违法言论煽动群众对城管的盲目仇恨，利用孩子挑战国家法律！抄送@微博小秘书 @平安北京 @法治进行时 @北京晚报
今天 08:43 来自Android客户端　(21) | 转发(345) | 评论(167)

图 3-11　新浪微博截图

谴责借用该事件来攻击城管执法的理性言论。于是，该事件舆论前期的一致的抗议城管行为的斥责声音转变为故意的“钓鱼”，再到反思女童不应该摆摊，再到谴责利用该事件攻击城管的理性声音。

由该事件的舆论转向可见，一般情形下，只要信息拼接上了，就被认为是“真实的”了；而不是只有真实的信息才能拼接上，营销水军为何能造势就是利用了这一点。大量的营销性谣言传播案例也已经证明，并非只有“真实”的信息才能迅速拼接并传播、蔓延开来，有时候即便是“虚假”的信息，只要能够与其他“虚假”的信息良好拼接，也照样能迅速传播、蔓延开来。

四　新的集体记忆方式

传统的集体记忆存于民间传说、文艺作品、风俗习惯，以及代代相传的古训、谚语等。新媒体时代，人的记忆更进一步外化，即介质化、网络化、拼凑化、共享化。新的媒介平台提供了存储信息的新介质，并且这些平台与介质被广泛使用，其便捷化的特点又使得信息的交互与传播扩散变得更加即时化，于是人的记忆（包括个人记忆和集体记忆）进一步外化。

改革开放以来，中国市场经济逐渐取代了原有的计划经济体制模式，随之而来的是人们日常生活观念和方式的改变、个人接触媒介方式以及对媒介及其承载的信息的需求的改变，在这个个体的个性化特征逐渐被唤醒的过程中，“受众”概念逐渐形成，并且随着媒介的发展而发展。

在新媒体时代，受众对于媒介的使用越来越个性化、定制化，以及随时随地的社交化，媒介的使用几乎成为个人日常生活不可分割的一部分。在此过程中，受众主动获取信息的意识越来越强，并且伴随着的是对信息的个人化的加工和生产、传播、分享。新媒体提供了新的记忆方式，使人体的记忆功能最大化地得到延伸。因此，谣言在新媒体时代更加具有可溯源性。

新媒体时代，打破了传统时代对信息的极度垄断与掌权者的筛选与过滤，在一定程度上实现了大众对历史的书写与信息的拼接。只不过，当某些权力机构或利益集团、个人掌握了一定的权力和技术，极可能利用新媒体的信息整合、搜索、推荐、分享等功能而形成"被动的"、"被设置的"舆论与信息，这种舆论与信息可能与实际的舆论与真实的信息存在一定的出入。吴筱玫（2011）通过对发生于2005年2月28日的台湾"东海大学劈腿事件"（新"2·28"事件）在搜索引擎PageRank上的呈现个案的研究发现，当文本脱离了本体而成为复制的资讯流，当原件不能明确，历史真实就变得浮动。一百年前的资讯与昨日的资讯外观上没有任何区别，上传下载日期随时可以更新，甚至造假。吴筱玫认为："若搜索引擎终将成为我们认识史实的重要园地，对知识建构展现其贡献，则其排序机制，必须兼顾文本的权威性，建立一套更具权威的评价机制，以保障历史事件之还原不会被反资讯与谬误资讯所误导。"① 与经过严格把关、筛选和过滤后的出版物或者正式的文件上面所陈述和展示的历史不同，新媒体平台上对于事件的还原与书写更多的是来源于大众书写，以及搜索引擎对于大众知识的影响和建构、社交平台上圈子关系对于信息的推荐分享等。而面对大范围和数目的对于信息的复制、转发，是否有专门的机构来进行修正？对于充斥在新媒体平台上的一些不确定性信息，包括大量的抗议性谣言信息（依然拥有巨大的点击率），如何确保这些信息的确定性，以形成健全而真实的集体记忆，这是在新媒体时代值得考虑的一个重要问题。

第三节　抗议性谣言的参与者：非乌合之众

Ralph L. Rosnow（1988）认为谣言是一个解释的过程。其基本理念

---

① 吴筱玫：《PageRank下的资讯批判：新"2·28"事件回顾》，《新媒体事件研究》，邱林川、陈韬文主编，中国人民大学出版社2011年版，第144—145页。

是，如同一个单词或短语只有在特定的语境中才具有预设的意义一样，知识永远都是受到特定经验框架的限制。因此，人们设想社会现实是一个持续不断的建构过程，但这个过程并非从一成不变的组织中衍生，而是出于变化与革新的语境中。从这个意义上来说，谣言的产生是尝试赋予变化与革新以意义的解释过程，同时也是对未来的一种预测过程。[①] 因此，谣言对于社会的变革有着不可或缺的阐释意义，谣言从社会变革中产生、传播与扩散，反过来说，谣言也在阐释着社会的变革。在这个解释的过程中，显然谣言的参与者表现出了极大的主动性和积极性，而不再是传统认为的作为“乌合之众”的大众。大众的概念有了变化，大众的思考和行动也有了更加多的理性阐释的过程。

一　大众的特点

沃斯（1948）认为，大众具有如下特征：“由很多孤立的个体组成、社会阶层多样化、相互匿名、缺乏组织性、易于接受意见、个体具有相对独立行动的能力。大众是一种社会组织形态，不但活跃了舆论形成的机制，更对民主过程与社会秩序产生影响。”[②] 在此，沃斯强调了群体中的个体的相对独立性及其相对独立行动的能力。作为“大众”的一员，个体是匿名的，相互之间是不用关心彼此（对方）身份的、没有组织性的、容易被说服的，只是具有相对独立的行动能力，但是这样的一个个的单独的个体叠加起来，就成为了具有某些总体性特征的“大众”。“大众”里的个人虽然是个体，但容易听信别人意见，并未凸显真正的个体性特征，所以叠加起来便有了统一的某些普遍化的特征。

帕克等（1969）指出，“人群”与“公众”虽均为正常社会形态，却具有极大差异，应区别开来进行思考。人群可能想法多样，但绝非头脑空白；

---

① Ralph L. Rosnow. Rumor as Communication：A Contextualist Approach. Journal of Communication 38（1），1988，pp. 12 - 28.

② 转引自［美］埃里克·罗森布勒（Eric W. Rothenbuhler）《沃斯〈共识与大众传播〉中的共同体与多元主义》，《媒介研究经典文本解读》，伊莱休·卡茨（Elihu Katz）等编，常江译，北京大学出版社 2011 年版，原始来源：Wirth，L.（1948）Consensus and Mass Communication. *American Sociological Review*，13，1 - 15。

人群或许和社会变动密切相关，但本质上并不反动。[①] 帕克等人认为，作为单独个体的个人碰到一起，相互产生影响，互相作用，于是便有了社会性和集体性。但是，公众更多地通过理性的讨论达成意见，而人群缺少理性讨论，更多的属于集体行为。帕克等人更加强调的是由无数个体组成的“人群”与“公众”在社会和政治意义上的区别，但实际上，不管是“人群”还是“公众”，都既有理性思考的时候，也有非理性的时候，不能一概而论。“大众”则是包括了“人群”与“公众”的一个总体性概念。只不过，帕克等人提出来的“人群”并不是“头脑空白”，而“公众”具有理性，也即说明了“公众”更非“头脑空白”，因此，“大众”便有了自我思考的能力，不再仅仅是“头脑空白”的容易相信别人意见而不加辨别的群体，这是对沃斯认为的大众概念的补充和修正。

那么，到了信息时代，“大众”又具有哪些特征呢？马克·波斯特（1990）指出：“信息方式中的主体已不再居于绝对的时/空的某一点，不再享有物质世界中某个固定的制高点，再不能从这一制高点对诸多可能选择进行理性的推算。相反，这一主体因数据库而被多重化，被电脑化的信息传递及意义协商所消散，被电视广告去语境化（decontextualized），并被重新指定身份，在符号的电子化传输中被持续分解和物质化。”[②] 信息时代的大众被多重符号设定和重构，因此，大众的界定在信息时代因为符号化和物质化而变得更加复杂。大众也因为广告的预设，其身份被重新编排。大众的分类因电脑数据而变得多重化，大众被细分为重合或不重合的很多“小众”。面对庞大的数据系统，似乎大众又失去了理性的思考与判断，而成为一个去语境化的多重化存在，甚至于在一定意义上被简化成了大数据时代的被统计的数据。

笔者认为，新媒体时代的大众在信息的重重包围和多种数据对其身份的解构与重排之下，一方面不再是完全头脑空白的、容易被说服的、完全没有

---

① Park, R. E. & Burgess, E. W. *Introduction to the Science of Sociology*, 3rd edn. Chicago: University of Chicago Press, 1969 (Originally published in 1921).

② ［美］马克·波斯特：《信息方式：后结构主义与社会语境》，范静哗译，周宪校，商务印书馆2000年第1版，2001年第2次印刷，第25页。

主见和个体行动力的“乌合之众”；另一方面则是具备了多重身份的，穿越在不同群体中的个体，大众的概念被细分为无数个或重合，或部分重合，或不重合的群体（圈子），这些群体中的个体既具有个体性的特征，也具有群体性特征，甚至在多种媒介与符号的重构下具有了更多重的特征。具体到抗议性谣言的产生与传播过程，大众也不再是笼统的盲从的“乌合之众”，而是有了多重特征。

二　谣言参与者分类

Cristian F. Coletti 等（2012）提到了谣言传播的三个主体，即轻信谣言的人、散布谣言的人和终止谣言的人。在某些情形下，散布谣言的人会在与其他散布谣言的人互动中转而成为终止谣言的人。[①] 显然，这样的分类并不是非常明确各自的界限，因为谣言的轻信者或许就是散布者，而散布者也可能是终止者。反过来说，终止者不一定就不是轻信者，轻信者也有可能是终止者。因此，这样的分类有待修正。谣言制造者和传播者来自社会各界，其身份有普通民众，也有专业记者；有其他新媒体从业者，也有各部门信息发布者；有知情者，也有与知情者的联络者等。笔者按照行动上是否故意或主动、态度上是否相信或中立划分的谣言参与者类型，见表 3－1。

表 3－1　按照行动和态度划分的谣言参与者类型

态度／行动	相信	中立	不相信
故意的	故意制造、传播谣言者	故意的不介入者	不相信，并故意阻止谣言传播者
主动的	相信，并传播扩散谣言者	主动的不介入者	不相信，并主动辟谣者
被动的	被动制造、传播谣言者	被迫的不介入者	不相信，但被迫不能辟谣者
无意的	无意中制造、传播谣言者	无意的不介入者	不相信，但无辟谣意识者
无行动的	相信，但不传播扩散者	冷漠的不介入者	不相信，但不辟谣者

笔者按照行动上是否主动或故意、利益诉求上是否有或无划分的谣言参

① Cristian F. Coletti, Pablo M. Rodriguez, Rinaldo B. Schinazi. A Spatial Stochastic Model for Rumor Transmission, *Springer Science＋Business Media*, 2012, pp. 375－381.

与者类型，见表3-2。

表3-2　按照行动和是否有直接利益诉求划分的谣言参与者类型

诉求 行动	有直接利益诉求	无直接利益诉求
主动的/故意的	故意制造、传播谣言，且有直接利益诉求者	故意制造、传播谣言，但无直接利益诉求者
被动的	被动制造、传播谣言，且有直接利益诉求者	被动制造、传播谣言，且无直接利益诉求者
无意的	无意中制造、传播谣言，且有直接利益诉求者	无意中制造、传播谣言，但无直接利益诉求者
无行动的	有直接利益诉求，但不传播扩散谣言者	不传播谣言，也无直接利益诉求者

在新媒体时代，谣言传播更加轻易快捷，但同时也更加容易淹没在信息海洋里，而很多情形下，“智者”并不是制止了谣言，更有甚者，出于种种原因，“智者”反而制造或传播了谣言，信息的确定性受到极大的挑战。在任何时候，对于所接收到的信息能够轻易就相信的人一定是传播谣言的主力。

构成大众的个体虽然存在于不同的群体与圈子，但是其身份与特征的多重性使其身份变得复杂多样，即便在同一个抗议性谣言信息的产生与传播的过程中，处于大众中的个体也都具备多重的特征，并且在探寻多方信息源的同时，有了更多的选择性接受信息的渠道与权利，因此，对于不同的信息与观点，也具有了更多的主动性和选择性。而在信息庞杂又瞬息万变的新媒体时代，个体的立场与特征也在不断发生转移和变化。正如在一则抗议性谣言的传播过程中，其制造者或许很快成为辟谣者，而辟谣者或许刚刚就是谣言的传播者。

第四节　抗议性谣言的流传：被复制与叠加的群情激昂

“大众”虽然不再是“头脑空白”的“乌合之众”，而是具有不同性格、背景、阅历和特征的个体组成的一个集合体，但是，无数的个体组合在一起，总是会发生一些聚合效应，产生一些个体无法具有的群体性特征。在一则抗议性谣言信息的产生与传播过程中，离不开无数次的复制与转发，也离不开所有的个体聚合在一起而形成的群情激昂。

一 群体思维在抗议性谣言传播中的作用

抗议性谣言大多涉及多数人的利益或者与多数人相关，因此可以导入群体思维理论来分析在抗议性谣言的流传中，产生作用的群体性特征。凯文·凯利（1994）指出，网络“代表了所有的电路，所有的智慧，所有的相互依存，所有经济的、社会的和物质的东西，所有的通信，所有的民主制度，所有的群体，所有的大规模系统，没有开始、没有结束、也没有中心，或者反之，到处都是开始、到处都是中心。无数的个体思维聚在一起，形成了无可逆转的社会性”。[①] 这是一种对群体思维“网络化”的概括性描述。但有些时候，群体并不代表“所有的智慧”的叠加与拼接，反而是对于某些错误信息或判断的叠加与扩散。并且，通常来说，群体很容易忽略单个个人，尤其是很容易忽略处于信息弱势地位的个人的意见或观念，而是迅速对于某些代表性意见达成一致以采取大体一致的行动。

桑斯坦（2009）指出，当社会流瀑效应（social cascades）发生时，信念和观点从一些人那里传播到另一些人，以致许多人不是依靠自己实际所知，而是依靠（自己认为）别人持有什么想法。在此基础上，桑斯坦继而提出了“群体极化”现象，具体来说，“群体极化”是指进行讨论的一个群体的成员通常到最后所采取的立场，与讨论前成员所持有的倾向总体相同，而且更为极端。[②] 那么，实际上，在群体进行分化的过程中，往往很容易形成以持有大致相同意见的个人组成的不同圈子的出现，尤其是在网络化的各种新媒体平台上，各种论坛，各种 QQ 群，各种朋友圈，各种移动应用 App 等，都能够迅速形成不同的群体，这些群体迅速聚合，又随着信息的进一步分化而分化，重新组合，又重新分化，进行着无数的裂变与重组。在这个过程中，持有极端意见的个体聚合在一起，往往更加容易产生群体极化，因而在很多社会议题和事件中，不同的群体“极化”出不同的意见与行动。而那

---

① ［美］凯文·凯利：《失控》，新星出版社 2010 年第 1 版，2013 年第 9 次印刷，第 39 页。

② ［美］卡斯·R. 桑斯坦：《极端的人群：群体行为心理学》，尹宏毅、郭彬彬译，新华出版社 2010 年版，第 126 页。

些处于摇摆不定的“墙头草”式的个体，往往成为不同群体争取的对象，因为他们或许不经过认真思考而直接接受群体的意见。

在新媒体时代，各种新的媒介平台和社交化网络平台上的个人与个人形成网络，信息产生超链接结构网状，无论是抗议性谣言信息还是其他各种类型的信息，都以病毒式传播特征以聚合效应传播扩散。人与机器、介质之间交互融合，不同的介质与介质之间融合，不同个体与个体之间融合，尤其是在突发事件中，有一定信任基础的个体之间能够迅速形成整体，达成共识，于是基于不同信息与观念的不同群体产生。但基于某事件的某些信息与某些观念暂时聚合起来的个人形成的群体，联结起来非常迅速，同样，分化起来也同样迅速。其成员之间的关系是易变的、短暂的、临时的，随机的。

这种群体思维模式很好地解释了抗议性谣言产生后被迅速传播、扩散在各个社交圈子与论坛，又会随即产生分化，产生新的谣言，或者终止谣言，或者其关注点又迅速转移到新的信息或新的谣言的属于新媒体时代的信息传播的现实。

二　中国“关系”文化与群体思维的叠加

中国文化中对于关系的关注与重视由来已久，在新媒体时代，各种信息交互技术的革新促进了各种具有社交功能的新媒体平台的发展，人与人之间的关系在新媒体平台上得到延伸和拓展。通过电子邮件、QQ、微博、微信、新闻跟帖、网络论坛、各种移动应用 App 等建立起了一个个不同的圈子，这些圈子有的以年龄为划分界限，有的以行业为界，有的以兴趣为界，有的以话题为界，有的以观点为界，有的以领域为界，有的以个性为界，形成了一个个或重合，或不重合的圈子。圈子内成员之间的关系有亲有疏，有近有远，而谣言的典型的“听说”模式在这种“熟人”化的圈子中有了很大的扩散和信任空间。相同的关注和探讨话题、相同的兴趣圈子、相同的被关注对象等全都有利于分化而形成一致性的观点与合力。因此，一旦某谣言承载的信息或观点在一定圈子中传播开来，很难迅速展开不同的信息或观点的传播，除非圈子中的成员有不同于圈内大多数成员的知识、经验或观点。

随着新媒体越来越日常化的发展，线上与线下逐渐融合，无论是个人身份，还是个人的关注话题与行动，都有了更多的融合。新的信息方式与人际交流方式正在形成，并不断改变。权威人士、信息提供源、网络推手、营销水军、社会名人、网络名人（红人）等“意见领袖”成为信息传播过程中的关键节点。“意见领袖”在很大程度上决定了群体思维的深度与广度。

而中国社会传统的对于人际关系的依赖远远大于对于社会规则与制度的依赖的人际交往模式，也形成了解决问题的手段先以人际关系为切入点的惯性思维。因此，谣言传播，作为自古以来就占据人际交往中非常重要的地位的一个交流工具，在新媒体时代依然大行其道。于是，大多数抗议性谣言就以毁坏个人与个人、个人与机构、个人与政府、个人与官员、个人与群体、群体与群体等之间的关系为目的。当和谐的人际关系被打破，重新回到和谐关系的渴望与需求就成为解决谣言所指涉的社会矛盾与问题的助推器。

三　主动围观的人群与群情激昂

当大众参与到信息的生产、发布、管理等过程，正在或者已经改变了原有的信息传播和接受模式，尤其是在抗议性、群体性事件中，舆情演化规律发生变化，信息流瀑效应凸显，群情激昂，情绪放大，个人责任降低，参与度变高。据此，笔者总结出了现实事件中的抗议性触发因素与抗议性谣言构成要素之间的关系，见图 3－12。

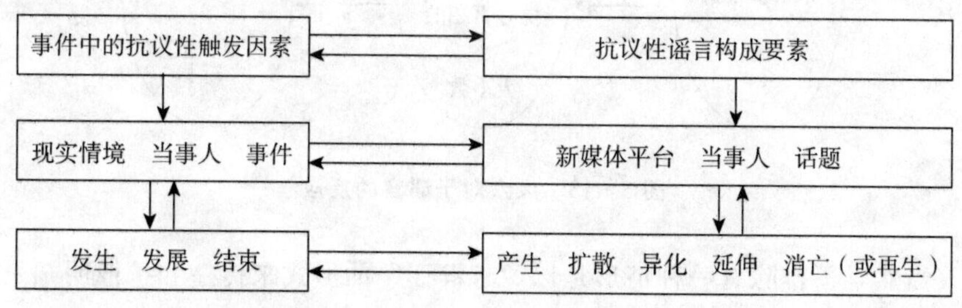

图 3－12　现实事件中的抗议性触发因素与抗议性谣言构成要素之间的关系

现实事件中的抗议性因素诱发了现实中的抗议性事件的发生和发展，同时也诱发了抗议性谣言的产生与传播，但有些时候，先是有了抗议性谣言信息的传播，继而才有了现实中的抗议性因素的产生，继而引发现实中的抗议性事件。而现实中的抗议性事件与新媒体平台上的各种相关抗议性谣言信息之间互相影响，互相激发。有些抗议性谣言在新媒体平台和社会现实语境中同时传播，并对社会现实产生影响，社会现实反过来又促使抗议性谣言信息不断更新和传播。随着抗议性社会现实事件的结束，抗议性谣言信息也随之消亡，但也有时候会在其他的抗议性事件中再生，或者在未来的同类抗议性事件中再生。

值得注意的是，在新媒体的使用上，大众是有选择性的和主动性的，因而也就更加倾向于选择和接近、接受、分享与自己的观点和看法相近的信息，因此，也就更加容易产生桑斯坦提出的社会流瀑效应，而中国网民比较喜欢围观的特性使得社会流瀑效应愈发明显。围观产生不断扩大的人群，人群中又扩散开来谣言，于是谣言茁壮成长起来。当一则抗议性谣言信息被少数人制造与传播开来，大多数的人实际上不知道自己传播的抗议性谣言信息的真伪，也不是刻意地要传播虚假的信息，更多的是探寻真相与求辟谣式地参与到该谣言信息的探讨与传播扩散过程中，而有极少数的大众是拥有对于该抗议性谣言信息的较权威的信息，或者拥有相关知识的积累与经验等，从而能够理性分析，澄清谣言，见图 3-13。

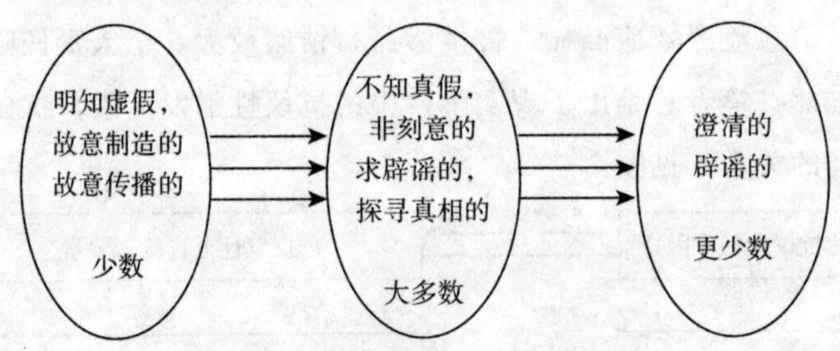

图 3-13　大众对于谣言的反应

当然，不排除有一种情形是以“求辟谣”的形式来传播和扩散明知是虚假或可能是虚假的信息的谣言。但在大多数情形下，谣言的制造者、故意编纂虚假信息者、对信息的故意增添、删减等重新加工者往往是少数，而通过各种新媒体平台分享、传播和扩散谣言信息者是多数，对于信息的最后澄清者或者辟谣者，是更少数，这些澄清者有一部分是来源于以探寻真相为目的的谣言传播者。因此，需要惩戒的，是谣言虚假信息的故意制造和传播者；

需要引导和得到理解与尊重的，是谣言信息的真相探寻者，这些探寻者虽然也传播和扩散了谣言，但也在传播过程中通过“信息拼图”挖掘和还原了信息真相，进而可能成为澄清者或辟谣者。所以，谣言的制造与传播主体是需要区分对待的。

还有一种情形是，有些时候传播不确定的谣言信息的人不明白真相，也不想明白真相，只是为了起哄式的、娱乐式的宣泄，这种情形在泄愤性的谣言信息和娱乐性的谣言信息传播中尤为明显。在泄愤事件中，围观者不一定知道真相，但有些围观者会想当然地认为肯定是政府所为不合理而自然而然地站在“弱势”一边。其根源是对政府的不信任，其表现为仇官、仇富、仇宣、仇警等。

第五节　当大众遇上推手：被利用的拼图

传统媒体时代，因为有严格的把关人及其对于发表的信息的严格控制（可控的）的存在，普通大众个人制造和传播信息很难，虽然也有被制造的媒介事件，但是基本上都还是需要通过媒体的筛选和审核之后才能在传统媒体上发表和传播。但在新媒体时代，个人也成为信息的制造和发布者，并实现了随时随地的、即时的分享和互动，这就给各种利用新媒体平台进行的营销手段创造了极佳的条件和机遇，当然，也为故意制造的不实信息的传播创造了绝佳的平台。而广泛发布和分享在新媒体平台上的不实信息，往往以谣言的形式存在。

一　不确定性让“信息拼图”更加开放

在新媒体时代，有时候打造和发布一条信息，不用标明该信息的可靠性或者来源，或者故意用不确定的来源，或者指明该消息来源为信息发布者的熟人、事件的当事人或目击者等让人更加容易相信的形式，以口耳相传、手机短信、新闻客户端评论，或者社交网络等渠道和平台发布和传播，甚至能被大众媒体当作新闻由头来报道，更加扩大了其传播范围和关注热度。因此，“信息拼图”变得更加开放。而开放，就意味着有更多的可能性拼接，同时容易混杂更加不确定性的信息。这就给有意利用“信息拼图”来故意传播不良、虚假、危害性谣言信息的人以可乘之机，他们见缝插针地散播各种信息来填补信息空白和缝隙，以实现自己想要的“信息拼图”，达到自己的目的。

在一些新媒体时代的商业相关的谣言信息的发布案例中，媒体的被动性是显而易见的。例如，2005 年 3 月 1 日下午 6 时，“张近东被捕”的消息通过短信从上海传至《成都商报》记者的手机上。2005 年 3 月 2 日，《成都商报》即刊登了题为《被捕传闻突袭苏宁掌门张近东对传言予以否认》的文章，文中针对谣言所称“苏宁电器公司董事长张近东先生于 3 月 1 日下午在上海被捕”的消息，采访到了当事人张近东，并对谣传作了澄清。[①] 3 月 2 日，苏宁电器紧急联系新浪财经，针对成都商报该报道发布澄清公告，指出所谓传闻纯属谣言，公司董事长张近东先生一直在公司正常工作。[②] 也就是说，有些时候，某谣言信息会被作为新闻的由头而提供给新闻记者，甚至是“钓鱼”式的邀请，故意让记者“上钩”，来报道某事件，即便是通过“辟谣”的方式来澄清谣言所指涉的事件，也是通过大众媒体来推动该事件到达大众的视野，以博得大众的关注。

二　实名认证增加“信息拼图”可信度

还有一种情形是利用大众比较容易相信有确定身份的人说的话的心理，因此，社交网络平台上的“实名认证”功能被利用来发布信息。更有甚者，尤其是以专家、传统媒体工作人员（如编辑、记者）、政府公职人员等身份以实名认证个人账户来发布信息，但缺乏应有的身份信息的跟踪（如实名认证者已经离开原有工作单位，不再有该认证身份等），往往造成某些身份已经变更，但其发布的信息仍然因原有身份而被大众认可和接受，从而发布的信息也更加“可信”。

---

① 南方网：《苏宁掌门张近东被捕是谣言?》2005 年 3 月 3 日，http：//www.southcn.com/finance/hot/cjjiaodian/200503030060.htm。

② 新浪网：《苏宁电器发布澄清声明董事长张近东被捕属谣传》2005 年 3 月 2 日，http：//finance.sina.com.cn。

当实名认证者的个人身份与信息内容的相关度高时，谣言信息（无论是肯定一个信息或事件，还是否定一个信息或事件）就变得更加可信，因为其以“见证人”、“专家”、“专业人士”、“熟人”等身份使得谣言信息发生的时间、地点、涉及的人物、事件本身都具有了更多的“确定性”。

实名认证，如果再加上网络营销推手，有专门的团队来进行信息和舆论的操控，那么，实名认证者发布的信息就具有了更大的能量，能够以更大的范围和更快的速度传向更多的人群。实际上，有些实名认证的账号是长期或短期交由营销公司打理的，这就更加可怕。对于不知内情的大众而言，他们认可的是实名认证者本人的身份与言论，即便是被营销公司控制和打理的“私人”账号发布的信息，大众一样认为是由他们本人发布的信息，一样以自己的态度来信任或者反对该账号发布的信息。

三　新媒体营销：被“设置”的大众

营销公司正是借用新媒体时代大众对于所接收到的信息进行再创造的“信息拼图”能力，让大众“自动地”完成其预期的事件或者话题的启动和热捧。在对中传互动营销研究院 CEO 于明先生进行深度访谈时，于明先生提到的关于乐蜂网营销案例就是很好的例证。

2013 年 3 月 1 日，正值中国最大的化妆品限时特卖商城“聚美优品”三周年庆，“聚美优品”投入 3 千万元用于广告宣传，推出了“超级大抽奖”、“全场包邮”等一系列促销活动。其竞争对手化妆品电商“乐蜂网”，因自身营业额和规模都小于“聚美优品”，无法有如此大的“手笔”来进行营销，便利用“聚美优品”三周年庆活动，“乐蜂网”决定“借势营销”，并请中传互动营销院来帮其完成。于是，中传互动营销院编造了“聚美优品”强迫供应商“站队”的信息（即以低价供应“聚美优品”促销活动的同时不能供应其他电商开展类似促销活动），并以“聚美优品”的口吻向供应商进行发布。2013 年 2 月 25 日，也就是“聚美优品”三周年庆的前 4 天，“乐蜂网”向《北京商报》的记者透露，“乐蜂网”近日收到多家美妆供应商投诉，称某同行美妆电商要挟供应商，强迫供应商“站队”。《北京商报》报道中指出，“乐蜂网”虽然并未表明竞争对手是谁，但在其提供的材料中，矛头很显然地指向“聚美优品”。该报道中称，对于“乐蜂网”的爆料，“聚美优品方面并未做出回应”。[①]

同时，中传互动营销研究院主动发起关于货品真假的话题，因为“乐蜂网”是网上商城，提供发票，并可以到专柜验货，而“聚美优品”不提供发票。中传互动营销研究院便以此为突破口，以网友口吻发出疑问：“没有发票，也不能到专柜验货，货是真的吗?”这样的话题很自然地就把“乐蜂网”与“聚美优品”给联系起来了。

紧接着，以“前聚美化妆品采购专员”为头衔，号称了解聚美采购“内情”的网友“姑苏毛十七”，称“聚美优品”90%都是假货，并用 Excel 表格伪造了“聚美的采购单”发至天涯社区。这些表格以低于市场价格 10 倍以上的采购价，引来众多网友围观和热议。该帖得到几万回复，被顶到天涯热点，快速传遍微博、豆瓣、校内网等，成为当时最热的帖之一。实际上，帖中有无数纰漏，比如 30ml 的产品只比 7ml 的产品供货价贵 1 块钱；瓶装正装报价和小样一个价，甚至更便宜等。但消费者和一般看到帖的人是没有太多耐心和敏感性来对其进行深入分析的。于是，该帖被大量转发，一些媒体跟进，对“聚美优品”进行申讨和质疑。“聚美优品”的流量开始上涨，销量开始下跌，退货率开始上升。[②]

通过以上营销手段，“乐蜂网”既借势营销了自己，同时打压了对手“聚美优品”。

在此我们不做道德上的指责和探讨，也不讨论具体营销手段的优劣，我们只关注到，在新媒体时代，有一类谣言信息的制造和流传仅仅是出于打压对手和营销自己的目的和需要，而大众被蛊惑，甚至舆论领袖和大众媒体也成了被蛊惑和利用的对象。

但事情还有另一面。

北京世纪隆文品牌管理有限公司营销案例中的一例，则是站在商业信息

---

① 王璀一：《聚美优品被指逼供应商“站队”电商资源争夺加剧》，《北京商报》2013 年 2 月 26 日第 4 版。

② 扬子晚报网：《聚美优品驳斥假货谣言，行业恶性竞争亟待解决》2013 年 3 月 25 日，http：//www.yangtse.com/system/2013－03－25/016672703.shtml。

战中被对手打压的一方，对谣言信息进行澄清，来进行危机公关的。

据当时任北京世纪隆文品牌管理有限公司隆文互动营销中心高级客户经理的于明先生介绍，某西方药厂因其药品与中国规模最大的熊胆粉系列产品研发生产企业之一的福建归真堂药业股份有限公司的药品（以下简称归真堂，其产品包括熊胆粉、熊胆胶囊、熊胆茶、熊胆酒等）有竞争关系，随即于 2012 年 2 月 14 日，资助动物保护公益基金会“它基金”联名毕淑敏、崔永元、陈丹青、丁俊晖等 72 位知名人士向中国证监会信访办递交吁请函，反对归真堂上市。2 月 15 日，“它基金”第二轮签名征集的微博转发超过 4200 次。[①] 一时间，大众对归真堂“活熊取胆”的行为表示不满和抗议，大众对于“活熊取胆”的争议也愈演愈烈。而归真堂则认为自己的行为符合动物保护规范，网上传播的残忍照片根本不是归真堂的现场照片。在此情形下，归真堂请北京世纪隆文品牌管理有限公司针对该谣言信息进行媒体肃清和公关。

北京世纪隆文品牌管理有限公司为归真堂策划了媒体公关活动。2012 年 2 月 20 日，归真堂在其官方网站发布“归真堂养熊基地开放日”活动的邀请函，决定将 2 月 22 日和 24 日两天定为“开放日”，邀请 200 家至 300 家传统媒体，同时也邀请部分社会人士参观其养熊基地。

随后，有谣言称，在被邀请的媒体和社会人士到达归真堂前，归真堂以 A4 纸印发了内部应对此次开放展示日活动的方法，并将该“应对方法”发在网上。因此，当去了现场的记者们在参观完后发表了比较客观的稿件时，遭到网民的“谩骂”，认为记者们是收受了归真堂的“好处”而撰写的澄清稿件。据于明先生介绍，当时实际上的情形是，归真堂连最流行的给记者的“车马费”都是没有的，仅仅是因为“活熊取胆”受关注度较高吸引了媒体记者。也就是说，媒体记者们自愿来参加此次活动，并未得到归真堂任何“好处”。

北京世纪隆文品牌管理有限公司为了应对大众的质疑和不满，随即决定，归真堂可以让记者们长期停留，亲身体验，现场观看如何取胆的全过程。之后，有记者站出来，澄清归真堂并未给记者提供包括“车马费”在内

---

① 360 百科：《归真堂活熊取胆事件》，搜索日期为 2013 年 8 月 5 日，http：//baike. so. com/doc/6801299. html。

的任何“好处”，并通过实地的亲身观察，对归真堂取胆过程做了客观报道，渐渐平息了此次事件，大众的情绪也回归理性。

此次公关过程差不多持续1个月时间，效果明显，在此期间，“归真堂”出现在新闻中的频度统计见表3-3。①

表3-3 “归真堂”新闻词出现频度按天统计表

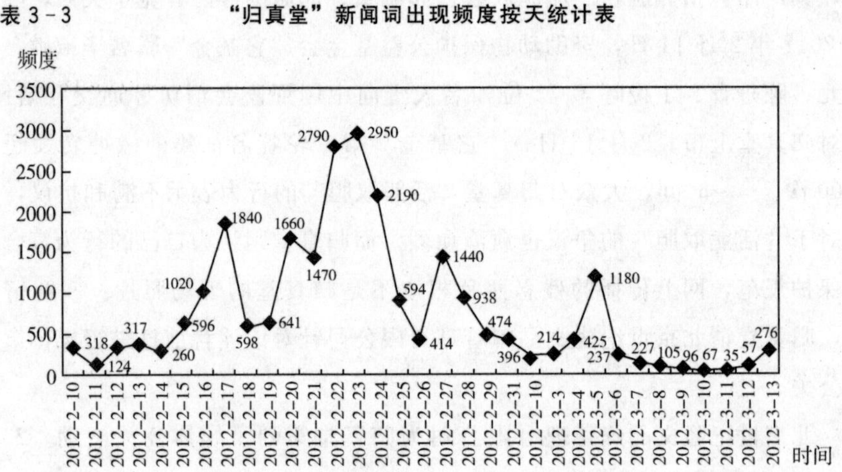

无论是有意地诋毁竞争对手而发布的负面信息，还是因遭到诋毁而进行危机公关发布的澄清信息，暂不论是否公正与正义，我们在此关注的是信息在现实社会与网络上的流通过程中，确实存在专门的机构和人员进行营销式传播的现象，大众在这样的营销式旋涡中，不知不觉地被“设置”和利用而不自知。

四 利用“信息拼图”形成谣言的规律

通过对以上案例的观察，可以得出利用“信息拼图”形成谣言的规律如下。

(一)“点”、“点”串联，“形成”谣言

一个谣言信息的制造过程，离不开谣言指称事件的各个“点”，也就是

① 人民网：《归真堂事件展现网络公关技巧无间道手段操纵民意》（人民网记者张雨访谈武汉大学信息管理学院教授沈阳会商实录）2012年3月1日，http: //news. china. com/focus/huoxiongqudan/11115079/2012-03-01/17064181. html。

说，要制造一个媒体事件，首先要制造多个可以被串联或者被联想到一个事件的“点”，并且往往由不同的“推手”发布，再由专门人员将这些“点”串联起来，编成完整的故事，形成一个完整的事件，最终成为被精心策划的谣言。而且，每个人发布“一点点”不实信息，分散开来，再由不同的人串联，实际上，编造信息要承担的责任也分散化了，因为“点”比较多，要追究起责任来，是比较困难的，而且多数时候，对于这样的“一点点”的不实信息，是没有太多法律约束和惩罚的，这也是为什么营销者能够如此操作并规避“风险”的前提。

（二）推手助推，“制造”舆论

正是有了新媒体，媒体事件的制造和传播变得容易。在传统媒体时代，信息的采集和发布往往不像新媒体时代的信息这样分散，并且发布信息的渠道也没有新媒体时代这么多样化，更谈不上大众的互动参与了，因此，舆论的形成往往是自上而下的议程设置。而新媒体时代，利用不同的新媒体平台，推手们不费吹灰之力就能够将编辑好的虚假或者真实的信息瞬间推送到多个用户，以由下而上的自发形式，助推形成“舆论”，而这样的“舆论”很多时候是不受传统媒体掌控的，甚至传统媒体也是被不知不觉卷入其中的。

（三）大众媒体跟进，推向高潮

当被各社交化媒体平台或网站热帖炒作起来的事件渐炒渐热，引起一定程度的关注后，不论是传统媒体还是新媒体，总之大众媒体为了自身利益考虑以吸引大众眼球，或者为了自己的职业和社会责任来澄清事实，都会跟进事件，继而采访事件当事人或者相关者，往往将对事件的关注推向高潮。实际上，多数情况下，营销机构提供给媒体新闻由头或者“新近发生”的信息源，媒体则狂热地接收并替其扩散，从这种意义上来说，媒体其实是营销机构所利用的对象或者工具。

（四）大众配合，实被蛊惑

正是因为大众有了随时参与公共事件的平台，有些事件才更加容易进入大众视野，也更加容易被热炒。而更多时候，正是因为信息的不对称，大众往往只是凭靠自己自认为已经“掌握”了的信息或者情况来“填空”和进行

“拼图”，自认为还原了信息的真相。但很多时候，大众只不过是被营销机构蛊惑或者利用的“棋子”罢了。

总体来看，近年来广泛流传的抗议性谣言有些与假新闻挂钩；有些首发于传统媒体，但传统媒体的新闻源很多来源于网络，而且是由于媒体记者未作详细核实就草率报道；有些则引发了群体性恐慌或群体性事件。一般情形下，事故类的抗议性谣言多先由口耳相传传开来，继而在网络上传开来，然后再引发广泛关注。在新媒体时代，一些谣言是在网络上制造和传播开来的；一些则是发生在现实中的事件和现实中已经出现的谣言，被上传到网络上引发广泛关注。

综上所述，“信息拼图”或许涵盖了三方力量，即各类媒体、大众和各类推手。在新媒体信息的海洋里，各类媒体发布各自认为是“新闻”的信息，大众用个人的情感与理性判断信息的真伪，并拼接起自己的信息世界，而推手们自编、自导、自演各种吸引人和不吸引人的剧目，目的是将媒体与大众都卷入自己的剧本，并且按照自己的剧本来演绎角色。毫无疑问，媒体的责任和发布确定性信息的难度更加增大，也更加有价值和意义，这一点将在之后的章节探讨。

第四章　新媒体时代抗议性谣言传播的根源

谣言是一种古老的媒介形态，起源于口耳相传的年代，每个时代、每个国家都有。到了新媒体时代，信息变得更加透明，但伴随着信息量的急剧增多，谣言的数量也大大增多，各种各样的不确定性信息在各种各样的新媒体平台上传播，也在人际间传播，甚至也在传统媒体上传播。新媒体时代，有一些抗议性谣言的传播动因是与传统媒体时代相同的，但也有一些动因是新媒体时代特有的。

第一节　抗议性谣言的传播动因

谣言是对不确定性的信息的广泛传播，是对于传播谣言的人而言，实际上对于最初或传播过程中有意制造、增补了不确定性信息的人来说，多数时候是明知不确定，但又以确定性的，或者以求辟谣的形式来传播的。抗议性谣言作为谣言中重要的一类，其产生与传播的根源与谣言产生与传播的根源在信息传播层面上是一致或者接近的，因此，本节从信息传播角度来探讨谣言的传播动因，这些普遍因素同样适用于抗议性谣言的传播动因。

一　谣言：与新闻互为补充的信息形式

国内对于“新闻”的定义，继以徐宝璜（1919）为代表的“事实说”、以陆定一（1943）为代表的“报道说”和以甘惜分（1979）为代表的“影响舆论说”之后，李良荣（1995）提出了“信息说”，认为新闻“是一种信息，是传达事物变动最新状态的信息”。[①] 结合以往对于新闻的定义，关键性要素无外乎“事实”、“新近”、“报道”以及“信息”等。而新闻的重要因素之一便是其“真实性”。因此，新闻的目的之一便是还原信息的真实性，消除信息的不确定性。而谣言正是不确定性还未被消除的信息。人们总是试图将信息的不确定性消除，从而得到确定性的信息。也就是说，只要社会存在不确定性的信息，就不可避免地有谣言存在的合理性，这也是为什么在信息越来越透明的新媒体时代，谣言为什么还是存在，甚至更多的原因。因为新媒体时代的信息量远远大于传统媒体时代，因此不确定性信息自然更多涌现，这就不难理解在新媒体时代谣言为什么更多了。

凯瑟琳·弗恩—班克斯（1996）指出，当我们享受到新科技带来的便捷的同时，也要承担科技使得谣言得以更快更广泛传播的风险，因为网络提供了大量的信息和新闻，但是也同时提供了大量的虚假信息和谣言。[②] 在离不开信息的信息时代，谣言、虚假信息以及新闻、真实信息同时存在。而新闻与谣言的斗争正是在于其确定性的确定，在其确定性没有被确定之前，谣言往往成为与新闻互为补充的信息形式。

新闻信息中的事件当事人、时间、地点、发生了什么事、怎么发生的，引发什么后果等要素同样存在于谣言信息中。尤其对于抗议性谣言而言，当事人可以是不确定的，时间可以是道听途说的，地点可以是模糊的，但事件一定是“听说”、“确实”发生了的，至于如何发生以及引发什么后果，则会成为热议、恐慌、猜测的重点，也继而会引发后续的讨论、猜测和质疑。同样，新闻的“即时”或“新近”也是抗议性谣言价值的重要基础。新闻消息作为即时发生的事实的报道，时间上的“新”是其基本要素之一，也是其价值体现。而谣言的“新”也是其价值基础。正如卡普费雷

---

① 李良荣：《新闻学概论》，福建人民出版社1995年版，第30页。

② Kathleen Fearn—Banks. Crisis Communications: A Casebook Approach (4th Edition). Routledge, New York, 2011. p. 63. First edition published in 1996 by Lawrence Erlbaum Associates Inc.

(1987) 提出的,“谣言的迅疾合乎逻辑的来自信息本身价值的不可避免的逐步贬值……谣言几乎总是叙述一件新近发生的事……使信息永远时事化是谣言的一个结构特征”①。

新闻消息往往应该是消除了不确定性的信息。也就是说,新闻消息的价值在于其确定性,传播的目的也是为了消除信息的不确定性。而谣言的生命力往往在于其不确定性没有被消除。一旦其确定性被消除,谣言要么变成了虚假消息,要么变成了真实消息,总之不再成为谣言。奥尔波特提出的谣言公式{即:谣言=(事件的)重要性×(事件的)含糊不清}中,其中一个重要变量是“(事件的)含糊不清”,也即信息的不确定性。因此,谣言的不确定性是其生命力所在,如果一旦被确定,该变量成为“0”,那么,谣言自然也就不存在了。

同理,新闻信息的公式可以是:新闻消息=(事件的)重要性×(事件的)确定性。后文将探讨公式中的“(事件的)重要性”变量在新媒体时代已经多样化,但无论这个变量如何多样化,“(事件的)含糊不清”这个变量越大,意味着越接近于谣言;“(事件的)含糊不清”这个变量越小,越接近于新闻消息。

很多研究者认为只要信息透明,就可以杜绝谣言。实际上这只是个妄想,而且并不合情理。新媒体时代,信息的来源增多,信息总量也增多,信息的不确定性自然也就随之增多,不确定性的谣言信息与确定性的新闻信息,正是构成了信息的总体。更有时候,谣言直接等同于虚假新闻或信息,或等于部分的虚假新闻或信息,取决于是否发布在大众媒体上,也就是说,同样的一个信息,如果以确定性面貌出现于大众媒体上传播,就意味着成了“新闻”信息,只是不知道是否是真“新闻”还是假“新闻”。有些时候,假新闻与谣言仅一步之遥。也有一些时候,谣言,尤其是抗议性谣言正好是对大众媒体发布的信息的全部或者部分提出质疑、猜测或者阐释。并且从一定意义上来说,这些质疑会促使专业的新闻机构更加专业,也会促使相关政府或者机构在媒体上发布的信息更加严谨和准确。

---

① [美] 理查德·韦斯特、林恩·H. 特纳:《传播理论导引:分析与应用》(第二版),刘海龙译,中国人民大学出版社 2007 年版,第 17 页。

移动化和社交化的新媒体正好强化了人际间的传播，只不过这种人际传播规模更大、范围更广、速度更快、成本更低而已。而谣言从产生以来就严重依赖口耳相传。因此，抗议性谣言借助于新媒体技术提供的人际传播平台，生命力更加强大。

反过来说，作为不确定性信息的谣言越多，说明整个社会的所有信息量越大，也就说明了我们生存的世界并非一潭死水。从这个意义上来说，谣言有其存在的价值和意义。因此，不妨这样理解谣言：它是一种与新闻互为补充的信息形式。谣言不断冲击或敲打着新闻的细节、逻辑的严密、新闻背后的新闻，而新闻在试图努力消除信息的不确定性，不断澄清真实或非真实因素。

二　谣言公式的拓展

克罗斯（Chorus，1953）在著名的谣言公式中加进了公众判断力因素，其谣言公式是：谣言＝事件重要性×事件模糊性÷公众批判能力。[①] 将公众的常识、理性思考和批判能力加进谣言公式，是对大众主观能动性的肯定，也使得谣言传播公式更加全面。张国良（2013）把谣言公式进一步扩充为：流言速率＝事件重要性×状况模糊性×技术先进性÷权威公信力÷公民判断力。[②] 张国良关注到了技术对谣言传播的促进作用和权威公信力对谣言传播的阻断作用，是值得肯定的。但我们无法不注意到的另一个现实是，某些情形下，权威公信力越高，如果其发布的信息本身就是谣言信息的话，那么该谣言的生命力和传播力则更强（而不是更弱）；同时，技术越先进，其可能起到促使谣言传播的作用更强，但其阻断谣言传播以及澄清谣言信息的作用也可能更强，因此，张国良拓展的谣言公式不够严谨。

另外，在新媒体时代，营销与娱乐广泛渗透到各种媒介平台上，以达到广告或者娱乐（游戏）的目的，而广告、游戏借助于谣言信息传播的现象也已存在于网络世界中。谣言与游戏、广告等结合的现象值得关注，而这一点是在目前的谣言公式中还未有涉及的。笔者将其引入克罗斯的谣言公式，如下：

---

① 转引自李献惠《新媒介环境下突发事件谣言的传播学应对》，《现代传播》2012 年第 11 期。

② 转引自祝华新《打击谣言背景下的网络舆论新格局》，财新《中国改革》2013 年第 10 期。

谣言的生命力＝（事件重要性＋事件相关性＋事件娱乐性）×事件模糊性×事件推送力度÷公众批判能力

在新媒体时代，事件的相关性和事件的娱乐性也值得重视，相应地，事件的推送力度也不容忽视，而公众批判能力正是公众理性的表现。当然，当受众一旦发现被认为谣言的信息其实是广告或者游戏，或者是营销者的把戏，该信息也就不再是谣言了，因为它已经被确定为游戏、广告或者营销信息了。

实际上，还有一个因素来自于专家的意见，也即社会上公认的权威、专家等“意见领袖”的态度可以直接影响人们对于谣言信息的信任与否。卡普费雷（1989）通过对犹太城一个匿名的（显示来自当地一家医院的，而当地有几十家医院）宣传单（内容与食品安全相关）持续传播10年的传播现象的研究发现，当谣言信息来自于“专家”，并且看上去不含个人利益的时候，其可信度大大增加，而谣言的接收者一般只是接受来自“专家”的信息而懒于去核实，也促使了谣言的大范围传播。人们出于对自身和家人、朋友、同事健康的考虑，一般愿意将这样的宣传单进行分享与传播，而宣传单比口头传播的信息更加全面，因此显得所传播的信息更加可信和可靠。[①] 因此，该公式中“事件推送力度”应该以宏观概念来解读，包含了谣言信息的有组织的营销，也包含了谣言信息发布者的权威度，还包含了谣言信息的详尽程度（直接影响可信度）。

由谣言公式的拓展可以看出，新媒体时代谣言的分类更加复杂。传统媒体时代，信息源相对单一，大众接收信息的渠道也相对单一，因此，事件的重要性一般比较统一（或者容易被统一界定），而在新媒体时代，信息源增多，大众接收信息的渠道也变得多元，信息量更是呈爆发式增长，如何判定这些信息的重要性，其标准实际上也已经变得多样化，在更多时候，谣言的生命力及其传播活力已经更多地取决于事件对于传播者自身的相关性了，相关性越高，越容易传播，这一点在有关环境污染、食品安全、灾难事故、人身安全等抗议性谣言中表现得尤为突出。

---

① J. N. Kapferer. A Mass Poisoning Rumor in Europe. *Public Opinion*. Volume 53, 1989, pp. 467 - 481.

三 作为临时新闻的谣言

Ralph L. Rosnow（1988）将谣言视为临时新闻（improvised news），并认为其像人们呼吸的空气那么重要。无论在惯常的生活中，还是在危机事件中，它既可以是社会压力的气压计，又可以是社会行为的预测表。[①] 安德鲁·斯特拉森和帕梅拉·斯图瓦德在2004年10月北京的讲座中提到，2004年3月11日，西班牙马德里火车站发生连环爆炸事件。从3月12日开始，西班牙人走上街头举行和平集会，哀悼死难者。《芝加哥论坛报》注意到，政府一开始把连环爆炸事件归罪于埃塔（ETA，巴斯克分离主义者的军事组织）。不久，政府又变得“没有那么肯定”，但仍声称有证据表明埃塔为该事件负责。但后来，事实证明并非如此。3月14日，政府发现三个摩洛哥人和两个印度人与该事件有关，又有一盘基地组织的录像带明确宣称对连环爆炸事件负责。安德鲁·斯特拉森和帕梅拉·斯图瓦德认为，该恐怖袭击，先是被怀疑为国内敌人捣乱，后来发现是境外敌人作恶。政府用声明造谣，又被与该说法相反的谣言和证据击破。他们认为，这种被称为“临时新闻”的谣言散布于危急时刻，可以激发或者化解暴力，也可以扭转政局。[②]

新媒体时代，各媒体为了突出“新”，就得突出信息的“时效性”，因此，包括专业的新闻机构在内，有些时候为了抢占信息的“时效性”，往往忽视其“确定性”而“抢鲜”发布信息，于是，作为“临时新闻”的谣言数量就随之增加。例如国内“权威”媒体机构新华社和中央电视台，曾就2020年夏季奥运会主办地揭晓的新闻报道出现错报。2013年9月8日凌晨4：00，2020年夏季奥运会主办地揭晓，日本东京在投票中击败土耳其伊斯坦布尔和西班牙马德里，最终获得主办权。在首轮投票中，东京获得94票中的42票，率先胜出，而马德里和伊斯坦布尔各获26票，需要重新投票一次。但在马德里和伊斯坦布尔间进行投票的相关新闻报道过程中，新华社

---

① Ralph L. Rosnow. Rumor as Communication：A Contextualist Approach. Journal of Communication 38（1），1988，pp. 12-28.

② ［美］安德鲁·斯特拉森、帕梅拉·斯图瓦德：《人类学的四个讲座》，中国人民大学出版社2005年版，第5—9页。

误以为伊斯坦布尔获得 2020 年夏季奥运会主办权，抢先发出快讯：“伊斯坦布尔获得 2020 年夏季奥运会主办权。”另外，中央电视台体育频道主持人直接口播东京首轮出局，导播打出了“东京出局”的字幕。在 20 多分钟后，新华社重新发布快讯：“马德里首轮投票遭淘汰。伊斯坦布尔和东京进入第二轮投票，争夺 2020 年夏季奥运会主办权。”此前的快讯随即删除。[①] 不少全国地方媒体在截稿出报前因使用新华社快讯作为头版头条，紧急追回报纸，损失巨大。新浪微博认证为长沙晚报社副总编辑的“@ Obanews”于 9 月 8 日上午 8：50 发微博称：“新华社摆乌龙，把东京错成伊斯坦布尔，害苦了全国报纸，长晚几十万份紧急追回，改版，重印，损失巨大。作为新闻供应商，新华社需要给客户一个说法，并反思之。”[②]“@ Obanews”之后删除该微博信息，并于当日晚上 22：27 发微博说明其删帖原因，并提出“媒体人做新闻，责任是第一位的：对事实负责，对读者负责，对自己负责”，见图 4 - 1。[③]

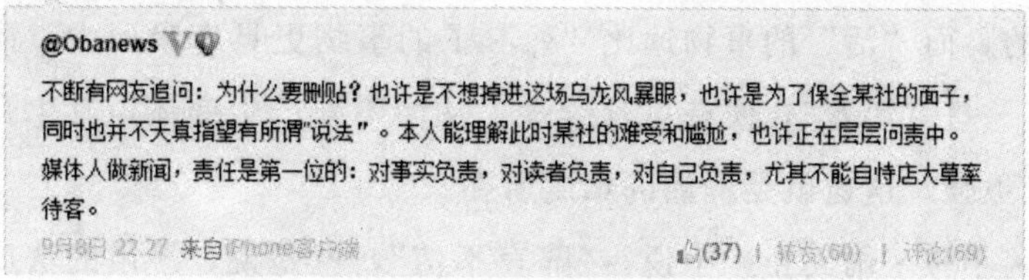

@Obanews
不断有网友追问：为什么要删贴？也许是不想掉进这场乌龙风暴眼，也许是为了保全某社的面子，同时也并不天真指望有所谓“说法”。本人能理解此时某社的难受和尴尬，也许正在层层问责中。媒体人做新闻，责任是第一位的：对事实负责，对读者负责，对自己负责，尤其不能自恃店大草率待客。
9月8日 22:27 来自iPhone客户端　赞(37) | 转发(60) | 评论(69)

图 4 - 1　新浪微博截图

新华社与央视的报道已撤，但相关报道在当时引发了热议，造成很大的负面社会影响。“@ Obanews”提到的损失和期望得到的“说法”皆不了了之。

在新媒体时代为了抢“鲜”的前提下，国外一些“权威”媒体机构也曾出现过类似误报现象。2013 年 4 月 17 日，美联社、《波士顿环球报》和几家波士顿当地电视台等多家美国媒体机构报道称，警方已经将波士顿马拉松

---

① 新浪网：《新华社发乌龙快讯称伊斯坦布尔获 2020 奥运举办权》2013 年 9 月 8 日，http：//sports. sina. com. cn/o/2013 - 09 - 08/06216769674. shtml。

② 中国时刻网：《新华社央视摆乌龙致长沙晚报几十万份报纸追回损失巨大》2013 年 9 月 9 日，http：//www. s1979. com/caijing/guonei/2013 - 09/09100508409. shtml。

③ 来源：新浪微博，http：//weibo. com/，截图日期：2013 年 9 月 8 日。

爆炸案的嫌疑人逮捕，消息源未知。在该消息被证伪前，CNN 和福克斯新闻花了大约一小时讨论了这条假消息，并且连线了多名当事人和专家。但 FBI 和波士顿总检察长办公室表示，并没有逮捕嫌疑人。①

为了追求“时效”，新华社这样的公认为“权威”的媒体机构会出现失误，与此同时，一些国外的“权威”机构如美联社、《波士顿环球报》、CNN 和福克斯新闻等也难以幸免，值得反思。

四 辟谣的滞后与难度

大众本来就具有猎奇心理，谣言信息本身具有的不确定性使其更加具有神秘性，因此谣言信息具有较强的吸引力。谣言信息的传播中，悬疑更能增加故事情节的吸引力，对于不确定性消息的热衷与传播，比辟谣更加具有吸引力，也更加易于传播。当不确定性一旦定性了，就“死亡”了，没定性，也就是不确定性未消除之前，是“活”的，是不断被增删和修改的，是在“成长”的。而“活”的事物远比“死”了的事物更具有吸引力。谣言所指涉的故事一旦“活着”，便有可延续性，从而不断产生变体，其生命力远比辟谣信息更强，这也就是辟谣的难度所在。

《诗·小雅·雨无止》中说，“辟言不信”，就是说，严肃的法度之言辟谣的时候，人们不会容易相信。桑斯坦（2010）分析了辟谣行为导致适得其反的三种情形，即：一是将受众激怒，并令他们为自己辩护，使他们坚信自己本来的看法；二是对那些不理智的受众来说，辟谣本身就会令他们坚信自己的最初观点，认为辟谣反而证实了他们否认的事确实存在；三是辟谣也许会让人们的注意力集中在有争议的问题上，而这种集中本身也会强化他们既有的立场和观点。② 传统媒体时代，谣言的澄清靠的是信息公开、透明。但在新媒体时代，光有这些是不够的，除了信息公开、透明，更加依赖信息的澄清者的权威性与公信力。

---

① 新浪网：《波士顿爆炸案美国媒体摆乌龙：称嫌疑人已被捕》2013 年 4 月 18 日，http://tech.sina.com.cn/i/2013-04-18/08478252340.shtml。

② ［美］卡斯·R. 桑斯坦：《谣言》，张楠迪扬译，李连江校译，中信出版社 2010 年版，第 89—90 页。

造成“辟谣”难度的，其一是辟谣者的权威性不够。汪志坚、李欣颖(2003)针对东森新闻网站2002年11月31日前列出的“微软利用网络侦测技术抓盗版使用者”谣言，以书面调查方式，针对相关“辟谣”信息，对台湾北部三所大专院校学生进行了问卷调查。结果发现，有15.5%的受访者在阅读过辟谣信息后，反而更加相信谣言。调查还发现，当接收到辟谣信息的人认为辟谣者不会因为辟谣信息而受益时，会更加偏向于相信辟谣者发布的辟谣信息。[①] 也就是说，不管辟谣者发布的辟谣信息是确定性的、真实的信息，还是不确定性的、非真实的信息，在这里都没有意义，唯一有意义的是辟谣信息发布者的权威性和辟谣者本身利益的相关性，一旦权威性得到保证，其利益不直接相关，其发布的辟谣信息更加容易得到信任。

其二，新媒体时代，当不确定性存在时，人们信谣、传谣，质疑谣言，一旦确定，即谣言已死，人们便不再有兴趣“信”和“传”辟谣信息了。有了多人的挖掘，靠着网友们自动和自觉的力量，以及线下的民间力量，有些谣言随着时间的推移，会自然消失，失去被关注度，不再传播。

其三，由于信息的公开不够全面和及时，所以有一些谣言会长期潜伏，伺机出现，比如转基因食品相关的谣言，就长达数年。但媒体公开报道的信息显然不足以消除民众的猜疑和恐慌。据媒体报道，2004年，国际食品—绿色和平组织曾在湖北展开了对转基因水稻种植的调查，并在2005年4月发布了调查报告，指转基因种植在湖北等地的种植已“非常广泛”。2005年8月，湖北省农业厅发表声明，称华中农业大学大新技术研发公司等企业在承担转基因水稻生产性实验过程中，“擅自扩大种植面积”，责成有关单位对其进行处罚，并对已种植的上万亩转基因水稻进行了铲除。[②] 2012年，法国凯恩大学科学家公布的一项研究成果称，食用常见转基因谷物会使实验鼠患上肿瘤和多种器官损伤。[③] 媒体关于转基因食品问题零散碎片式的报道不但

---

① 汪志坚、李欣颖：《来源可信度、情感认同与涉入程度对网路谣言辟谣效果之影响》，《管理学报》2005年第22卷第3期。

② 梁为：《300网友武汉试吃“黄金大米”》，《南方都市报》2013年10月20日第A17版。

③ 华商网：《法国科学家公布的研究结果显示——吃了两年转基因谷物过半实验鼠长肿瘤》2012年9月21日，记者李珊，来源：《华商报》，http：//hsb. hsw. cn/2012 - 09 - 21/content _ 8422517. htm。

没有消除民众的紧张，反而更加加重了民众对于转基因食品的质疑、担忧和顾虑。

2013 年 8 月底开始，“央视终于报了，肿瘤大面积爆发与转基因食品有关”的帖在包括人民网强国论坛、西祠胡同、百度贴吧等各论坛、博客、微博、微信等新媒体平台上大范围传播，见图 4－2①、图 4－3②、图 4－4③。

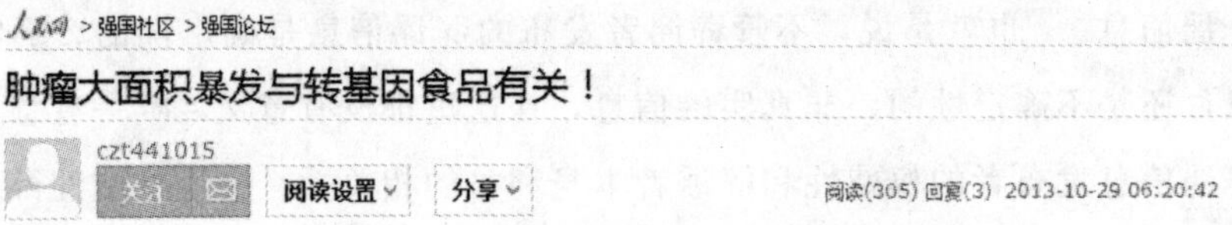

人民网 > 强国社区 > 强国论坛

肿瘤大面积暴发与转基因食品有关！

阅读设置 分享

阅读(305) 回复(3) 2013-10-29 06:20:42

图 4－2　网络截图

央视终于报了，肿瘤大面积暴发与转基因食品有关。

2013-11-09

图 4－3　微信截图

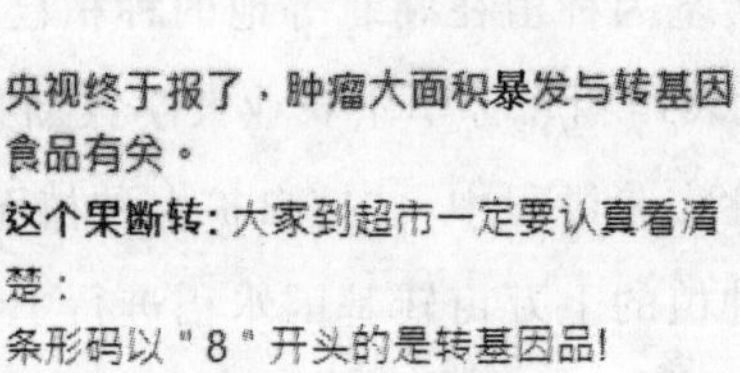

央视终于报了，肿瘤大面积暴发与转基因食品有关。

这个果断转：大家到超市一定要认真看清楚：

条形码以 " 8 " 开头的是转基因品!

图 4－4　微信截图

截至 2013 年 12 月 2 日，360 综合搜索“央视终于报了，肿瘤大面积

① 人民网强国论坛：《肿瘤大面积暴发与转基因食品有关!》2013 年 10 月 29 日，http：//bbs1. people. com. cn/post/1/1/1/134657688. html。

② 腾讯微信：http：//wx. qq. com，截图日期：2013 年 11 月 9 日。

③ 同上。

爆发与转基因食品有关”找到相关结果5620个，百度搜索找到相关结果61700个。但遗憾的是，这个一眼就看出并非央视新闻报道的信息，并没有得到任何媒体的回应，也没有及时的辟谣。而大部分传播该信息的网友，都认为确实是央视所报。究其背后的原因，从根本上来说，是大众对转基因食品的质疑与抵制，同时，这也是线下大众对于转基因食品的担忧和对于自身食品选择权利的维护的最直接的反映。2013年11月30日，笔者在北京798艺术区目睹了由148位北京先锋艺术家和艺术工作者参与的反转基因公益活动，大大的展厅，正面墙上放映的是流传在网上的美国反转基因纪录片（多位科学家对于转基因食品的质疑和反对），大厅侧面是摇滚乐队原创的反转基因食品的歌曲表演，该活动吸引多名现场参观者驻足关注。

正如“腾讯评论”2013年10月21日的“今日话题”《说服国人接受转基因为何这么难》中指出的，在转基因问题上，中国首先缺乏的是“权威专家”和“权威机构”。“专家”的一些发言也存在不客观的现象，如罗云波说“欧洲并非对转基因食品‘零容忍’，相反，欧洲也是转基因产品进口和食用较多的地区。”在Youtube网站，能看到不少国外就转基因问题进行电视辩论的视频，但国内比较缺乏科学的、理性的对话与沟通。因此，往往是持各方观点的人自说自话，很少人能达成共识。普通民众对转基因问题的认识几乎没有什么提高，在支持转基因的相关新闻留言中，基本是一边倒地骂，再传播一些添油加醋的谣言。[①] 在长达数年的对于转基因食品的相关讨论与相关谣言的传播中，没有令人完全信服的辟谣信息，也没有完全理性而客观的辨析，有的只是“一边倒”的缺乏足够的说服力的报道，因此，转基因食品相关的谣言依然流传，辟谣无效。

辟谣的滞后，甚至不辟谣，再加上对于某些问题辟谣难度大，使得一些悬而未决的抗议性谣言长时间存在。这些抗议性谣言的传播者仍然不明所以，各种猜测、质疑和求辟谣充满新媒体传播平台。另一方面，权威性或公

---

① 腾讯网：《说服国人接受转基因为何这么难》2013年10月21日，http：//view.news.qq.com/intouchtoday/index.htm？2587 & ADUIN=327288433 & ADSESSION=1382338609 & ADTAG=CLIENT.QQ.5239_.0 & ADPUBNO=26248。

信力不够的主体发布的辟谣信息，有时候不但没有起到预期的辟谣作用，反而在结果上是以辟谣的方式传播了谣言，有一些民众是在本不知某一谣言的情形下，看到了辟谣信息才知晓的谣言，但因辟谣主体缺乏权威性或公信力，大众宁愿相信谣言信息，而不相信辟谣信息。

在由人民网研究院发起的针对新媒体时代舆论引导的研讨会（2013）上，与会专家清华大学教授王君超谈到了舆论引导的价值说，认为舆论引导要分清重点，有的引导有价值，有的引导没有价值。有的引导是需要长期的、常规的引导，比如关于道德、法律的；有的引导则是热点事件的，需要重点引导的；有的信息则是不需要引导的，比如关于民俗的。[①] 由此，笔者借用该观点来推广到对于谣言信息的辟谣上。在对于谣言信息的辟谣方面，也需要充分考虑到辟谣成本和辟谣价值是否相当或者值得。很多时候，大众很难看到辟谣信息，或者等大众看到辟谣信息了，但是谣言所造成的大量有害影响或后果已经无法挽回了。这种情形下，即便是辟谣了，意义已经不那么明显了。因此，有时候不是简单的辟谣就可以了，比辟谣更加重要的，是要分析和介入，要扭转负面的、不实的信息，传播更多的正面的、真实的、正能量的信息。

五　重复与变异并存：作为谣言的都市传说

布鲁范德（1998）认为，许多都市传说具有民族特色，但其流传却是国际性的。都市传说反映了我们时代某些基本的烦恼焦虑（例证之一是对食品污染的恐惧）。常常提及“朋友的朋友”这样不确指的故事来源。在都市传说中，传统信仰故事中的超自然威胁，有时被现代科技产品所替代，只不过故事中添加的种族、性别歧视、技术工具等当代因素，使之有别于传统的版本。[②] 在新媒体时代，网络的表面上的匿名性正好暗合或者更加强化了这种不确指性。那么，古老的、传统的、地方的、习俗化的、代代相传的，以及

---

① 2013年3月26日，笔者参加了由人民网研究院发起的针对新媒体时代舆论引导的研讨会，与会专家有人民日报官方微博丁伟、中国传媒大学教授高永亮、清华大学教授王君超、新华社新闻研究所研究院唐润华、中国人民大学教授郑保卫、人民日报社舆论监测中心主任祝华新等。

② ［美］扬·哈罗德·布鲁范德：《美国民俗学概论》，李扬译，上海文艺出版社2011年版，第124—127页。

乡村传说的种种谣言和传说，在有了新媒体以后，是如何变通，又是如何被传播的呢？毫无疑问，新媒体迅速地将地方传说去地方化。多数情形下，广为流传的谣言总是以一个原型为基本，改变其中的某些要素，成为多个地方化的版本，形成异体同源的传说。

古老的谣言在新媒体时代重新被传播与扩散的一个典型的例子就是关于世界末日的谣言。末世论早在中世纪的欧洲就非常流行，在“奥托三世第17年”，即1000年，有一个修士非常确信地说：“一千年已经逝去，撒旦就要被释放出来了。”他们认为，耶稣诞生的第1000年意味着世界末日即将来临，而且，当年9月，天边划过一道流星，被认为“无疑是可怕事件的前兆”。其他一些人则预测，世界末日会在1033年，因为1033年正好是耶稣受难1000周年。[①] 2012年末日谣言说，伴随着一部《2012》的电影，将大家对末日的种种猜想与恐惧推向高潮，但是很快地，人们就发现这只不过是个谣言，并没有确切的科学依据，而且，毫无疑问，2012年已经平安度过，人们像往常一样，迎来了新的一年，“末日”并没有随着末日谣言而到来。只不过，2012年的末日谣言的传播与扩散范围远远大于1000年或1033年的末日说，很大部分原因在于2012年的末日说穿上了新媒体的外衣，在最大的范围内传播与扩散，并且因各界商家们的利用而更加快速和广泛地扩散开来。

1768年在中国社会蔓延的“叫魂”谣言是另外一个例子。“叫魂”，即术士们通过做法于受害者的名字、毛发或衣物，便可使其发病，甚至死去，并偷取其灵魂精气，使其为己服务的妖术。[②]“妖术”或“邪术”在《大清律例》中归在惩罚各种“不道”行为的子目之下：“采生折割人”，即“取生人耳目脏腑之类，而折割其肢体也”，以邪术“造蛊”杀人，以及“造厌魅符书”，以之诅咒杀人，等等。[③] 孔飞力（1999）指出，尽管“邪术”让所有的人感到害怕与憎恶，但每一个社会群体都将妖术传说中的不同成分重

① ［美］朱迪斯·M. 本内特、C. 沃伦·霍利斯特：《欧洲中世纪史》（第10版），杨宁、李韵译，上海社会科学院出版社2007年第1版，2013年第8次印刷，第159页。

② ［美］孔飞力：《叫魂：1768年中国妖术大恐慌》，陈兼、刘昶译，上海三联书店1999年版，第1页。

③ 同上书，第113页。

新组合，使之适应于自己的世界观，这就是为什么像妖术大恐慌这样一个“事件”会“发生”在王宫显贵身上，也会“发生”在农夫平民身上的原因。而“发生”的条件则是因人而异的。对这一事件的不同表达，取决于人们不同的社会角色及生活经历。“叫魂”主题被赋予不同的变调，繁衍成不同的故事，每一个故事所表达的则是某一特定群体的恐惧。这些故事有一个共同的主题，那就是，伴随着未知人物和未知力量而来的凶险。1768年后，“叫魂”恐慌又于1810年和1876年至少两次出现。[①] 斯特拉森和斯图瓦德（2004）提到19世纪印度尼西亚的“建筑献祭”谣言，该谣言称国家官员绑架并杀害儿童，把他们的尸体置入大坝之类的建筑之中，用以加固建筑，抵御环境的破坏力。[②] 印度尼西亚的“建筑献祭”谣言与中国的“叫魂”谣言有着非常贴合的相似性。当时被称为“叫魂”的谣言中说到，石匠们需要将活人的姓名写在纸片上，贴在木桩的顶部，这样会给大锤的撞击添加某种精神的力量。[③] 只不过，传说那些因此而被窃去精气的人，不是生病，便是死去。

都市传说类谣言的要素中必须要有变异性与可追溯性，这也正是其生命力与吸引力所在。上述“叫魂”谣言中的主角都是“外来人”，即外地口音的外乡人，与之一脉相承的是1950年初夏在华北地区爆发的“割蛋”谣言和1946年、1949年、1953年和1954年间断断续续在苏北、华北、华东地区广泛流传的“毛人水怪”谣言，全都是与割取身体某些器官有关而造成大面积恐慌，并且谣言中的主角都是“外来人”。

在当代的社会，以针刺事件谣言的传播为例，2009年8月17日，乌鲁木齐一位姓陈的女士在公交车站被一个少数民族青年针扎。陈女士之后拨打110报警。在此之后，110每天都会接到民众报警称自己被针扎伤。同时，乌鲁木齐开始流传出现“针刺”伤害案件的谣言。8月下旬至9月初，每天

---

① ［美］孔飞力：《叫魂：1768年中国妖术大恐慌》，陈兼、刘昶译，上海三联书店1999年版，第293页。

② 转引自［美］安德鲁·斯特拉森、帕梅拉·斯图瓦德《人类学的四个讲座》，中国人民大学出版社2005年版，第19页。

③ ［美］孔飞力：《叫魂：1768年中国妖术大恐慌》，陈兼、刘昶译，上海三联书店1999年版，第6页。

都有发生“针刺”案件的谣言。8月28日，新疆新闻办新闻中心通过手机短信向市民发布信息称“近期，有个别市民被针扎，公安部门已侦破一起用注射器威胁路人案件，请广大市民注意防范，不要恐慌，发现可疑人员，请迅速报告公安部门”。在该通报短信出现后，针刺事件更是在群众中造成了一定的恐慌情绪，一些群众发现身体有疑似伤痕，就报警称被针刺了，在未得到权威检验结论前，在群众中传言为被“针刺”，有的甚至在网上发帖称“确有此事”。[①]

另外一个例子是2009年流行于深圳的学童绑架类都市传说。遭遇绑架者的身份都是学童，其故事发生地点都在都市，并且随着市民普遍的恐惧与担忧，引发了相关的诈骗行为，衍生为学童绑架的变异版本，比如电话诈骗谎称绑架，骗家长汇款。布鲁范德（1981）指出，少年恐怖故事有一个共同的主题，当少年走出家门进入社会时，各种危险可能会向他们靠近。因此，尽管这些传说的最直接目的是制造恐怖气氛，但是同时也在传递一种警示：“小心，这种事情可能会发生在你的身上！”[②] 2009年下半年开始的深圳学童遭绑架的案件发生后，逐渐衍生出不同的学童绑架类都市传说，并由深圳辐射扩散到多个城市。而某某人孩子丢失后或遭绑架后，“眼角膜被摘除”……这一类模式雷同的都市传说类谣言，正是折射出弱小群体对于外面世界的恐惧，同时反映出对社会道德和安全感的机体担忧与质问。

类似的谣言没有间断，2012年3月28日上午，新浪微博实名认证用户“@的子”，发布微博称：“什么世道！什么世道！同事老公的同事的孩子前几天爷爷奶奶带着出去玩的时候丢了！几天后孩子又出现在小区门口，兜里装了6000块钱，眼睛直愣愣的，一查，眼角膜被摘了!!!! 发微博的时候我的手都是颤抖的……”截至删帖，该条微博被转发评论过万次。南京市江宁公安分局官方微博“@江宁公安在线”发现“@的子”发布的信息与6年前江苏流传的“小学生被绑架取走眼角膜”的谣言内容几乎相同，并发布其截图。很多网友开始回归理性，并开始质疑该谣言。在广大网友质疑压力下，

---

① 人民网舆情监测室：《谣言和社会化媒体营销案例分析》2013年9月3日。

② ［美］扬·哈罗德·布鲁范德：《消失的搭车客：美国都市传说及其意义》，李扬、王珏纯译，广西师范大学出版社2006年版，第49页。

“@的子”很快删除了该条微博，并解释称，“今早发的微博纯属朋友间道听途说，当时出于一位妈妈的本能，我通过微博表达了自己的想法，对于给任何人带来的困扰和烦恼，一并致歉。”[①]

可见，有些谣言是短暂的，有些是长期的，它们属于潜伏状态，可以随时发酵，并可能在主体因素不变的情况下，细节产生变异，雷同的故事历久弥新，但却总有人会相信，并传播。

六 媒体的误读、放大与被策划

谣言并不是新媒体的专利，一些传统大众媒体和专业记者、编辑也有可能成为谣言的制造和传播者。而且，在新媒体时代，通过大众媒体传播谣言的例子也有很多。大多数情况下，大众媒体对于谣言的制造与传播都是通过媒体对于一些网络流传信息，甚至是自己采访到的信息的误读而形成谣言信息的传播与扩散，或者是对于一些小事件或者事件中的一些因素放大，经过渲染，以吸引眼球而形成谣言信息的传播与扩散，或者是通过一些机构的设置与策划，而形成谣言信息的传播与扩散。

（一）媒体的误读

媒体的误读分两种情形，一种是无意的误读，即记者、编辑理解所限，无意中误解了信息，导致发布的信息失实；另外一种是有意的误读，即记者、编辑有意曲解信息以造成轰动效应，吸引眼球。

2013年6月25日发布的新媒体蓝皮书《中国新媒体发展报告（2013）》披露，2012年1月至2013年1月的100件微博热点舆情案例中，事件中出现谣言的比例超过三分之一。但作为主流传统媒体的《北京晚报》头版新闻标题即为《微博热点三分之一是谣言》。“三分之一有谣言”与“三分之一是谣言”大相径庭。显然，这是报纸为了吸引读者眼球进行的误读。一时间，网友戏称，“三分之一是谣言”本身成了“谣言”。

2013年11月24日，中央电视台《每周质量报告》报道称，2005年至2012年8年间，房地产开发企业应交而未交的土地增值税总额超过3.8万

---

① 《如何快速识别网络惊悚谣言看教科书式网络辟谣》，《扬子晚报》2012年3月30日第B1版。

亿元，报道引起广泛关注。之后，相关房地产企业、税务部门研究机构等普遍分析认为，欠税说法判断有误。2013 年 11 月 26 日中国房地产业协会召开紧急座谈会，任志强在会上批评央视“愚蠢无知过分”，并呼吁媒体声讨央视，并研究起诉央视。①

可以看出，有时候，媒体对于一些数据、材料、采访对象言论等的误读是由于缺乏专业意识和责任心，有失严谨造成的；但有时候，媒体的误读是由于媒体相关工作人员缺乏专业知识或常识造成的。但从后果和社会反响来看，都会造成不实信息的大范围传播和扩散，在社会上产生非常大的负面影响，同时，也对媒体的公信力造成不利影响。

（二）媒体的放大

有些时候，媒体机构在接到新闻线索时，一味地追求新闻的轰动效应，而将一则信息中新奇的因素放大，以吸引眼球、赢得关注。

2013 年 6 月 9 日，人民网记者在采访了“看到外星人”的当事人李先生和当地警方之后，发新闻报道说，李先生曾发帖称自己于三个月前（3 月 9 日）在黄河滩看到“类似于 UFO 的不明飞行物”，并看到五个“外星人”下来。关于此事，当地警方确认李先生曾两次报警，但对其真实度持保留意见。② 该记者在采访报道此事件时，没有对有关方面的专家进行采访，也没有更进一步确认事实，只是停留于表面的对当事人和对当地警方初步的、没有定论的信息的报道，在该不实信息传播过程中起到了明显的放大作用。在事情过去 270 天左右的 2013 年 11 月 27 日，笔者在百度搜索和 360 综合搜索关键词“2013　山东滨州　外星人”发现，在百度搜索中找到相关结果约 212000 个，在 360 综合搜索中找到相关结果约 37600 个；以关键词“山东滨州　外星人”搜索，在百度搜索中找到相关结果约 243000 个，在 360 综合搜索中找到相关结果约 2350000 个。其中，很多的报道和转载都来自于各大媒体的网络版，再加上社交媒体的互动与传播，该信息被广泛传播和扩

① 网易：《任志强：央视报道造谣早转够 500 了应抓起来》2013 年 11 月 26 日，http：//money.163.com/13/1126/18/9EKIGS3Q002534NU.html。

② 人民网：《山东滨州警方称接到电死“外星人”报警专家未予确认》2013 年 6 月 9 日，记者封欢欢，http：//society.people.com.cn/n/2013-06-09/c1008—21805602.html。

散。而大多数转发者并不明白此信息是否真实，抱着将信将疑的态度转发。实际上，据中央电视台新闻报道，李先生的行为纯属因为自己看了《外星人保罗》的影片，并喜欢外星人的故事，从而“自编自导”了该事件，而网上大量流传的李先生发帖中所称的“外星人”是由钢铁、骨胶和白色素等混合物制成。其目的是为了“让外星人爱好者重视，让更多的人相信有 UFO 和外星人存在”。李先生因涉嫌虚构事实，扰乱正常的社会秩序，被当地公安机关处以行政拘留 5 天的处罚。[①]

如果没有媒体的放大，有些信息就不会像插上翅膀那样飞得很远，也不会得到广泛的关注。如果被放大的恰恰是信息中不确定性的那些因素，而且事后证明那些不确定性因素正好是不实的，那么，媒体就成了谣言的制造者、推动者和传播者。

（三）媒体被策划

新媒体时代，大量的营销团队与“网络水军”依托新媒体平台制造、渲染、传播某些经过刻意编排的信息，而作为发布新闻信息的传统媒体或大众媒体官方网站，有时候如果疏于确认与核实信息源，而简单地听信于新媒体平台上的信息，仅对其进行整合和编发，往往会成为虚假信息的传播扩散者。而且，由于传统媒体的影响力及其官方网站广泛的传播范围，这样的虚假信息一旦经由可信度较高的媒体传播，其影响力是非常大的。比如，《经济观察报》2012 年 6 月 18 日第 574 期第 1 版刊登的文章《筹组三大集团铁道部政企分开》称，铁道部改革方案将于 10 月份落定，谋划成立三大集团。6 月 19 日，《经济观察报》头版发表《致歉声明》，称经过报社认真核实，记者没有采访，此报道内容完全失实，违反了新闻报道真实性的最基本要求。为此，社长兼总编辑，分管副总编辑，当班编委，值班编辑均受处分，当事记者予以除名。[②] 另如，2013 年 3 月 25 日，中国新闻网发布《深圳 90 后女孩当街给残疾乞丐喂饭　感动路人》的报道，被新华网、人民网及各大商业网站广泛转载，后被多家深圳当地媒体记者证实其为假新闻。原来，中国新

---

① 央视网：《山东滨州：“外星人”来了？自导自演！》2013 年 6 月 12 日，http://news.cntv.cn/2013-06-12/VIDE1371051478893402.shtml。

② 《致歉声明》，《经济观察报》2012 年 6 月 19 日第 1 版。

闻社广东分社记者收到社会来稿后，没有经过深入的采访，也没有进行核实，就对其进行编发，并上传至中国新闻网。国家新闻出版广电总局5月7日下发通知，指出其编辑审核环节“把关不严”，致使失实报道在网站上刊发。[①] 这一被网络推手策划的“事件”，一旦登上媒体平台，便成为“新闻”，只不过，很快就被指认为虚假新闻了。

在信息繁杂的新媒体时代，专业的媒体机构一旦有所疏漏，便很容易被策划。最终伤害的，是民众的感情；损害的，是媒体的公信力。

第二节　抗议性谣言传播的心理动因

制造、传播抗议性谣言，不仅仅因为其具有的不确定性带来的故事性和神秘性，更是因为其反映了某种社会心理或者社会环境、语境，传达了大众对于某些社会事件的焦虑、担心、猜测和恐惧等心理因素。

一　既有观念

桑斯坦（2010）通过对大量实验结果的分析指出，对错误观点的纠正反而会强化人们对错误观点的坚持。他称这种现象为“偏颇吸收”，即人们都会按照自己的偏好选择性吸收信息。[②] 他认为，人们总是按照自己的既有观念、知识和喜好来接触和接受信息、观念和说法。如果这些信息、观念和说法与自己的既有观念和价值取向一致，则易于吸收和认同，如果不一致，他们也会坚持自己的想法，甚至更加极端，很难做出让步。因此，人们一旦相信了某个谣言，就很难再改变自己认定的观点，即便听到辟谣信息，也很难再改变想法。因此，一些谣言的制造者则会利用人们的这一心理，并有意地利用人们的希望或者恐惧来制造和传播谣言。

另外一种情形是，不同于上面所说的人们坚持自己已经认定的说法并选

---

① 人民网—《人民日报》：《〈深圳90后女孩当街给残疾乞丐喂饭感动路人〉等虚假报道遭国家新闻出版总局查处》2013年5月8日，http：//fujian. people. com. cn/n/2013－05－08/c181466—18613452. html。

② ［美］卡斯·R. 桑斯坦：《谣言》，张楠迪扬译，李连江校译，中信出版社2010年版，第70—72页。

择与自己意见大致一样的观点，继而强化原有观念，而是“编造”出了故事及其情节，靠着自己的情绪，或者潜意识中的想法，人们自觉或者不自觉地说了不符合事实的话，并且很有可能就是在根本不知道事实真相的情形下编造了故事。正如 Dian Katz（2011）指出的，在人与人之间的信息传递中，往往会由对信息轻微的改变到对信息完全彻底的改变，以至于再也没有原始信息的影子。原因是，人们往往具有根深蒂固的不安全感和（或者）悬而未决的事情，而传播谣言通过说一些与事实不符的话来缓解自己的怒气和怨愤情绪。在此过程中，他们甚至没有意识到自己说了假话。他们甚至根本就不知道事情的真相，继而靠自己潜意识想到什么就说什么来编造故事。[①]

让情况更为复杂的是，对于言说者来说，无论是选择了与既有观点一致的说法，还是编造了根本就不是事实的故事，他们所发布的信息的接收者或听闻者又会有不同的理解。朱迪斯·马丁和托马·中山（Judith Martin and Thomas Nakayama，2000）指出，“意义具有文化的后果”，文化的表达“对不同的人来说会传达不同的意义”。[②] 即便是同样的场景，同样的言说，同样的表情，同样的信息内容，不同的接收者由于受限于自身的环境、身份、经验、习惯、性格、阅历等因素的影响而产生不同的理解和感受，转而又产生不同的关于所见所闻的信息的传递，对于电子书写的信息来说，也同样如此。电子的书写没有中心，或者有多个中心，简单的复制与粘贴消除了“原版”，个人对于收到（接收到）的信息进行处理，要么没有操作，要么直接转发，要么加上自己的评论再转发，要么根据自己对信息的自我诠释，再对其进行删减、增加或者与别的信息重新整合，制造出变异后的新信息。这种对于信息的选择与重新加工过程离不开既有观念的强化作用。因为既有观念的存在，人们往往选择自己已经相信的或者认同的，并且加以强化。信息产生变异的原因或许是因为接收者和传播者的记忆错误或理解偏差，或是在传播过程中有意无意地加上自己的主观色彩。这就不难理解在某些时候，人们

---

① Dian Katz，MS. Rumors Hurt. *Lesbian News Magazine*，March，2011.

② 转引自［美］理查德·韦斯特、林恩·H. 特纳《传播理论导引：分析与应用》（第二版），刘海龙译，中国人民大学出版社 2007 年版，第 10 页。

正在焦虑什么，就会更加容易出现关于什么的谣言，并且新产生的谣言还可以成功地大范围传播和扩散。

二　以往经验

不同的经验场导致不同的记忆，以及记忆联想。不同的经验场同时导致人们对信息的不同理解。对不同的人来说，从这些经验场中又会解读出不同的意义。同时，以往的经验对于人们看待和处理类似的事件有着深刻的潜在影响。安德鲁·斯特拉森和帕梅拉·斯图瓦德在2004年10月北京的讲座中，借用发生在2004年3月11日的西班牙马德里火车站发生连环爆炸（约200人丧生，1400多人受伤）之后的新闻报道，诸如《今日美国》将其与1988年泛美航空公司在苏格兰邓弗里遭受的洛克比空难相提并论等，来说明，不同时空中的事件如何可以相互比较，如何能够与过去的暴力记忆相提并论，如何可以容纳各种猜想。由于该爆炸发生在2004年3月11日，即世贸中心被炸之后的两年半，所以与“9·11”相呼应。[①] 因此，只要新发生的事件中的某些要素能与旧事件有所关联，以往的经验便极容易对新发生的事件的态度产生影响。2010年1月24日10时36分在山西运城市河津市、万荣县交界（北纬35.5，东经110.7）发生了4.8级地震，震源深度12公里。不到一个月时间，2010年2月21日，山西晋中、吕梁、太原等地几十个县市的民众因“近期有地震”谣言而走上街头“等地震”。谣言起因是山西多部门专门开展的各种地震应急演练活动。[②] 如果不是因为此前发生了地震，并产生了谣言，接着谣言又激发当地民众对于地震的恐惧和担心，也不会因为部门地震应急演练活动而升级至“近期有地震”的谣言大肆传播，进而引发民众大面积恐慌和“等地震”行动。

谣言与类似事件的记忆联想，产生了不断重复的强化作用。有些故事断断续续，停止，又复燃，不断激发隐藏在人们心灵深处的集体记忆，正如对

① ［美］安德鲁·斯特拉森、帕梅拉·斯图瓦德：《人类学的四个讲座》，中国人民大学出版社2005年版，第5—6页。

② 人民网：《山西出现“近日有地震”流言地震局已发公告辟谣》，记者姚晓晨、封欢欢，2010年2月21日，http：//society. people. com. cn/GB/41158/10992003. html。

于社会治安的焦虑与抗议引发的各种类型的恐怖型都市传说。

三　群体心理

古斯塔夫·勒庞（1895）认为，在某些特定的条件下，并且只有在这些条件下，一群人会表现出一些新的特点，它非常不同于组成这一群体的个人所具有的特点。聚集成群的人，他们的感情和思想全都转到同一个方向，他们自觉的个性消失了，形成了一种集体心理。他认为，群体是冲动、急躁、缺乏理性、没有判断力和批判精神、夸大感情的。① 在勒庞看来，个体是比较能够控制自己的情绪和欲望的，但是一旦融入群体中，个体的情绪和欲望在一定程度上得到释放，不再压抑，而形成群体的个体越多，群体越大，则受“法不责众”的影响，群体便不必承担过多的责任，于是，个人的理性和辨别力在群体中被淡化。因此，群体中的个人是不受任何理性约束的，是面对所处群体共同的心理特征没有任何反抗的、顺从的、盲目的，甚至进入了迷幻状态的，是没有任何主观能动性和个人特性完全被埋没了的，并且，又极容易被“群体”思维所同化。桑斯坦（2010）指出，当不给人们看别人的判断而让他们做出自己的判断时，人们犯错的概率低于1.0%。但是当面临支持错误答案的群体压力时，人们的出错概率为36.8%。人们会在大众信念面前伪化自己的既有知识，或压制他们自己的怀疑。② 这更进一步验证了群体中的个体缺乏理性与判断力，甚至也缺乏挑战群体的勇气，于是，个体选择更加顺从于群体。

凯文·凯利（1994）提出的集群模型指出，从群体中涌现出来的不再是一系列起关键作用的个体行为，而是众多的同步动作。这些同步动作所表现出来的群体模式要更重要得多。③ 这就把群体思维与群体行动提升到比个体的思维与个体的行动重要得多的位置了。那么，在当前的新媒体时代，个人比以往任何时候都更加容易受到别人意见的影响，因而也就更加受制于群体心理的影响。

---

① ［法］古斯塔夫·勒庞：《乌合之众：大众心理研究》，冯克利译，中央编译出版社2004年第1版，2005年第5次印刷，第16—21页。

② ［美］卡斯·R.桑斯坦：《谣言》，张楠迪扬译，李连江校译，中信出版社2010年版，第48页。

③ ［美］凯文·凯利：《失控》，新星出版社2010年第1版，2013年第9次印刷，第33页。

比如在日本海啸引发的食盐抢购风潮中，凤凰网关于抢购食盐的信息来源做了一个在线调查，结果显示，在12416个网友投票中，超过一半的网友投票为“从亲友口口相传”得知抢购食盐信息，见图4-5。①

图4-5　凤凰网关于抢购食盐的信息来源在线调查结果

可见，即便在新媒体如此普及、新媒体信息传播如此便捷的时代，在面临大的突发事件及其带来的大的恐慌情绪影响下，人与人之间通过口耳相传的方式来传播信息依然是一个主要的传播渠道，不容忽视。而个人容易受群体心理和行为的影响，进而改变自己的观点和行为。

另一方面，新媒体网络将新闻事件或个人发布的信息推向公众的视野，当这些信息或新闻事件得到公众的关注和热议，并逐渐形成某些有代表性的意见，个人（尤其是那些容易受别人意见影响的个人）接触网络的便捷性随着各种智能终端以及新技术的发展而极大提高，同时，随着分享型的社会化应用平台的普及，听取或接触到他人对于信息或新闻事件的判断的概率也大大提高，这就使得个人更加容易压制自己的真实判断与想法，尤其是当面对本来就含有高度不确定性的谣言信息的时候，受他人影响的程度更甚。

在各种新媒介平台上的大众书写时代，大众在制造和传播着信息，多角度的拼接，有时候是澄清某些信息，但也有时候会拼接出饱含不确定性的谣言信息。新媒体让整个世界成为地球村，各民族、各地区、各个年龄阶段、各种各样不同的人相聚，在大众书写的平台上，谣言随着其不确定性的确定，在不断“死亡”，但也在不断以变异后的新面目再生，如同病毒一样传播。而其传播的土壤大多来源于群体心理的培育。新浪微博的微段子话题、QQ群段

① 凤凰网：《自由谈：什么导致了无“盐”的结局?》，截止日期：2011年3月25日00：00，http：//news.ifeng.com/opinion/special/dizhenshiyan/。

子、微信朋友圈段子等各种段子里的谣言信息传播，能够一个一个地环环相扣无限传递和续延下去，就是因为这些段子切合了群体心理，有时传播者是与信息所指涉的事件相关，有时是与信息所指涉的人（身份）相关，有时只是希望不平常事情发生的猎奇心理，或者对于不确定性的恐惧、好奇等。

四　个人心理与情绪

作为新媒体时代的信息接收与传播者的个人，其情绪与心理是复杂的，也许同一个人，在某一时刻是非常理性的，对于自己接收到的信息会进行理性的分析，甚至花费时间与精力与考查、去验证，但在另外的某一时刻，或许就不去考证，也不进行理性的分析和判断，仅仅凭一时痛快或冲动进行转发，甚至加工后再转发。也就是说，即便是相同的个体，在不同的时间、场合、情绪之下对于信息的处理也会不同，何况是不同的个体组成的大众，连同新媒体技术不断发展所提供的各种日新月异的信息传播平台，抗议性谣言信息的传播和扩散变得更加复杂。抗议性谣言信息不可能离开接收、制造与传播信息的个人，而个人又或多或少地受到自己心理状态与情绪的影响。

有一些抗议性谣言信息的生产、传播与扩散，本身就缘起于个人对于自身所处环境或与个人相关联事件的焦虑、解释、恐惧以及抗议表达。利昂·费斯廷格（1934）在对1934年印度地震后的谣言进行研究后认为，灾后所流传的更大灾难即将到来的谣言，是一种“焦虑合理化”，[①] 即表明自己的恐惧与焦虑有合理性，证实自己对于更大的地震就要来临的担心和恐惧是一种合理的认知。在获取信息不充分和不完全情形下，对于个人或群体关注的问题的猜测、解释，表明的则是个人或集体的恐惧、焦虑或者抗议。

现实中人们所采取的行动与抗议性谣言信息的传播有很大的关联作用。日本核泄漏将环境污染带来的恐慌推向极端，才出现了“抢盐”风波，而“抢盐”风波又加速了核泄漏相关谣言的传播与扩散。同时，有一些心理学效应在抗议性谣言传播中也起到不可忽视的作用。比如“破窗效应”和“责任分散效应”，就在谣言信息的传播与扩散中起到关键作用，出于“法不责

---

①　转引自［美］戴维·迈尔斯《社会心理学》（第8版），侯玉波、乐国安、张智勇等译，人民邮电出版社2006年版，第110页。

众”的心理因素，对于一些不确定性的信息进行传播，而不论出处，也不核实其真伪。

五　记忆偏差

记忆对于个人对自己和他人社会身份、社会地位的确认，以及自己与他人的情感、关系、事件发生的逻辑关系确认等，有着不可或缺的作用。李莉（2009）指出：“记忆总的来说是对时间的超越。我们的记忆机制之所以强大，不在于它能够复活一个场景或唤起曾经存在过的体验、情感，而在于它能塑造我们的心智。”① 记忆使人们得以按照既有逻辑进行思考和认知，也使人们得以确认自己的社会身份及其与他人的关系。但有时，人们的错误记忆容易让人产生臆想和错觉，认为一些与事实不符或者根本没有发生过的事情真的发生了，而且还是自己亲眼所见。刘丽敏、卢梦薇（2011）指出：“错误记忆是人类的记忆中存在着的较为普遍的扭曲现象，如人们有时会回忆从未发生过的事件，或者他们所回忆出的事件与真实情况完全不同。当一个人错误地声明一个未发生过的事件是他以前见过的时，错误记忆现象就发生了。”② 错误记忆的普遍存在是对于失实信息的制造和传播发生作用的一个重要因素。

电影《记忆碎片》（Memento，2001）中描述的情形正好是对错误记忆的注解。影片讲述了刚刚结婚的 Leonard 夫妇遭到歹徒袭击，凶犯残忍地杀害了 Leonard 的妻子，Leonard 脑部也严重损伤，患上了“短期记忆丧失症”，也就是说，他只能记住几分钟前发生的事情，更多的事情则都忘记了。Leonard 对于警方的结案表示不满，发誓要亲自追查凶手。但是，Leonard 的“短期记忆丧失症”困扰着他，于是他用宝丽来快照、笔记、文身，帮助自己保存记忆，为自己提示每一个发生过的事情的线索。当他意识到真正杀害妻子的凶手其实是自己本人时，他极度内疚和痛苦，他强迫自己改变这个记忆，强迫自己去找杀害妻子的凶手。“短期记忆丧失症”帮助他忘掉了真相，并重组了记忆，形成了错误记忆。强迫性遗忘本身也是一种选择，

---

① 李莉：《文学与记忆的关系探析》，《社会科学家》2009 年 12 月。

② 刘丽敏、卢梦薇：《错误记忆的理论模型》，《黑龙江科技信息》2011 年第 4 期。

Leonard 删除了某些记忆，选择性地保留了某些记忆，然后又重组了某些记忆。因为失忆症，他给妻子注射过量胰岛素致使其死亡，但他不愿意面对现实，于是编造（妄想）了妻子被人奸杀的记忆。

现实中，确实存在这种情形。巴特莱特（1998）认为，回忆出现错误是理所应当的，当回忆与原始材料毫厘不差反而是不正常的。巴特莱特采用比较接近日常生活的图画和故事，用“描述的方法”、“重复再现的方法”、“象形文字的方法”、“系列再现的方法”等来考察记忆的全过程。巴特莱特让被试者阅读一个故事，在间隔一段时间后要求被试者根据自己的记忆复述这个故事。巴特莱特发现，被试者在回忆这个故事时，出现了错误记忆，而错误记忆大多和被试者生活的文化环境所认同的思维逻辑与习惯相对应。①

另一种情形是，人们会根据自己已经听说了的某些故事或信息来虚构或增添相关的记忆。Gabrielle F. Principe 等（2006）针对学龄前儿童做了一个控制实验，将被试者分为 4 组，第一组被试者从成人的对话中听到谣言，并且他们本人从未体验过该谣言所描述的事件；第二组是第一组的同班同学；第三组从未听说过该谣言；第四组亲身经历了谣言所谈论的事件。一周后，访谈者以中立或引导式的两种提问方式对被试者做了访谈。两周后进行了第二次访谈。结果发现，在两种方式的询问中，听说过了谣言的儿童（包括第一组和第二组中从同学那里听到该谣言的）就如同亲身经历了谣言事件的儿童一样，能唤起对于谣言事件的回忆，在被试者中大多数儿童的回忆里，还增加了很多相关的细节的虚构。实验还发现，那些从同学那里得知谣言的儿童比从成年人谈话中得知谣言的儿童更加能虚构和添加相关的细节。② 该实验结果说明，学龄前儿童与同龄人的谈话会对其个人的记忆带来一定的影响。该实验的对象只是学龄前儿童，但其提示的由谣言的传播所引发的虚构记忆的心理现象却是普遍存在的，这一点从谣言传播者“绘声绘色”讲述故事的过程可以得到证实。

除了错误记忆和虚构记忆之外，还有一种现象影响个人对于事件的记

---

① ［英］弗雷德里克·C. 巴特莱特：《记忆：一个实验的与社会的心理学研究》，黎炜译，浙江教育出版社 1998 年版。

② Gabrielle F. Principe, Tomoe Kanaya, Stephen J. Ceci and Mona Singh. Believing Is Seeing: How Rumors Can Engender FalseMemories in Preschoolers. *Psychological Science*, Volume 17—Number 3, 2006, pp. 243 - 248.

忆，即“视盲”现象。个人的记忆偏差可能造成对于某些“亲眼所见”的事件和细节的扭曲，甚至由于过于关注某些细节而忽略其他细节的情形，这就是查布里斯和西蒙斯（2010）所指出的“视盲”现象，他们通过实验发现，“看见”不等于“看到”。① 这样的实验结果让我们震撼，也让我们重新思考“亲眼所见”的客观性与科学性，同时，也让我们重新审视我们的“记忆”。

即便是“在场的”、“亲眼所见”的证人式的描述，都因为有“视盲”现象的普遍存在而有所纰漏，使得信息失实，那么，对于充斥于新媒体时代各种新媒体平台上的信息，大多数来自于转述或转发，其真实性的追溯就更加困难。所以，有些抗议性谣言的产生与传播来自于个人记忆的偏差，而且这种记忆偏差造成的谣言信息往往以“目睹者”和“在场者”的身份作为信息讲述的主角，使得信息的接收者更加容易相信信息的真实性，前文中提到的新浪微博用户“@的子”由道听途说而转发的儿童眼角膜被摘除的谣言就是一种对于谣言指涉事件的假想。

第三节　抗议性谣言传播的社会动因

上面两节分别从传播学信息传播角度和人的心理、情绪等因素分析其对于抗议性谣言信息的制造与传播所起到的作用，但人是生活在一定的社会中的，社会大背景为抗议性谣言的产生、传播、扩散提供了不可忽视的背景和土壤，本节探讨抗议性谣言传播的社会动因。

一　焦虑的时代与焦虑的个人

喻国明（2013）基于百度搜索数据的分析指出，2012 年中国社会整体压力指数为 85.7，较之 2011 年的 83.9、2010 年的 80.9、2009 年的 46.1，这一数据持续上升，见图 4－6。②

---

① ［美］克里斯托弗·查布里斯、丹尼尔·西蒙斯：《看不见的大猩猩：无处不在的 6 大错觉》，段然译，中国人民大学出版社 2011 年版。

② 喻国明：《呼唤“社会最大公约数”：2012 年社会舆情运行态势研究——基于百度热搜词的大数据分析》，《编辑之友》2013 年第 5 期。

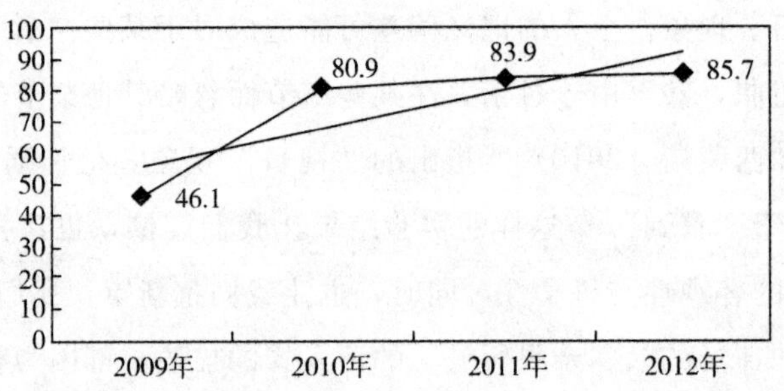

图 4－6　2009—2012 年社会整体压力指数

百度搜索数据在一定程度上代表一定时期内社会大众所关注的热点，也在一定程度上反映人们的社会心理，在搜索关键词中，包含的不利于社会正常运转的要素，或者搜索请求本身就包含的一定的危害社会的信息等，这些要素都成为喻国明分析社会整体压力指数的依据。在一定意义上来说，这些要素或多或少都包含有一定的反抗性，其中也包括了抗议性谣言信息。社会压力越大，大众寻求沟通途径的需求以及缓解心理压力、减少焦虑等的需求也就越强烈。而抗议性谣言在一定程度上能够满足上述需求，因此，大的社会压力成为滋生抗议性谣言产生和传播的土壤。

2013 年 9 月 11 日，中国国务院总理李克强在夏季达沃斯论坛上指出的中国经济七个惊人现状中提到，农业 9 连增的背后，是中国用全世界 7%的耕地养活了 22%的人口，用掉了世界上 35%的化肥和 20%的农药。目前我国单位 GDP 的能耗为世界平均水平的 2.5 倍、美国的 2.9 倍、日本的 4.5 倍，我国单位 GDP 的水耗为世界平均水平的 3.0 倍，能源消耗非常低效。[①] 无疑，中国经济的快速发展对个人提供了机遇，但也不可避免地带来了巨大的资源压力。对于能源的消耗和环境的污染，更是伴随经济发展出现的大问题。贫富差距以及贫富人群之间的鸿沟增大，使得相互间，尤其是贫困群体对于富裕群体的集体抵触情绪导致了误解与偏见的产生和放大。这些误解和偏见成为阻碍贫困人群和富裕人群沟通、交流和相互理解的鸿沟，很难填补，也很难跨越，进而导致了社会矛盾的加剧，反映到谣言信息的传播方

① 光明网：《7 个数据揭露经济现状》2013 年 9 月 13 日，http://economy.gmw.cn/2013-09-13/content_8898164.htm。

面，就是抗议性谣言信息的增多。

基于个人的社会压力、生存压力的增加与日益增大的个人对于自身生存环境、公共安全、食品安全等的担忧与焦虑，相关的抗议性谣言此消彼长。焦虑的时代加上焦虑的个人，容易引发猜疑和不信任，也就更加容易引发猜疑性的、焦虑性的抗议性谣言的产生与传播。

二　政府公信力下降

2013年6月底、7月初，《小康》杂志联合清华大学媒介调查实验室在全国范围内开展的调查结果显示，排在“公众最担忧的信用问题”之首的，依然是政府信用。2011年，政府公信力指数为65.0；2012年，政府公信力指数为67.8，升幅2.8；2013年，政府公信力指数达到70.1，但升幅比2012年下降0.5，见表4-1。[①]

表4-1　　2005—2013年度中国政府公信力指数

年度	2005年	2006年	2007年	2008年	2009年	2010年	2011年	2012年	2013年
政府公信力指数	60.5	60.5	60.6	61.5	62.2	63.0	65.0	67.8	70.1

实际上，政府公信力不高是世界各国普遍的一个趋势，并非中国一个国家有这种现象。洪秀菊（2013）指出，美国、奥地利、加拿大、日本、瑞典、挪威等各国政府公信力都有下滑，以中国台湾地区为例，依据一项2013年5月31日公布的2013年台湾社会信任调查结果，政府官员成为民众最不信任的对象（2.27），其次是民意代表（2.32）和总统（2.57）。洪秀菊梳理出政府信赖的三个层面，即心理层面，认为可以信赖的特质，是一种信念；社会层面，认为是在社会上人际关系的特有性质，表现可以信赖的关系；文化层面，认为是在文化上相互联结在一起的情愫。[②] 相应地，中国政府信用问题在近些年来也一直是“公众最担忧的信用问题”中最受关注和担忧的。但遗憾的是，损害政府公信力的案例时有发生。作为地方政府和官员，怕的不是民众的质疑和所反映的问题，而是面对民众的质疑和反映的问

---

① 鄂璠：《诚信的代价》，《小康》2013年第8期。

② 洪秀菊：《建立政府信赖之研析》，《中国行政评论》2013年第19卷第1期。

题没有及时、客观和站得住脚的解释与答疑，也缺乏及时的沟通和处理，这就极大地影响了政府的公信力。

（一）民众的有效表达渠道与解决路径的缺乏

民众遇到问题，缺乏顺畅的表达渠道，也缺乏有效的解决路径，这是导致政府公信力下降的原因之一。马克·E. 沃伦指出："制度能否被信任，取决于它们是否被形成结构，以致它们能够通过推理诉诸其构成规则。在那些没有持续性地诉诸这些规则的地方，普遍信任的基础受到削弱。"[①] 姜胜洪(2012) 指出，困难群体社会资源匮乏，人微言轻，当自身正当的利益诉求渠道被堵塞之后，他们的心态便会发生急剧变化，产生失望、愤怒的情绪，容易出现"有诉求就过激，一过激就违法犯罪"的现象，加剧社会矛盾，有时甚至酿成重大群体性事件。底层、弱势群体的利益诉求正常表达渠道不畅，社会矛盾的对抗性加剧。[②] 也就是说，如果社会各阶层都能够严格地按照一定的社会规则和秩序来维护自身的权益，并解决相关的社会矛盾和问题，一般情形下，谁都不愿意采用更加反抗性的手段。但是，恰恰相反的是，如果一些人的正当的权益受到侵害，其申诉渠道又不畅通，问题得不到解决，畅通的表达渠道和有效的解决方案都缺失，那么，民众对政府的信任程度一定会降低。

（二）面对质疑缺乏及时的答疑解惑

面对民众质疑的问题，政府没有能够有效地答疑解惑，这是导致政府公信力降低的另一个原因。2013 年 1 月，辽宁丹东东港市提升一位 80 后女副市长董海涛，其简历及快速的晋升都引发网友质疑。面对质疑，东港市委宣传部表示，官方按程序晋升，不存在违规晋升的情况。[③] 新浪微博网友"@草木不深"等发微博质疑董海涛无党派人士身份，见图 4－7。[④]

截至 2013 年 1 月 23 日 12：27，"@草木不深"的这条微博被转发 2035 次，评论 410 次，百度百科词条显示，"董海涛"浏览次数约 144391 次。百

---

① ［美］马克·E. 沃伦：《民主与信任》，华夏出版社 2004 年版，第 7 页。

② 姜胜洪：《2011 年中国社会舆情分析》，《兰州学刊》2012 年第 2 期。

③ 东北新闻网：《辽宁东港出现 80 后美女副市长官方称按程序晋升》2013 年 1 月 11 日，http：//news. ifeng. com/mainland/detail _ 2013 _ 01/11/21095850 _ 0. shtml。

④ 来源：新浪微博：http：//weibo. com/，截图日期：2013 年 1 月 22 日。

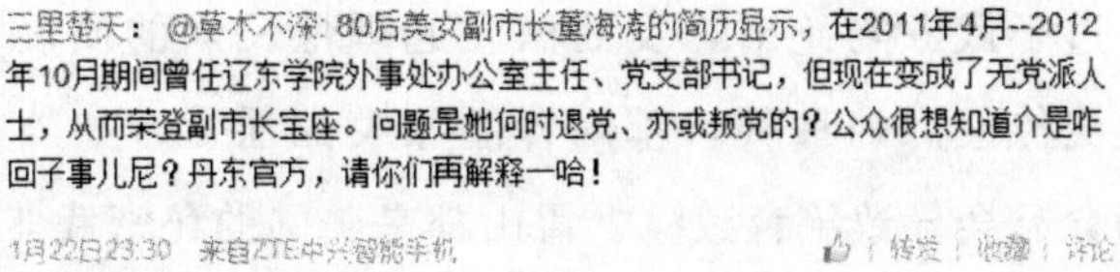

三里楚天：@草木不深: 80后美女副市长董海涛的简历显示，在2011年4月--2012年10月期间曾任辽东学院外事处办公室主任、党支部书记，但现在变成了无党派人士，从而荣登副市长宝座。问题是她何时退党、亦或叛党的？公众很想知道介是咋回子事儿尼？丹东官方，请你们再解释一哈！

1月22日23:30　来自ZTE中兴智能手机　　转发｜收藏｜评论

图 4-7　新浪微博截图

度百科“董海涛”词条解释是：“2011 年 4 月—2012 年 10 月　任辽东学院外事处办公室主任、党支部书记。”此处标记：“本段正在质疑”（“党支部书记”被 372 人质疑，发起人：wangcarvenabc）。2013 年 1 月 23 日 13：01，百度百科词条“董海涛”被解释为：“2011 年 4 月—2012 年 10 月　任辽东学院外事处办公室主任、党支部书记。”标记“本段正在质疑”被取消。但是在百度百科“董海涛”词条的“选拔过程”中显示，在非中共党员“5 进 4”的笔试环节，董海涛在报考的 5 名非中共干部中并列第三。在非中共党员“4 进 3”的演讲环节，在非中共党员干部中排名第一。在非中共党员“3 进 2”的票决阶段，董海涛在非中共党员干部选拔中，成为最终过关的两人之一。网友质疑，既然是“在非中共党员”中排名靠前，那么董海涛应该不是中共党员，可为何非中共党员会是“党支部书记”？对于这样的疑问，并没有权威部门解释或澄清此事。丹东市委组织部外宣办工作人员在接受中国青年报记者采访时说：“难道网上的质疑都要去理会吗？”当记者提出是否要对网友质疑进行澄清时，该工作人员说：“该说明的我们都说了，现在没什么好说的。”当记者问“董海涛是否真的曾任党支部书记？”时，该工作人员说：“这个暂时不回答。”① 可以看出，政府公信力不高的一个重要原因是信息的透明度、公平、公正性不足，以及对于政策的执行力不够，同时，政府部门工作人员面对媒体采访时，其媒介素养不够，无视大众的质疑，无法形成有效的沟通，也没能利用媒介及时疏通民意，这也是一个严重影响政府公信力的因素。

（三）对不确定信息的发布过于武断

还有一个导致政府公信力不高的重要原因是，对于本身就有不确定因素

---

① 庄庆鸿、翁菁：《辽宁东港 80 后副市长履历造假疑云》，《中国青年报》2013 年 1 月 25 日第 3 版。

的信息的发布过于武断与绝对，反而激发起理性民众的质疑和不信任。比如，关于网上流传甚广的种种转基因食品相关的谣言，如外国人不吃转基因、吃转基因食品会导致绝育致癌、孟山都是美国的秘密武器等，虽然绝大多数都被政府部门辟谣，但该谣言涉及民众健康与食品安全，其传播范围甚广。在人们主观上对转基因食品不信任的情况下，识别谣言，辨别哪个才是正确的说法成本也相当高。① 而转基因食品作为一个包含有不确定因素的话题，官方的辟谣过于武断，也缺乏说服力强的证据和全面的解释，因此民众表达的是对于官方和权威信息的不信任与质疑、困惑，而专家多次的澄清已经无法抚平民众内心的恐惧与质疑情绪，反映在谣言信息上，则是一种在不信任关系基础上的抗议。

（四）对于重大突发事件的信息不公开

越是重大的突发事件，民众的关注度也越高，相应地，民众对于重大突发事件相关的信息需求也越大。但是长期以来各地政府习惯于“报喜不报忧”，并且也已习惯于不信任民众的理性，因而对于信息的发布过度谨慎而导致信息的缺失。但实际上，信息的缺失带来政府公信力的下降，是不言而喻的。尤其是在新媒体时代，很多的信息实际上是“墙内开花墙外红”，国内捂得再严实也挡不住网络上的信息传播，当民众从网络，甚至是从外网或外媒等渠道了解到信息时，对于政府的信任度是不会高的。有些时候，政府的遮掩和不报更加容易引发各种带有不确定性的猜疑信息的传播，当中就包括抗议性谣言信息的传播。2014 年 3 月 24 日，国务院新闻办公室副主任李伍峰坠楼身亡。但国内媒体基本上没有报道。这就造成了这一事件的舆论“真空”。2014 年 4 月 4 日，笔者在百度搜索中，只要在搜索栏输入“国新办”，下拉菜单自动会出现网友们搜索过的“国新办副主任”、“国新办网站”、“国新办副主任跳楼”、“国新办李伍峰”、“国新办副主任坠楼身亡”、“国新办副主任李伍峰 24 日坠楼”等字样，这表明已有多人搜索该事件相关信息。笔者选择以多种相关关键词进行搜索，发现该事件的报道全都转引自

---

①　腾讯网：《说服国人接受转基因为何这么难》2013 年 10 月 21 日，http://view.news.qq.com/intouchtoday/index.htm?2587&ADUIN=327288433&ADSESSION=1382338609&ADTAG=CLIENT.QQ.5239_.0&ADPUBNO=26248。

香港媒体大公网。大公网以“国新办副主任李伍峰因严重抑郁坠楼身亡”为题，报道了国新办副主任李伍峰坠楼身亡事件，配以李伍峰本人的简历（简历援引自国务院新闻办公室网站），报道该事件的记者在国务院新闻办求证时得知李伍峰有“严重抑郁”，在此前提下，记者并未定性为“自杀”，而是在报道中称“坠楼身亡”。[①] 面对网友对于“严重抑郁”与“坠楼身亡”的疑惑，看不到国内的大众媒体任何与之相关的报道，而在新浪微博搜索，搜索结果不予显示，见图 4－8。[②]

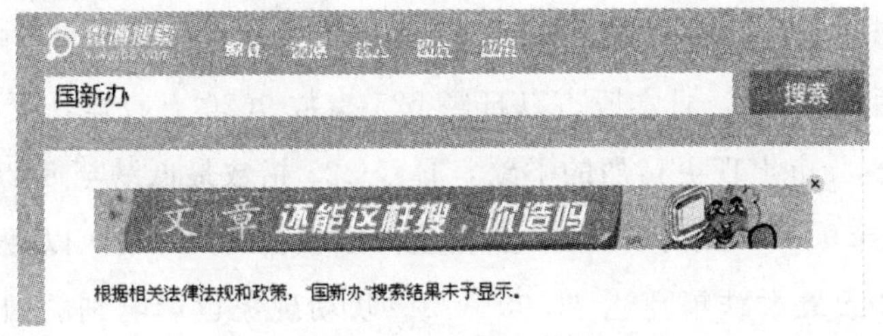

图 4－8　新浪微博截图

笔者用关键词“国新办李伍峰”在“Google”搜索，找到相关结果“约 462000 条”，搜索当页显示多家网站的相关内容报道，甚至有题目为《传国新办副主任李伍峰坠楼自杀》，但搜索结果中，点击每家国内媒体网站显示的链接，打开都是没有内容显示的，或者根本就是打不开的。这样一来，关注该事件的民众往往会产生更多的疑问，如果事情简简单单就是一起坠楼事件，又缘何有外媒报道，而国内媒体“封杀”呢？这样简单粗暴的舆论封杀显然是不恰当的舆论引导。民众关心的重大事件相关的信息如果是“真空”的，实际上是错失了主动的舆论引导良机，反而容易引发谣言的产生与传播，并影响到政府的公信力。

三　谣言与经济、社会、文化的大联动现象

卡普费雷（1987）指出：“毫无根据的消息可以像有根有据的消息一样

① 大公网：《国新办副主任李伍峰因严重抑郁坠楼身亡》2014 年 3 月 30 日，记者隋晓姣，http://news.takungpao.com/mainland/focus/2014－03/2389181.html。

② 来源：新浪微博：http://weibo.com/，截图日期：2014 年 4 月 4 日。

轻而易举地传遍社会，而且可以起到同样的动员效果。”[①] 很多抗议性谣言信息往往伴随着社会、经济、文化的大联动现象。当一些社会热点事件出现，引发新的社会问题，产生新的谣言信息，影响到某些方面的利益，这些都是联动的。在错综复杂的事态发展中，抗议性谣言也很有可能引发现实的群体性事件，或者造成不良的，甚至是危害性的社会后果。

2011 年 3 月 11 日 13 时 46 分，日本东部邻近海域发生里氏 8.9 级地震，并引发 10 米高海啸，导致日本福岛核电站核泄漏事故。地震发生的时间接近日本股市当天的收盘时间，所以当天的股市并没有受到太多影响。但到了重新开盘后的 14 日，日本股市以日经 225 指数 9620 点收盘，下跌 6.18%。15 日，日本股市出现更猛烈的下跌，日经 225 指数最低跌至 8228 点，最大跌幅接近 15.00%，最终以 8605 点收盘，跌幅为 10.55%。以最低点计算，日本股市 3 天最大跌幅高达 21.00%。该联动现象也影响别的国家，美国、欧洲股市也大幅下跌，道琼斯指数从 14 日起连跌 3 天，累计跌幅达到 4.00%，跌破 12000 点。

核泄漏造成的恐慌不仅严重影响了股市，也大大影响了民众的生活。中国和欧美部分地区的民众都开始抢购碘盐。抢盐动机主要是为了“防辐射”；另外一个原因是担心海盐遭受到污染，所以抢购一些以前生产的“未受到核泄漏污染的”盐。中国一些地方出现“以后生产的盐不合格了”等谣言。很快，全国多地超市的食盐被抢购一空。

抢购食盐现象的发生，又反过来影响到了股市，中国 A 股市场 2 只平时比较平稳的盐业股突发暴涨。3 月 15 日，兰太实业（600328）涨停，云南盐化（002053）上涨 4.34%；17 日，兰太实业与云南盐化均涨停。在各地政府大力补库保证供应后，抢盐风潮消失，18 日开始，盐业股又大幅回落。兰太实业 18 日跳空低开，且以跌停报收。第二周，兰太实业和云南盐化继续下跌，股价回到日本地震发生前的价格水平。期间，曾有“传言”称，游资买进大量盐业股，然后到浙江抢盐并散布谣言，导致其后盐业股全

---

① ［法］让-诺埃尔·卡普费雷：《谣言：世界最古老的传媒》，郑若麟译，上海人民出版社 2008 年版，第 288 页。

线飘红获利。[①]

虽然不能证明“受日本核辐射影响，以后产的盐都不合格了”这样的谣言与盐业股的上涨有直接因果关系，但股市本来就很脆弱，很容易受各种“利好”和“利空”消息的影响而上涨或者下跌，这是事实。所以，该谣言和盐业股上涨的正相关关系还是显而易见的。上述谣言与股市联动现象属于危机事件引起的自发的一种联动现象，虽然也曾有人怀疑游资炒作，但灾害事件中，社会恐慌性因素占据主流，即便有人为因素，也只是加剧和夸大了社会恐慌，主要的还是危害事件本身与社会经济、文化等的联动。

但也有一种情形是，本身没有任何危机事件作诱因，而是完全人为地“制造”信息以形成关注点，成为舆论热点。据华艺传媒公司项目经理孙懿楚介绍，其公司的数字营销渠道主要包括百度搜索与百度百科问答、微博以及各种论坛“软文”三方面。而微博营销主要是通过账户托管或购买大V认证的账户发布信息。账户托管一般费用为每年8万元，在基本托管基础之上的营销策划活动单独加收费用；购买大V认证的账户发布信息的费用依据大V知名度不同和粉丝互动情况的不同而定。一般像姚晨这样的“微博女王”，在其账户发布一条信息的费用为27万元，杨幂的费用为15万元，黄晓明的费用为10万元，而一般不知名的实名认证账户发布一条信息的费用为150元。

还有一些是故意造谣以吸引眼球，赚得粉丝关注，然后再专门发布营销帖（或改名后用原账户发帖，或注册不同的账户来发帖）。据新京报报道，为提高网络知名度和影响力，以便更好地非法牟取营利，北京尔玛互动营销策划公司秦志晖（网名“秦火火”）和杨秀宇（网名“立二拆四”）先后策划、制造了一系列网络热点事件，吸引粉丝，使自己迅速成为网络名人。在“7·23”动车事故之后，秦志晖用“中国秦火火”发微博说，在“7·23”事故中遇难的意大利籍旅客家属获赔3000万欧元。随后，该信息被铁道部辟谣，“中国秦火火”被销号。据秦志晖统计，该微博信息存活的两个多小

① 连建明：《日本地震引发当地海啸同时触发“股市海啸”》，《新民晚报》2011年3月26日。

时里，被转发了12000多次，粉丝涨1500多个。此后，秦志晖又注册了“中华秦火火”、“华夏秦火火”、“炎黄秦火火”等11个新浪微博账户。秦志晖和杨秀宇还捏造了雷锋生活中的奢侈情节，称这一道德楷模的形象完全是由国家制造的；利用“郭美美炫富事件”蓄意炒作，攻击中国的慈善救援制度；捏造全国残联主席张海迪拥有日本国籍，并将著名军事专家、资深媒体记者、社会名人和一些普通群众等作为攻击对象，无中生有编造故事，恶意造谣抹黑中伤。警方初步统计，从2011年7月以来，“秦火火”编发、转发各类信息3000余条，有造谣的，也有传谣的。2013年8月20日，秦志晖和杨秀宇被刑拘。① 虽然捏造不实谣言信息的当事人被刑拘了，但其制造的谣言信息的广泛传播造成了极其负面的社会影响，这些负面影响在短时间内还无法完全消除。

新媒体时代，信息的瞬间大范围到达让真实的和不实的信息都一览无余地暴露在大众面前，在涉及重大社会事件，尤其是与自身相关度较高的社会事件时，“宁可信其有”的心理让大多数人选择“宁愿相信”谣言信息，并采取相应的行动。因此，谣言信息比以往任何时代都更具有与社会、经济、文化等的大联动和相关性。

四　民众与政府的矛盾

清代《房县志》记载，有人在北方丛林中发现了一群全身长毛的“毛人”，经过沟通，得知这些人的祖辈是逃避筑长城的劳役犯，他们说的第一句话就是：“长城筑完乎？秦皇还在乎？”有人逗他们，说秦皇还在，“毛人”就吓得逃入丛林。② 这种可怕的传说被人们世代相传，到了20世纪50年代，与同样世代相传的“水鬼”、“水怪”结合，演化成了“毛人水怪”谣言。李若建（2011）分析，在中国20世纪上半叶的战争中，由于缺乏现代化的后勤保障机制，大部分军事行动的后勤是依靠广大民众，基本上都是农民，以“拉夫”、“支前”等形式完成的，广大农民为战争付出了沉重的代价。而“毛人水怪”之所以在大丰县出现，与当年民众的恐慌与不满情绪有

① 宋识径、许梦娜：《一网络推手公司造谣被端》，《新京报》2013年8月21日第A8—A9版。

② 转引自何木风《空穴来风：中国历史中的造谣往事》，凤凰出版社2009年版，第31页。

很大的关系，造谣者只是点燃导火线而已。李若建认为，谣言的暴发并非凭空产生，当社会发生巨大的变革时，或者社会中蕴含着强大的不安定因素时，民间聚集的骚动能量没有得到疏通，就可能引发各种恐慌。谣言的实质是一个被重新建构的历史传说。[①] 而诸如“毛人水怪”这样的谣言，多半根源是源于民众对于政府的极度害怕与对政府高压的恐惧。

民众与政府之间一旦出现矛盾，最重要的是疏通，而疏通的前提是保障其疏通的渠道畅通。但是，现实情形是，很多时候民众并不能通过正常的沟通渠道得到及时的答复。中国青年报联合中青在线、天涯论坛发起的网络信访调查发现，在 2471 名受访者中，70.8%的受访者表示，有通过政府网站反映情况的经历。选择网络信访的首要因素是“便捷”，占 34.4%；其次是“可匿名”，占 20.3%；再次是成本低，占 18.6%。但受访者对信访答复满意度普遍较低，“很不满意”，占 70.5%；“不满意”，占 17.9%。只有 3.0%的受访者表示“满意”；8.6%表示“一般”。受访者对网络信访不满的主要原因，47.7%的受访者认为是“只有官话套话，没解决问题”；31.4%的受访者认为是“没有答复或答复时间太长”。而在收到答复方面，73.1%的受访者表示从未收到答复；10.4%的受访者在 1 个月内收到答复；6.7%的受访者在一周内收到答复；5.0%的受访者在两周内收到答复；只有 4.7%的受访者在 3 天之内收到答复。[②] 可见，选择政府网站反映情况成本比较低，并且匿名性好，又比较快捷，所以这种沟通方式得到民众的青睐。但是，有了好的渠道与平台之后，更重要的是对于该渠道与平台的维护，如果维护得好，该渠道和平台就能成为民众与政府之间实现良好协商和沟通的桥梁，如果维护得不好，该渠道和平台就有可能反而增大民众与政府之间的距离和隔阂，甚至造成误解、增加矛盾。而目前，一些政府对于该渠道和平台的维护显然还不太到位，受访者中只有 4.7%的人在 3 天内能够得到答复，而得到的答复是否满意还不得而知。

---

① 李若建：《虚实之间：20 世纪 50 年代中国大陆谣言研究》，社会科学文献出版社 2011 年版，第 7、66 页。

② 王俊秀：《七成上访者向政府网站投诉过　近九成对答复不满意》，《中国青年报》2012 年 1 月 11 日第 3 版。

民众与政府之间的沟通渠道和平台如果不能正常发挥作用，极容易引发各种极端事件。发生于2008年6月28日的瓮安打砸抢烧事件导火索便是当地民众对于6月22日溺水身亡的女中学生李树芬死因鉴定结果的不满引发的谣言，其背后深层原因则是当地社会矛盾长期积累，民间怨愤淤积太久的结果，是典型的泄愤式群体事件。[①] 河南鹤壁人巩进军因拆迁事宜进京上访四年，多次被截访者强行送回原籍后，巩进军声称："如果截访者再敢抬我、打我，我和他们拼命。"11月15日，巩进军在被再次押送回原籍的高速路上，刺死、刺伤截访者各一名。[②] 这些极端事件的发生，无一例外都是源于民众与政府的矛盾积累，并且这些矛盾没有得到良好的疏通和解决。

还有一种情形是民众会为自身所处的环境或者与自身利益高度相关的食品安全、人身安全等有所担忧，这些时候，如果缺乏政府的权威性解释，其恐慌情绪得不到缓解，也会进一步增加民众与政府的矛盾。2003年随着"非典"的暴发，出现非典谣言，近9年后的2012年2月，非典谣言又出现，"保定发现非典"谣言在当月44件谣言中，在"最受媒体关注"方面排名第一。[③] 2007年出现"病猪肉"谣言，近5年后的2012年，病猪肉谣言重又出现，"吃猪肉等于自杀"谣言在当月46件谣言中，"最受媒体关注"排名第二。[④] 这些谣言都是民众出于对自身健康与安全的担忧和恐惧而产生的不安氛围中形成和传播的。而这种不安氛围如果得不到可信度高的疏通与答疑，其集聚的不安气氛就会越来越浓，严重影响民众与政府的关系及其对政府的信任。2013年，网上流传一幅乡村土墙上的标语："不信谣，不传谣，政府的解释是唯一依据"。这样的标语无疑更加加重了官民的对抗性。

2010年1月7日、1月22日地震局对于山西将发生地震进行辟谣，但结果是，1月24日，山西运城发生4.8级地震。之后，山西地震局又说

① 毛浩、董伟、白皓：《瓮安答卷》，《中国青年报》2012年4月27日第1版。

② 黄河新闻网：《靠什么终结上访者杀截访者的悲剧》，http://www.sxgov.cn/changzhi/changzhi_content/2013-11-29/content_3904075.htm。

③ 周裕琼：《2012年中国谣言传播特征解析与应对策略》，《新媒体蓝皮书·中国新媒体发展报告（2013）》，社会科学文献出版社2012年版，第97页。

④ 同上。

“地震等级不够大，无须预报”以及“此前辟谣无错”的公开辩解直接导致其公信力的丧失，并成为导致之后山西地震门谣言（谣言称 8 月 13 日将发生地震）出现，并被民众广泛传播和相信的直接原因之一。8 月 13 日，当地一些工厂还因为即将可能发生地震而放假，可见当地民众对该谣言的信任和对政府信息的不信任。如果容易引发恐慌的问题未得到及时答疑与妥善处理，就会丧失更多的公信力，增加更多的矛盾和冲突。

五　“潜水谣言”随时出现

安德鲁·斯特拉森、帕梅拉·斯图瓦德（2004）以“9·11”的各种故事为例指出，有时候有些故事并不是新闻，但各种媒介都让人们了解到类似的故事，只为了把仇恨的种子种在那些被灾难震撼的人心中。他们认为，谣言是一个发散信息的过程，并把信息储存在自己的心里，一旦有事就会想到当初记住的这些信息，“人们听到什么，然后他们的想象力又如何把主要信息记在心上并把它放大——这依赖于别的事发生，如果没发生什么事，这些信息会仅仅待在那里，不会滋生”。[①] 为什么有的抗议性谣言一经出场便到处都是，如同插上了翅膀？就是因为其暗合了一些社会心理，勾起了某些类似事件或经历的回忆。当类似的事件，或者事件中类似的要素出现，便很容易激发起潜藏的社会心理和意识，使得谣言有了培育的根基和土壤，继而茁壮成长，变得枝繁叶茂。

斯特拉森和斯图瓦德（2004）提出的谣言理论认为，一个“潜水谣言”（diving rumor）虽然消失，但是随时可以重新出现。[②] “潜水谣言”往往潜伏着一些根深蒂固的社会矛盾，或者暗含着一些亟待解决，但又没有足够希望解决的问题，与这些矛盾与问题相关的信息一点即燃，并且因其根深蒂固并且指涉社会问题，会在短时间内迅速而广泛地传播开来。以往的帖子重新被复制或进行加工后当作新近刚刚发生的事实或疑问进行传播，形成新的谣言传播，最为明显的例子就是“非典”谣言的传播。“非典”相关的谣言在

---

① ［美］安德鲁·斯特拉森、帕梅拉·斯图瓦德：《人类学的四个讲座》，中国人民大学出版社 2005 年版，第 35 页。

② 同上书，第 7 页。

这些年间，总是会林林总总地出现。“非典”相关谣言之所以能够被断断续续地不断传播，其根源就在于人们内心深处对于2003年暴发的“非典”疫情的恐惧、对自身健康安全的担忧，以及明确的、全面的信息的缺失。《中国记者》针对2003年广东非典前期的疫情做的宣传思想工作问卷调查中，“受众对媒体接触、信任与满意度问卷调查”显示，91.3%的被调查者认为“媒体应该及早明确地报道这件事，以消除恐慌”；65.3%的被调查者认为“如果媒体一开始就明确报道这件事，我当初就不会那么恐慌了”；53.5%的被调查者认为“如果媒体一直不报道这件事情，我就会一直很相信刚开始听到的谣传了”；70.2%的被调查者认为“假设今后发生类似事件，如果媒体在第一时间报道，我想自己不会恐慌了”。[①] 这些调查数据说明，当民众关心的信息被公开、透明地发布，使得民众对信息的需求得到充分的满足之后，会消除很多的恐慌和不安情绪，同时，也会对媒体机构等信息发布部门的工作更加满意。如果该公开发布的信息没有得到公开的、及时的发布，尤其是当信息涉及人的生命安全和健康等重大因素时，民众会产生强大的恐惧心理，同时也极大地增加对政府和信息管理部门的不满。

辛杜加和帕钦（Sameer Hinduja，Justin W. Patchin，2009）指出，谣言的传播通常是利用邮件、短信发送，或者发布在社交网络平台上进行传播，那些流言蜚语会以极快的速度通过网络渠道在人际间传播开来。科技的发展和进步已经能够使得信息在极短的时间内被轻易地发送给大批人群，在这个信息被传播的过程中，手机、计算机成为绝佳的信息传播工具，因为网络上的信息传播可以通过虚拟的邮箱地址，或者匿名用户的账户发送，而谣言的来源又无据可查。[②] 网络的大范围传播，在短时间内，几乎以同步的速度传播给大量的个人，个人再根据自己所掌握和猜测到的信息，对复制、转发的信息再加工，在传播的过程中，信息的源头不再明确，因此，对于信息

---

① 《中国记者》专题：《主流媒体如何增强舆论引导有效性和影响力之三：重视对几类重要报道领域的改革与创新》2004年第1期。

② Sameer Hinduja & Justin W. Patchin. *Bullying Beyond the Schoolyard: Preventing and Responding to Cyberbullying*. Corwin Press, 2009, . p. 36.

是否确定，便没有人负责。在不用过于负责的大众传播信息的过程中，那些“潜水谣言”如果暗合了社会问题和社会心理，即便没有真凭实据，也能够轻易地被传播开来。

第四节　抗议性谣言传播的技术动因

口耳相传时期容易产生谣言，其中一个原因是因为无法储存和还原信息，在多人口耳相传的过程当中，信息往往被增加、减少或者根据言说者和听闻者的理解不同、表述不同等，产生意义的偏离，从而产生信息的变异和扭曲。在新媒体时代，信息形式变得更加多元，而存储信息也随着新媒体和科技的发展与普及变得简单和快捷。按道理来说，有了新媒体技术的保障，信息传播应该变得不像传统的口耳相传方式下的信息那么容易失真和走样，但事实正好相反，正是因为有了新媒体和新技术的发展，使得谣言的编造也更加“本真化”，即“感觉更像是真的”。

与此同时，人们对于新媒体平台上的信息更加方便接触和接收，也更加容易留下深刻印象。英国华威大学（University of Warwick，2013）的心理学研究指出，人类对社群网站上面发布的简短讯息的记忆能力，远远超过书籍上的文字与人的脸孔。专研记忆研究的 Laura Mickes 的实验结果也表明，以正确率统计，人类对 Facebook 上讯息的记忆能力，是书本句子的 1.5 倍；另一个类似的实验中，将文字替换成人脸，其结果是，人对 Facebook 更新上的脸孔记忆力是书籍上的 2.5 倍之多。[①] 人类对于新媒体信息的记忆更加深刻，这就使得谣言信息一经新媒体传播，便会比传统媒体传播更加有效。除了新媒体时代作为信息接收方与很可能同时是信息制造与发布方的大众，对于信息接收方式与途径发生了与传统媒体时代迥异的变化，而对于信息的认知与记忆也随之改变。那么，具体来说，新媒体技术大发展对于抗议性谣言的制造、传播与扩散有什么样的影响呢？

---

① 海知部落：《英研究发现：人对 Facebook 讯息的记忆力是书的 1.5 倍》2013 年 1 月 31 日，http：//www.iknowing.com/iknowing/note/46713423949403.html。

一　删帖容易，根源难查

中国社会科学院舆情调查实验室（2013）对关于整治网络谣言舆情的调查发现，公众接触网络谣言的最主要渠道排前三位的是网络论坛（70.2%）、微博（63.0%）和QQ聊天（45.2%），其后是微信（35.8%）、人人网等社交网络（33.8%）、手机短信（33.8%）、海外网络（13.0%）。[①] 无论是传统媒体时代还是Web 2.0之前的新媒体时代，信息的可溯源性很强，信息发布者只要是发布了信息，或者在论坛、贴吧发了帖，自己是没有权限修改或删除自己发布的内容的，而信息无论真伪，都可以溯源，有据可查，因此，信息发布者比较谨慎。但在Web 2.0之后的新媒体时代，个人拥有了更多的权限和操作上的便捷，可以随意增添和删除自己发布的信息，并有了更多的即时互动性，信息的传播更加活跃和复杂，而对于信息的溯源也更加困难。因此，目前对于谣言信息传播的控制难度也更加增大。

在新媒体时代，谣言的传播则变得更加容易，谣言数量也更多，传播和相信谣言的人也增多。原因是，首先，有了新媒体技术之后，世界各地任何一个地方发生任何事情，都可能在瞬间被扩散和传播，因此，“听说”某个地方发生了某个事件，不再像口耳相传时代那么容易引发由于时间和地域以及“不在场”的质疑；其次，正是因为有新技术提供的存储手段和传播途径的保真性，的确看上去是“在场的”画面和影像，使得信息的接收者更加容易相信“这看起来的确像是真的”；最后，网络上多数的人好像都在言说这个信息，无论是在转发、在关注、在质疑、在认同，都将这一信息推到了舆论的前沿，成为热点，因而也就更加容易被放大、被扩散。所有的文字、音频、视频和图像都好像在以“在场”的方式告知大众“实情”，来影响大众的判断和感知。“有图有真相”便是“在场”的真实性再现。但图像所表明的以点带面的特点早就证明了“眼见”不一定为实。事实上，信息符号最全面的视频介质，其影视化的语言是有着很大的欺骗性与偏见的。不同的角度、光线、瞬间，以及技术上的处理和剪接等都是能够很轻易地实现“断章

① 中国社会科学院中国特色社会主义理论体系研究中心：《合力构建聚民心尚理性的网络舆论空间》，《人民日报》2013年11月14日第14版。

取义”的。

综上所述，在Web 2.0之后的新媒体时代，有了技术的保障，信息发布者可以随意发布信息，也可以随意撤销、删除自己发布的信息，即便有的内容带有很大的不确定性，或者属于不实信息，但溯源的难度增大了，而信息发布者的顾虑也必然减少了。删帖容易，根源难查，成为新媒体时代谣言数量增多的一个重要因素。

二　拷贝沉帖，死灰复燃

利用以往的新闻事件，甚至是以往的谣言信息，经由技术性的改造而重新打造，以“新闻”的或者“谣言”的方式传播开来的现象屡有发生。将以往新闻事件中的新闻要素，或者谣言信息中的不同构成因子进行重新的拼接，要么转换了地理位置（即故事发生的地点），要么转换了故事中的某些元素（比如挖洞的时候看到蟒蛇，继而又在山上看到老虎等），要么改变了故事中的当事人（在场者、目击者、经历者、听说者等），要么转换了故事发生的时间等，使得重新拼接的文字、视频和画面大面积传播，再加上新媒体时代的大众拥有多种传播谣言的便捷途径，使得这些多源、多头的谣言信息被广泛传播开来。

有了新媒体技术的保障，一些以往的旧帖经由网友的移花接木式的加工，完完全全变成了新近发生的故事，在网上，甚至传统媒体上传播的现象并不鲜见。比如，流传于网络上的近几年来关于兰州城管被打的新闻与谣言，就是拷贝沉帖，死灰复燃，见图4－9、[①] 4－10、[②] 4－11。[③]

2009年、2011年、2012年，分别都出现了相同的兰州城管被打的“新闻”，到了2013年6月20日，新浪微博造谣者“@潇湘秦火火”发布微博称：“兰州昨日发生大事，数十名城管砸小贩的摊，没想到小摊贩均

---

① 铁血社区：《兰州城管被民围殴，队长被暴打跪地求饶》2009年6月9日，http://bbs.tiexue.net/post2_3621446_1.html。

② 中华论坛：《亲历兰州城管暴力执法与小西湖穆斯林人民的团结》2011年10月8日，http://club.china.com/data/thread/1011/2732/31/48/5_1.html。

③ 红古人信息网：《兰州城管遭千人群殴，队长下跪哭喊求饶（组图）》2012年9月12日，http://www.hongguren.com/news.php?id=74。

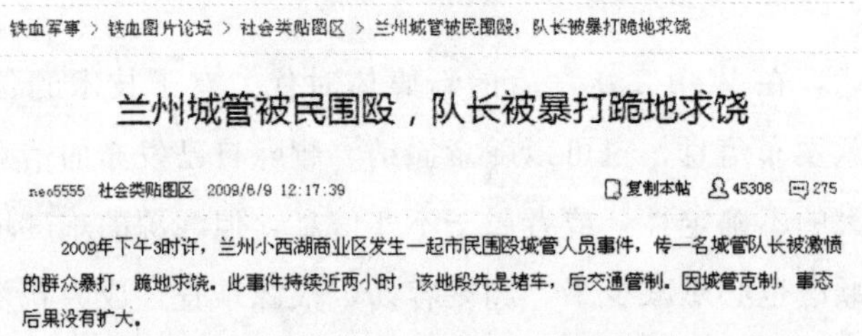

铁血军事 > 铁血图片论坛 > 社会类贴图区 > 兰州城管被民围殴，队长被暴打跪地求饶

兰州城管被民围殴，队长被暴打跪地求饶

neo5555　社会类贴图区　2009/6/9 12:17:39　复制本帖　45308　275

2009年下午3时许，兰州小西湖商业区发生一起市民围殴城管人员事件，传一名城管队长被激愤的群众暴打，跪地求饶。此事件持续近两小时，该地段先是堵车，后交通管制。因城管克制，事态后果没有扩大。

图4-9　2009年6月10日兰州城管“新闻”截图

图4-10　2011年兰州城管“新闻”截图

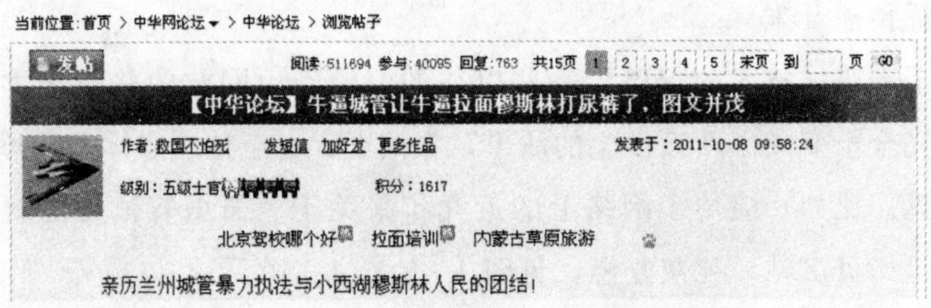
当前位置：首页 > 中华网论坛 > 中华论坛 > 浏览帖子

发帖　阅读：511694　参与：40095　回复：763　共15页　1　2　3　4　5　末页　到　页　GO

【中华论坛】牛逼城管让牛逼拉面穆斯林打尿裤了，图文并茂

作者：救国不怕死　发短信　加好友　更多作品　发表于：2011-10-08 09:58:24

级别：五级士官　积分：1617

北京驾校哪个好　拉面培训　内蒙古草原旅游

亲历兰州城管暴力执法与小西湖穆斯林人民的团结！

图4-11　2012年兰州城管“新闻”截图

是回民”，该微博大范围传播开来。而究其来源，与前几年出现的兰州城管被打“新闻”同源。几年间，该“新闻”反复出现，就是将“旧闻”变“新闻”（谣言）的典型案例。该“新闻”大多通过网络论坛或社交媒体平台发布，而非由正式媒体机构发布，因而属于谣言传播范畴，并非（假）新闻。

2013年5月5日，《钱江晚报》的报道《大学女生怕同学讥笑将临时工母亲推开：滚回家》[①] 被很多媒体转发，来源为《重庆晚报》。实际上，该相关“新闻”是早在4年前的5月6日的《重庆晚报》的报道《女儿嫌母亲是清洁工不认　10年后发千封忏悔邮件》[②] 的基础上加工而成的。在往年的新闻事件的基础上，《钱江晚报》记者进行了加工处理，便有了这篇被大量媒体转发、引起轰动的“新闻”报道。可以看出，不仅仅是在新媒体上有沉帖被加工成新帖，在传统媒体上，也有“旧闻”变“新闻”的现象，通过一些技术性的处理和编辑，陈年旧闻就堂而皇之地登上了“新闻”宝座。

一般来说，无论是专业的编辑、记者，还是非专业的大众、网友，在炮制这样的“新闻”时，往往是选用陈年旧帖或旧闻中那些容易吸引眼球的、容易引起广泛社会关注和热议的事件要素，所以，这样炮制出来的信息一旦被发布，很容易引起轰动。如果一旦这些被制造出来的信息含有有害信息，其造成的社会后果自然也比普通信息更加严重，所以应该警惕这种现象。

三　情景拼接，以假乱真

新媒体技术为谣言制造提供便利的另一个重要途径是通过情境拼接，以“新闻”的方式发布以假乱真的信息，无论是文字的、图像的、声音的、影像的，还是多媒体的，经由对人物、地点、时间、不同事件、画面、音频、视频等的技术拼接，制造成全然像“新闻”那样的稿件，并以“新闻”的面目出现在各新媒体平台上，被想当然地认为是“新闻”的大众再进行评论和转发，成为像模像样的“新闻”，成为披上了“新闻”外衣的谣言，而披上了“新闻”外衣的谣言以“新闻”的面目被网友转发，在网络上大行其道。2003年4月1日，香港14岁少年将新闻组、ICQ上流传的“香港将宣布成为疫埠”的谣言复制成《明报》即时新闻网页的形态，并上传至近似明报网

---

① 腾讯网：《大学女生怕同学讥笑将临时工母亲推开：滚回家》2013年5月5日，来源：《钱江晚报》，记者郑琳，http://edu.qq.com/a/2013-05-05/000071.htm。

② 搜狐网：《女儿嫌母亲是清洁工不认　10年后发千封忏悔邮件》2009年5月6日，来源：《重庆晚报》，记者任文劼等，http://news.sohu.com/2009-05-06/n263790616.shtml。

站的网址。这一以“明报专讯”名义发布的网络谣言顿时造成社会恐慌，导致当天下午部分香港居民抢购风潮。[①]

微博、微信上信息的转发与评论几乎不费吹灰之力，再加上微博信息来源本来就非常多元，很多时候信息在被转发和评论的时候，评论者或者转发者都不知道被评论或转发的信息是当前发生的事件还是历史事件，是被移花接木的伪造事件还是真实事件。更有甚者，转发者根本不注明信息来源，或者不注明转发自哪个账户，也不知道该事件发生在什么时间，导致有些信息变得像是没有标签或者标了假标签的产品，真假难辨，混淆视听。

同时，新媒体整合了音频、视频，更加丰富、更有“在场”感，因此更加难辨真伪。在雅安地震期间，2013 年 4 月 21 日下午，网络上传播一条谣言：“雅安又一辆救灾军车坠崖。”该谣言就是由一名在当时经过“事发”地点的网友拍摄画面并加以妄断，然后经过画面剪辑，制作了虚假的信息，并加以传播。实际情况是，在该“事发”地点，某军团正在用租来的吊车对 4 月 20 日翻入河中的运输车实施作业，并于 2013 年 4 月 21 日 16 时 30 分将其吊至平板车，并进行加固，运返营区。但因为大众受“有图（影像）有真相”思维惯性的影响，大都认为该信息是真实的，直到四川军方发布真实信息辟谣。

这种情境拼接分为两种，一种是信息要素都是真实的，但经由人为的剪辑、删减和加工之后，成为每个要素真实，但整体虚假的信息，如雅安地震中出现的上述谣言，就是借由剪辑嫁接的视频；另一种是本身掺和了真实和虚假信息的，如前半部分真，后半部分假，或者前半部分假，后半部分真，或者真真假假掺和在一起。这两种拼接都真假难辨。而这样的信息一旦被制造出来，同样的内容以同样的方式被传播，而且是被迅速的、大量的、反复的传播，同时，其声音、文字、画面、动态影像中又融合了受众的互动讨论、加工、删改、增补等内容的一切符号形式，大众对于这样的信息的辨别难度增大。

---

① 闵大洪：《从网络谣言到网络假新闻》，新华网传媒人物专栏 2003 年 6 月 23 日，http://news.xinhuanet.com/newmedia/2003-06-23/content_931727.htm。

雅安地震相关的谣言中，还有一则是关于求助的，是说受地震影响严重受伤的母亲想见女儿最后一面，留了女儿父亲的手机号码，并让大家广泛转发，“爱心接力”，见图 4 - 12。①

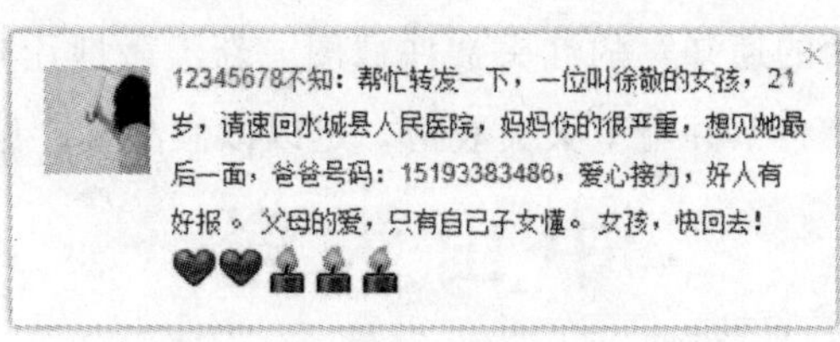

图 4 - 12　新浪微博截图

很快，新浪微博就发布了辟谣信息，见图 4 - 13。②

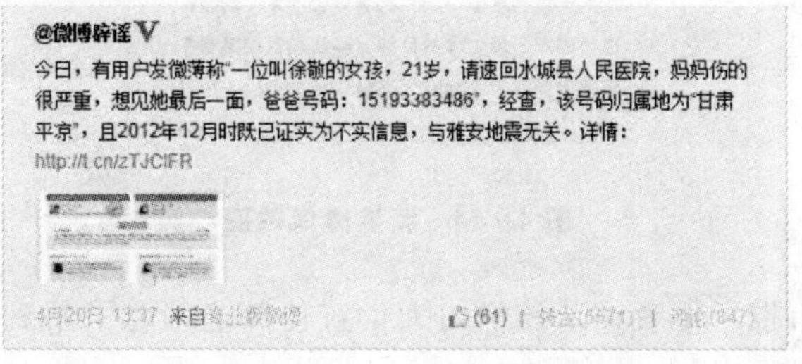

图 4 - 13　新浪微博截图

当大众对于各种新媒体的技术渐渐了解和熟悉之后，谣言制造的技术和智力难度便随之加大。因为大众对于容易辨认的谣言信息渐渐有了免疫力，出现了更加理性的辨析和思考，因此，制造和传播谣言的技术也是在逐渐升级，而这个升级的结果，无疑使得谣言信息更加难以辨别。这样，就形成了新媒体时代，制造谣言的技术越来越高明、谣言信息越来越难以辨认的螺旋上升现象。

四　技术恶搞，娱乐先行

有些时候，新媒体平台上产生了一些娱乐性与游戏性的谣言信息，那些清楚信息中故意留有的破绽的网友很可能是在其基础上“添油加醋”一番，

---

① 来源：新浪微博：http://weibo.com/，截图日期：2013 年 4 月 20 日。

② 同上。

再与网友们分享，将信息戏谑化，以“众娱众乐”为目的。不过，不可否认的是，不明所以的网友则容易当作事实来理解和看待。2013 年 5 月 29 日，微博账户为“中大热点”的用户发布信息，信息还附有一张《关于 2013 年中山大学校名改动的通知》的红头文件截图。新浪微博用户“@中大热点”称：“真不想改名啊!”并配上大哭表情，足以以假乱真，见图 4-14。①

中山大学

关于公布 2013 年中山大学校名

各有关单位：

为进一步深化本科教育教学改革，将我

建设国际一流大学的目标，经我校各院系董

改为逸仙大学（Sun Yat-Sen University）

附件：我校校名变更申办条件及资料

图 4-14 新浪微博截图

《南方都市报》记者在采访中山大学宣传部老师时了解到，此事纯属子虚乌有，为学生恶搞娱乐。② 从微博所附文件图片放大的截图可以看出，其所用字体并非一般官方文件的惯用字体，“逸仙大学”的“逸”字还少了一点，而且文件上的每一行字末都有回车符。种种故意流露出来的痕迹实际上非常像专门找茬的游戏。

在新媒体时代，有的时候，网友们明知是不实消息，但为上下接龙或别的“好玩”的原因而传播，也是一种新媒体时代特有的“谣言”传播中的娱乐性因素和特质。这种情形下，谣言制造者和传播者都图一乐，并不在乎信息是否准确和真实。

但另一种情形是，谣言信息的制造者是出于娱乐和好玩的心态，但信息发布和传播后，却被大众当真，并造成严重的后果。2008 年 5 月 28 日 23 时 38 分，西安某学院大学生贾志攀多次入侵陕西省地震信息网，并在网

① 来源：新浪微博：http：//weibo.com/，截图日期：2013 年 5 月 29 日。

② 刘黎霞、高菲：《中大更名“逸仙大学”？纯属“学生恶搞娱乐”》，《南方都市报》2013 年 5 月 30 日第 GA16 版。

站上发布了“23时30分陕西等地会有强烈地震发生”的消息。[①] 该信息发布后10分钟内，点击量达767人次。贾志攀后来承认确实是“为满足好奇心”。[②]

五　植入广告，营销造势

2013年11月，复旦大学公共卫生学院环境卫生教研室主任宋伟民教授的一项研究结果在网上被大肆传播，传言称该研究结果表明，“雾霾可使鲜肺6天变黑肺，一旦形成无法逆转”。《新京报》记者认为，“雾霾导致鲜肺变黑肺”相关报道疑似“植入广告”，因为在该报道的最后，举出了某川贝枇杷膏和枇杷露两种止咳的具体药物，并称该“药物对PM2.5引起的呼吸道毒作用均具有明显的预防和治疗作用”。[③]《光明日报》记者则在2013年11月19日采访宋伟民时得知，宋伟民的研究课题是“关于两种止咳药物对预防和治疗大气PM2.5对呼吸道毒作用研究”，其目的是通过动物实验，观察两种止咳药物对PM2.5暴露所导致的大鼠肺损伤有何预防和治疗作用。[④] 该报道明确表明，“雾霾可使鲜肺6天变黑肺，一旦形成无法逆转”的说法没有得到当事人宋伟民的认可，并表示该说法太过夸张。但同时，可以看出，该项目的初衷就是对比两种药物的功效，那么，相关的谣言仅仅是将该项目的部分成果进行了断章取义，至于药物是不是植入广告，则不明确。只不过，在新媒体时代，靠着网络传播的快捷、大范围与低成本，网上营销利用一切信息，包括谣言，来进行炒作和植入广告的现象时有发生。

2013年5月31日，关于郭美美炫富的帖子在新浪微博和各大网络媒体引发热议，有理性的网友分析后，认为是不实信息，并猜测是广告，见

---

① 西部网：《陕西地震信息网遭黑客攻击紧急发布信息辟谣》2008年5月30日，http://news.cnwest.com/content/2008-05-30/content_1256007.htm。

② 北大法律信息网：《贾志攀编造、故意传播虚假恐怖信息案》，http://vip.chinalawinfo.com/newlaw2002/slc/slc.asp? db=fnl & gid=117651106。

③ 邓琦：《复旦大学称“雾霾使鲜肺6天变黑”报道不实》，《新京报》2013年11月19日第A18版。

④ 曹继军、颜维琦：《专家称“雾霾可使鲜肺6天变黑肺”一说夸大其词》，《光明日报》2013年11月20日第10版。

图 4 - 15。[①]

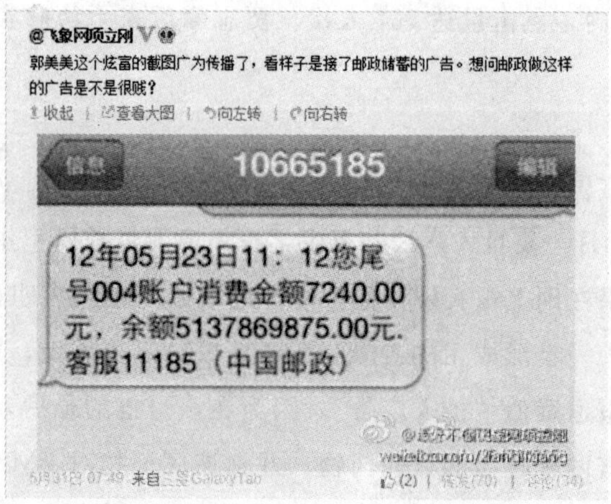

图 4 - 15　新浪微博截图

且不论是不是真的是中国邮政的广告，仅看这条原始的信息，里面夹杂了很厚重的娱乐性，但同时也指涉了一些社会现实问题。所以，技术时代的恶搞与娱乐式的谣言传播，其形式是轻松的，其后果可能也是轻松的，但也可能是沉重的，而其所指涉的社会问题以及对于这些社会问题与现象的担忧，则是根深蒂固的。

另外一种情形是，在抗议性谣言信息后面的评论或跟帖中，也有可能出现纯粹的广告。一般是，以一个微博账号，或者网络账号，发布一个纯粹的广告信息，以评论或跟帖方式发布在各种新闻跟帖，或者论坛，或者微博评论中。这也是在新媒体时代缺乏传统意义上的新闻把关人的前提下容易出现的现象，因为新媒体平台上的信息发布没有严格的内容相关性方面的把关，没有对于内容相关性方面的控制与筛选，因此，无论任何内容的新闻信息，其后面的跟帖或评论中都有可能出现一些营销账户发布的广告信息。

传统媒体时代，谣言的传播和扩散主要靠人与人之间的口耳相传，尤其是通过熟人之间传播的信息往往以在场的见闻或者见证人的视角登场，使得谣言可信度增加。但新媒体时代的谣言已经不需要这种只靠口耳相传的形式

① 来源：新浪微博：http：//weibo.com/，截图日期：2013 年 5 月 31 日。

来传播，由于便捷而完整的复制、粘贴和转发、分享，信息已经完全可以原汁原味地传播，除非是传播者出于某种目的故意增删或修改之后再分享。

移动化的新媒体平台带来信息生产与传播的便利，也自然地带来了谣言信息的制造与传播的便利。易于传播很重要，会极大增加传播的积极性和参与性。传播积极性越高，参与主题和主体越多，信息传播中的“谣言”也将越多。信息的传播因简单的复制、粘贴、分享而变得便捷，最重要的是，除非主动更改，不然不会被扭曲变形。但另一方面，新技术的发展也提供了更多的制造手段和方法，正如“毛人水怪”各地本地化传说的演变一样，只是细节变了，地点变了，时间变了。

第五章 新媒体时代抗议性谣言的社会影响

新媒体时代抗议性谣言的传播容易引发抗议性行为，有一定的社会负面影响，甚至是危害性影响，这确实是一个不容置疑的事实，并且也已被无数事实所证实。但同时，我们应该注意到，在有些情形下，某些抗议性谣言也在客观上起到了正面的社会作用，并且推动了某些社会议题的热议和关注，有利于一些社会问题的解决。抗议性谣言信息作为一种带有抗议性的不确定信息的传播，涉及的是一些不确定性的社会公共事件的探讨，或者对于社会公共事件处理不当的质疑与问责，有一定的正面社会意义和影响。

第一节 抗议性谣言的正面社会影响

谣言作为一种含有极大的不确定性的信息，其存在具有一定的合理性。但是，如果是刻意或者故意制造、传播确定为虚假的信息，并刻意或故意当作确定为真实的信息而传播和扩散，是不具备合法性的，也是不能得到肯定和鼓励的。我们应该看到，在一些研究者看来，谣言所起到的对于弱势群体的抗议工具的作用，仅仅是在一定的特殊的社会语境下的一种无奈的选择，是在没有更好的替代性的选择途径时做出的行为，这种行为有其合理性及正面社会影响，但它本身并不具备合法性。本节试图探讨抗议性谣言存在的合理性因素和正面社会影响，但不认可其存在的合法性。

一 弄清事实，建言献策

Ball-Rokeach & DeFleur（1976）提出的媒介依赖理论认为，社会变迁越急剧，媒体效应越显著。[①] 在确定性信息有所欠缺的情形下的恐慌情绪的释放，实际上是一种“填空”。Ralph L. Rosnow（1988）指出，处于焦虑中的个人会利用谣言来消除不确定性。[②] 尤其是在重大的社会危机或紧急突发事件发生时期，谣言具有心理抚慰的功能，谣言能在一定程度上缓解人们的焦虑和不安。Bordia & Difonzo（2004）认为，处于动荡中的群体也会利用谣言来获得社会认知。[③] 在社会变迁急剧的时候，各种社会问题不可避免地集中出现，引发各种社会矛盾与问题，而大众媒体往往作为“喉舌”式的“上传下达”者，传播着同一种声音，传递着相似度极高的信息，因此，大众媒体的同质化现象非常严重。可是在新媒体发展日新月异的今天，大众往往需要得到更加多元的信息，同时，大众也已经能够通过不同的渠道和方式得到不同的信息，于是，大众不再满足于仅仅从大众媒体上接收“被设置的”信息，在这种情形下，大众主观能动性大大增强，比以往任何时代都更加需要多元信息，也更加想要用自己的方式来解读信息、整合信息，希望通过自己的力量来认知社会、弄清事实。

抗议性谣言比非抗议性谣言更有反映社会矛盾和问题的功能，因为只有出现了矛盾和问题，才会有质疑和抗议。而抗议性谣言作为社会问题的放大镜，能够放大问题，并吸引大众的关注和热议。在新媒体时代，这种放大作用更加明显，而且，放大之后的问题，能够借助新媒体各种平台而得到最广泛的传播和关注。

抗议性谣言激发大众对社会问题的关注的同时，在一定程度上促进了大众对于抗议性谣言所涉及的矛盾与问题的探讨，在这样的探讨过程中，虽不乏言辞激烈的非理性话语表达，但也不乏言辞冷静的理性话语表达。在不断的非理性与理性话语表达的互动中，抗议性谣言所折射的社会矛盾与问题逐渐得到反映或澄清，而在反映或澄清的过程中，往往出现大量的对于该矛盾

---

① Ball-Rokeach, S. J., & DeFleur, M. L.. A dependency model of mass—media effects. *Communication Research*, 3, 1976, pp. 3-21.

② Ralph L. Rosnow. Rumor as Communication: A Contextualist Approach. Journal of Communication 38 (1), 1988, pp. 12-28.

③ Bordia, P., & Difonzo, N.. Problem solving in social interactions on the Internet: Rumor as social cognition. *Social Psychology Quarterly*, 87 (1), 2004, pp. 33-49.

与问题的建设性意见，对这些矛盾与问题的解决以及未来标准化程序的建立起到积极推动作用。

对于一些涉及环境污染与保护的抗议性谣言，在得到大众的广泛关注与热议的同时，实质上也促进了大众对于环境保护的意识。因此，无论是在理性思考层面，还是在现实的日常生活层面，都能带来一些改进。

借助于灾害相关的抗议性谣言，大众在恐慌中猜测，在猜测中解释，在解释中质疑，在质疑中弄清事实的真相，并寻求解决问题的方法和对策。在政府信息公开还不尽如人意的当下，来自网络舆论场的压力在一定程度上改变了“暗箱操作”的执法环境。在和平稳定与暴力冲突之间，谣言有其合理性的存在，成为弱势群体或信息获取不完整者的武器。利用这种武器，弱势群体或信息获取不完整者推动某些社会议题得到关注，从而促进某些社会问题的解决。结果无论是得到更加透明而确定的信息，还是吃到更加让人放心的食品，都对于某些社会问题的解决、未来标准化程序的建立等起到了客观上的推动作用。

二 舒缓焦虑，宣泄情绪

各种新媒体为信息的传播提供了平台，也为社会矛盾的排解、不良情绪的发泄和疏导提供了机会。当不良情绪在虚拟世界中得到排解，人们的情绪在现实生活中就能够更加平静，从而也能够避免和减少一些非理性行为的发生。

谣言的传播最先源于人与人之间的口耳相传，这也正是谣言最为吸引人的地方。通过共享谣言信息，人与人之间的关系要么变得更加亲密，要么变得更加疏远，谣言信息的共享成为人际交往的一个重要筹码。人们通过谣言的共享与传播来分散自己的焦虑，宣泄情绪。尤其在一些涉及人身安全、环境污染、自然灾害、事故、食品安全等事件中，各种抗议性谣言的传播实际上起到了消除恐惧和宣泄情绪的作用。通过相同的一则抗议性谣言信息的传播，将不同的个人联系在了一起，并给人一种不是自己一个人单打独斗的感觉，传播谣言的人之间形成了某种默契与共鸣，形成了感同身受的联盟，这是很好的舒缓个人焦虑的一种手段。

有些时候，谣言也能够给人某种希望或力量。当谣言活着的时候，生命在，恐惧在，希望也在。在一些不容易解决或者暂时无法解决的社会矛盾和事件中，比起当事人得知该矛盾或问题无法解决，倒不如得知该矛盾或问题相关的某些谣言。原因是，其一，对于谣言的关注与探讨本身就有助于推动该矛盾或问题的解决；其二，该谣言信息中包含了某些解决该矛盾和问题的契机与希望，这比直接得知该矛盾或问题无法解决，给当事人的心理体验要缓和得多。

三　避免被“谣”，官员自律

中国自古就有依据各地流传的“谣言”来判断官员好坏的“采诗制”。谣言中或许传播的是一个官员的政绩，或许是一个官员的丑恶行径。在现代社会，早就不用这样的“采诗制”来判断官员好坏了。但在新媒体时代的网络上流行的各种段子，虽然有些戏谑的成分，但也有些针砭时弊的味道。如果一个关于某官员的谣言被放到网上并被广为流传，其震动效应是巨大的。2012 年 12 月 6 日，《财经》杂志副主编罗昌平通过微博实名举报当时的国家发展和改革委员会党组成员、副主任，国家能源局党组书记、局长刘铁男“官商勾结”等问题时，国家能源局新闻发言人曾亚川当天辟谣，说罗昌平的举报信息“纯属污蔑造谣”。但到了 2013 年 8 月 8 日，中共中央纪委对刘铁男进行了立案检查，将其涉嫌犯罪问题移送司法机关依法处理。[①] 实际上，在当前社会，新媒体成为监督官员的有力平台，而一些弱势群体对于地方官员的不法行为“敢怒而不敢言”和举报无门、上访不通的情形正是因为有了网络，才有了一条不太费力的通畅渠道来反映问题。中纪委的数字显示，2012 年立案的案件中，案件线索来源于信访举报的占 41.8%，群众举报成为治理腐败的重要渠道。[②]

2013 年 9 月 14 日，甘肃张家川回族自治县初三学生杨忠发微博质疑该县一男子非正常死亡案件另有隐情，后被称该微博被转发超过 500 次，9 月

---

① 新华网：《刘铁男被“双开”实名公开举报渐显反腐“威力”》2013 年 8 月 8 日，记者华春雨、隋笑飞等，http：//news. xinhuanet. com/politics/2013 - 08 - 08/c _ 116870448. htm。

② 同上。

17日，杨忠以涉嫌“寻衅滋事罪”被刑事拘留。9月22日，甘肃警方对其撤销刑拘，转为行政拘留七日；9月23日，杨忠获释，警察局长被拘，抗议性“谣言”成为维护正义的工具。

各种抗议性谣言使各级政府官员更加有所顾忌和畏惧，这种畏惧比传统时代的报道要大得多。因为谣言总是离不开“故事”，“故事”离不开“由头”，网民只要发现了官员们言语或行为上的“由头”，便有了编写“故事”的空间，于是，谣言就产生了。因此，各种对于官员的举报“谣言”从现实角度来说确实增加了官员、机构、企业等对自身话语和行为的约束，为避免被捕风捉影的杜撰而少留一些“尾巴”，以避免被“谣”而引火上身。

四　回归理性，提高免疫

新媒体平台上的信息交流有效培养了大众对于社会事件的关注和热议，使得大众有机会参与到社会议事上来，并提出自己的见解和想法，而这些见解和想法在传统媒体时代可能不方便表达，或者缺乏便捷的渠道去表达。抗议性谣言在所有的信息中，作为确定的新闻信息的一种补充，增加了社会信息的活性能量，也凝聚了大众对于相关问题的关注与探讨，包括了理性的分析与建言献策。在能够比以往任何时代都更加便捷地接触到多元信息，也比以往任何时代都更加便捷地接触到抗议性谣言信息的当下，大众自然也在见多不怪的前提下提高了对抗议性谣言信息本身的免疫力，尤其是对那些恐慌性不实信息的免疫力。

在2013年公安部开展集中打击网络有组织制造传播谣言等违法犯罪的专项行动之后，无论是网络上的大V们，还是普通的大众，在转发信息时变得更加克制和理性。不再轻易对不确定的信息进行简单的评论和转发，而是多了一些信息甄别的自觉和理性的分析。对于该项行动可能引发的“寒蝉效应”应有所警惕，但对于其在现实中所起到的呼唤大众理性的作用是不容忽视的。

面对抗议性谣言信息，大众多了理性的分析和质疑，也对不确定信息多了免疫力。理性的分析和质疑有助于澄清信息的真实性和确定性，而免疫力能够有效避免一些恐慌行为的发生，也减少一些恐慌情绪的渲染和传播。

五　营造氛围，收集民意

社交媒体平台能起到很大的“出气孔”和“减压阀”作用，更是成为重要的收集网上意见表达及其反映的社会现实问题的途径和平台。有些谣言，正是为政策出台营造氛围，当正式的文件或管理措施出台时，大众已经有了足够的心理准备和预期。

在组织中，有时候往往是故意地散播一些“小道消息”以探测员工的意见，为正式管理文件或管理策略的出台提供参照。那么，对于国家来说，一些管理政策的出台往往也需要统筹考虑，尤其对于那些左右为难的问题，实际上，也是可以通过散布“谣言”的方式来收集民意。虽然故意散布“谣言”的方式有待商榷，但通过大众对于“谣言”的反映，往往能够制定出更加切合实际和符合大众所愿的政策，其结果是积极的。尤其对于左右为难、很难抉择的一些涉及社会民生的重大问题，通过一些没有伤害性的、非恶意的谣言信息的散布，来广泛征集社会各界的反映，收集民意，再参照社会各方意见来修正政策、制度，以更好地服务民众，达到理想效果。比如在2013年开始的针对“延迟退休”的网上热议，通过各种谣言的传播和辟谣的过程，收集了民众对各种假设的延迟退休方案的反映，为未来政策的制定提供了非常有价值的参考依据。

谣言的传播能够给予弱势群体以表达机会，借以放大正常渠道无法得到重视和解决的社会问题，助推这些问题进入公众视野和公共领域，继而可能得到关注、讨论，甚至解决。新媒体时代，多人多点对于谣言传播所指涉问题的真相的探求，也有利于民众媒介素养的提高、科学精神的培养，以及知识的普及，同时，也有利于提高个人关注社会问题的责任感。

第二节　抗议性谣言的负面社会影响

对于谣言的负面影响，已有许多学者进行探讨和研究，也已经引起社会各界的广泛关注，不然也不会有谣言如同“洪水猛兽”的比喻。本节仅仅就抗议性谣言容易引发的主要负面社会影响作一简单梳理。

一　抗议性谣言多引发群体行为

汉斯-约阿希姆·诺伊鲍尔指出，谣言因为其神秘性与不确定性，才更加容易引起恐惧与慌乱。产生、传播和暴力行为的威胁形成了谣言的三部曲。① 诺伊鲍尔认为，除了谣言的产生、谣言的传播，谣言往往还伴有暴力行为。贾尼斯（1989）指出，当高度相似或具有一致性的群体无法全面考虑反对意见时，当他们为了和睦相处压制冲突时，或当群体成员没有全面地考虑所有的解决方案时，就容易产生群体思维。② 群体思维直接影响着群体行为。群体行为既可能是互联网上的一种在线式的抗议，也可能是线下的群体性事件在互联网上的延伸，或者是线上线下的交互。而无论是线上还是线下，意见表达总是对行为产生影响。抗议性谣言中所包含的意见表达往往涉及一个或多个群体的利益，因此也更容易引发群体行为的产生。

2003 年，非典谣言引发了对板蓝根的抢购，2011 年，日本核泄漏谣言引发了对食盐的抢购，2012 年，末日谣言引发了对蜡烛的抢购，看似一脉相承，都引发了大众广泛的恐慌，都抱着“宁可信其有”的心态被商家大大利用，成为商家赚钱的筹码。但不同的是，末日谣言更多包含了戏谑成分，而且由于是接近年末，更多了一些节日的狂欢成分。抗议性谣言因其具有谣言的不确定性和神秘性，又有着抗议性所指涉的社会矛盾和社会问题，再加上新媒体传播技术的助推和放大，最容易引发广泛的关注，也最容易引发群体性思维，从而引发群体行为，包括非理性的群体行为。

群体行为在某些时候本来可以推进社会进步，具有正面的社会意义，但由于抗议性谣言多针对或指涉对政府、权威部门或媒体公开发布的信息的抗议表达，因此，由抗议性谣言所引发的群体行为大多与暴力、游行等相关。比如发生于 2013 年 5 月的北京京温商城女子跳楼引发的谣言，就直接导致当天的群体游行行为的发生。在该事件与自身并无太多牵扯与关联的情形

---

① ［德］汉斯-约阿希姆·诺伊鲍尔：《谣言女神》，顾牧译，中信出版社 2004 年版，第 21、134 页。

② 转引自［美］理查德·韦斯特、林恩·H. 特纳《传播理论导引：分析与应用》（第二版），刘海龙译，中国人民大学出版社 2007 年版，第 262 页。

下，是什么力量让大众有了上街的冲动与行动？经由人际传播或新媒体平台传播关于该事件的谣言信息，大众便上街声讨正义与说法。那么，为什么能够在极短的时间内，该事件的相关谣言信息能够产生如此强大的凝聚力？桑斯坦（2009）指出，恐怖主义网络往往采取由观点相同的人们组成的孤立的讨论小组来滋生群体极化的产生。其结果是，它们能够使在其他情况下属于平民百姓的人们采取暴力行动。[①] 恩斯特·博尔曼（1996）发现，群体成员通常会具有相同的情绪或感情投入，因此他们倾向于保持自己的群体身份。这种集体思维方式一般会保证群体的一致性，可能还会产生高度的凝聚力。[②] 北京京温商城女子跳楼引发的谣言在极短时间内所形成的高凝聚力就是属于这种情形。

二　谣言影响正常经济运转

新媒体传播范围广，涉及的人多，因此在新媒体时代的谣言的渗透力和渗透范围相较传统媒体时代也更强和更大得多，再加上大众的恐慌情绪和宁可信其有的心理作用，使得抗议性谣言信息更加容易“一石激起千层浪”。而如今这样一个信息社会，一旦被激起“千层浪”，其影响是巨大的。谣言的产生与传播量与某种或某几种媒介的使用率、某种或某几种行业产品的销售量、相关上市公司的股价波动等之间形成了密切的关联，比如某些抗议性谣言信息的传播和扩散导致股市异动现象，游资借机炒作，股民惨赔受伤就是很明显的例子。

2011年3月11日，日本东部临近海域发生里氏8.9级地震，并引发10米高海啸，导致日本福岛核电站核泄漏事故。2011年3月15日上午，在杭州一电脑公司工作的陈某在网上聊天时看到了这样的信息：“据有价值信息，日本核电站爆炸对山东海域有影响，并不断的污染，请转告周边的家人朋友储备些盐，干海带，暂一年内不要吃海产品。”陈某不假思索便用网名“鱼

---

① ［美］卡斯·R. 桑斯坦：《极端的人群：群体行为心理学》，尹宏毅、郭彬彬译，新华出版社2010年版，第5—6页。

② 转引自［美］理查德·韦斯特、林恩·H. 特纳《传播理论导引：分析与应用》（第二版），刘海龙译，中国人民大学出版社2007年版，第264页。

翁”将该信息复制并转发。2011 年 3 月 11 日是海啸当天，3 月 12 日和 13 日、3 月 19 日和 20 日两个周末休市，2011 年 3 月 25 日是海啸后第 15 天，这期间中国的上证指数和两个主要的盐业股的波动情形，见表 5 - 1。①

表 5 - 1　日本海啸后 15 天内中国盐业代表股与上证指数对比表　单位：元

时间	上证指数（000001）			云南盐化（002053）			兰太实业（600328）		
	指数	当日涨跌幅	累计涨跌幅度	价格	当日涨跌幅	累计涨跌幅度	价格	当日涨跌幅	累计涨跌幅度
11 日	2933.80	—	—	12.91	—	—	13.65	—	—
14 日	2937.63	0.13%	0.13%	13.03	0.93%	0.93%	14.25	4.39%	4.40%
15 日	2896.26	-1.41%	-1.28%	13.60	4.37%	5.34%	15.68	10.03%	14.87%
16 日	2930.80	1.19%	-0.10%	13.63	0.22%	5.58%	15.80	0.77%	15.75%
17 日	2897.30	-1.14%	-1.24%	15.00	10.05%	16.19%	17.39	10.06%	27.40%
18 日	2906.89	0.33%	-0.92%	13.86	-7.60%	7.36%	15.65	-10.00%	14.65%
21 日	2909.14	0.08%	-0.84%	13.13	-5.27%	1.70%	14.44	-7.73%	5.79%
22 日	2919.14	0.34%	-0.50%	12.97	-1.22%	0.46%	14.45	0.07%	5.86%
23 日	2948.48	1.01%	0.50%	12.99	0.15%	0.62%	14.30	-1.04%	4.76%
24 日	2946.71	-0.06%	0.44%	13.10	0.85%	1.47%	14.42	0.84%	5.64%
25 日	2977.81	1.06%	1.50%	13.24	1.07%	2.56%	14.24	-1.25%	4.32%

陈某的信息通过手机短信、电话和互联网手段等广泛传播。电信部门负责人称，16 日、17 日当天，浙江全省的通话量出现爆炸性增长，话务量主要集中在 16 日傍晚。从 16 日起，浙江、广东、上海等地市民纷纷前往超市、便利店、农贸市场抢购食盐，导致这些地区当地食盐的销售量相较平时猛增了十几倍。随后，这股恐慌性的购盐潮从东部沿海开始向内陆和中西部地区蔓延，并席卷了中国大部分地区。② 不能说明谣言在促进这些特殊商品的销量上的直接相关性，但至少可以说明谣言与该年度或月份的该商品的销售量的紧密相关性。

日本海啸后第 5 天（3 月 15 日）和第 7 天（3 月 17 日）出现抢盐最高潮。3 月 15 日，云南盐化上涨 4.37%，兰太实业涨停；3 月 17 日，云南盐

① 数据来源：笔者根据中信建投网上交易系统数据整理。

② 新华网：《谣言是如何成为“谣盐”的？——全国食盐恐慌性抢购的幕后》2011 年 3 月 22 日，http://www.sc.xinhuanet.com/content/2011-03-22/content_22335927.htm。

化和兰太实业均涨停。也是在这一天，从海啸发生以来第一天算起的累计涨幅达到最高，云南盐化达到 16.19%，兰太实业更是达到了 27.40%。海啸后第 8 天（3 月 18 日），两股均出现暴跌，云南盐化下跌 7.6%收盘，兰太实业则跌停。这与 3 月 17 日中国盐业总公司向全国各省、自治区、直辖市及计划单列市发出的紧急通知[①]不无关系。与食盐相关的涪陵榨菜 17 日最高涨幅超过 9.50%，全天涨幅高达 7.41%，换手率高达 23.36%。

实际上，类似的抢购活动早在义和团运动期间就已经出现过了。义和团运动期间"刀枪不入"的谣言引发了民众对红纸的抢购。因为传说中如果要保证义和团的法术灵验，即真的能克洋人的大炮，需要所有民众一致地把自家的烟囱用红纸蒙上才行，因此，北京的红纸就被抢购一空了。[②] 因此，由谣言引发民众恐慌，然后处于恐慌中的民众为了自身和家人利益对某些特殊商品进行抢购，这是一个大连贯现象。

也有另一种情形是，由于谣言的存在，一些商品的销售受到抵制。比如对于柑橘里边有虫子的谣言，就在很大程度上影响了柑橘的销量。古往今来，谣言对于某些商品的抢购，或者抵制，都严重影响了自然的经济和市场规律，对经济的正常发展产生不利影响。

三　谣言引发民众对政府的抵触和不信任

卡普费雷（1987）认为，是谁制造了谣言并不重要，重要的是谣言为什么传播。卡普费雷认为谣言是一种"反权力"："谣言是对权威的一种返还。"它揭露秘密，提出假设，迫使当局开口说话。同时，谣言还对当局作为唯一权威性消息来源的地位提出异议。[③] 抗议性谣言中一个重要的抗议对象就是针对政府和官方，因此，无论是后来被证实还是被证伪了的抗议性谣言，它们本身所指涉的内容大都出于对政府所作所为或其所制定和出台的政策的不满，其暗含的态度也总是习惯性地站在相对弱势的一方，而与政府对立，直

① 中国新闻网：《中盐总公司回应食盐抢购现象：确保市场稳定供应》2011 年 3 月 17 日，http://www.chinanews.com/cj/2011-03-17/2912655.shtml。

② 张鸣：《义和团和五四时期的流言、危机与抢购》，《新京报》2011 年 3 月 26 日第 B6 版。

③ ［法］让-诺埃尔·卡普费雷：《谣言：世界最古老的传媒》，郑若麟译，上海人民出版社 2008 年版，第 16 页。

接表现为不信任政府发布的信息，以及质疑政府的行为。

2009 年湖北石首事件，谣言的大范围传播正是由于当地政府长期缺乏公信力导致民众对其不信任造成的结果。而抗议性谣言信息正是以“正义的”名义在极短的时间内大面积传播开来，并最终导致数万名群众连夜上街。该事件中，参与冲突的一名女子在被架离现场时说：“我在这里守了两个通晚，就想知道，这个事情到底会不会公正解决。”[①] 这就是典型的对政府的质疑和不信任，并且还由其引发了直接的和现实中的抗议行动。

拥有新浪微博 10869910 粉丝的俞敏洪于 2013 年 7 月 26 日 13：34 发布的微博信息中包含了对于现时代中国社会的诸多现状的不满，以及对于公平公正解决社会问题的期望，见图 5－1。[②]

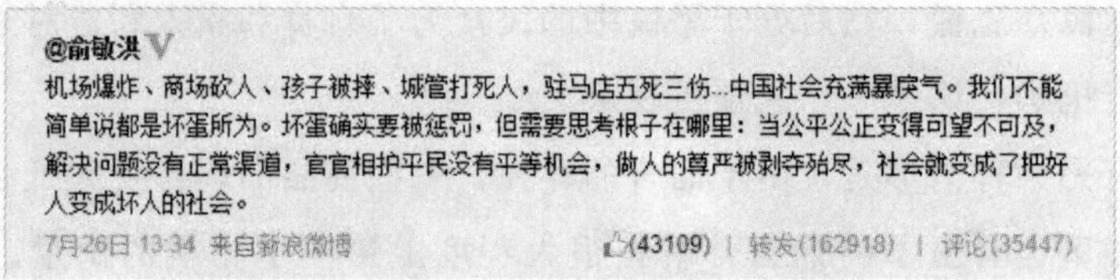

@俞敏洪V
机场爆炸、商场砍人、孩子被摔、城管打死人，驻马店五死三伤...中国社会充满暴戾气。我们不能简单说都是坏蛋所为。坏蛋确实要被惩罚，但需要思考根子在哪里：当公平公正变得可望不可及，解决问题没有正常渠道，官官相护平民没有平等机会，做人的尊严被剥夺殆尽，社会就变成了把好人变成坏人的社会。
7月26日 13:34 来自新浪微博　　(43109) | 转发(162918) | 评论(35447)

图 5－1　新浪微博截图

截至 2013 年 7 月 29 日 14：29，该微博已有 162918 个转发，35447 个评论，43109 个“赞”，转发和评论的微博网友大多都是认可这个观点的。

在这样一个政府公信力普遍遭到质疑的时代，一旦出现不利于政府的抗议性谣言信息，民众的态度往往简单偏向于相信，而对于政府出面辟谣澄清的信息，民众往往又会认为是“此地无银三百两”，于是反而更加强化了对抗议性谣言信息的认同。抗议性谣言信息导致对政府的抵触和不信任，而对政府的抵触和不信任反过来又使得大众更加宁愿相信抗议性谣言信息。

在新媒体时代，借助于网络和多种信息传播平台，信息如同滚雪球般瞬间放大，群体的情绪也同时被激化，听任抗议性谣言流传，就会造成难以挽回的不良后果，因此，在新媒体时代，如何以不同于以往传统媒体时代那样一刀切的简单方式应对抗议性谣言成为具有重大意义的研究课题。

---

① 于建嵘：《泄愤事件的后续效应》，《南风窗》2009 年第 15 期。

② 来源：新浪微博：http：//weibo.com/，截图日期：2013 年 7 月 26 日。

第六章　新媒体时代抗议性谣言的应对策略

在最高人民法院网站上，有篇文章名为《忠诚是政法干警的基本操守》，文中指出：境内外敌对势力和一些境外非政府组织、媒体，打着“维权”的幌子，恶意炒作司法个案、信访案件，大肆抹黑和攻击我们党和政府，蛊惑煽动一些上访人员非法聚集，竭力推动信访问题复杂化、司法问题政治化，企图把人们思想搞乱、把中国搞垮。面对这一严峻形势，立案信访部门干警必须时刻保持警惕意识，不信谣、不造谣，善于透过现象看本质，切实增强政治敏锐性和政治鉴别力，确保在重大原则问题上不摇摆，在大是大非面前不含糊。[①] 这段话很典型地反映了政府对于谣言的认识、理解和态度，即：谣言大多是境内外敌对势力和一些境外非政府组织故意制造的，一些民众受到蛊惑和煽动，随即使得问题变得严重和复杂。而广大的民众，是需要有不信谣、不造谣、不传谣的自觉性和辨别力的。这是一个非常典型的对于谣言的认知和判断。在这样的认知和判断中，谣言总是被认为是没有事实依据的、虚假的、蛊惑人心的，而相信谣言的人往往是容易上当的、轻信的、因而是“不明真相”的。

但是，不能不指出的是，这样的对于谣言的判定未免过于简单化，而对于广大民众的理性判断力的要求和期望又过高。实际上，广大民众在做到更

---

① 最高人民法院网站：《忠诚是政法干警的基本操守》2012 年 6 月 29 日，http：//www.court.gov.cn/spyw/laxf/2012 - 06/t20120629 _ 177613.htm。

加理性地判断所接触到的信息的同时，更加需要的是通过权威渠道得到更加权威和确定的信息。将不确定的信息变得确定，这实际上是民众在信息时代对于信息发布者的最基本的要求，也是对社会管理者的最基本的要求。在社会上有那么多专业的信息发布部门（包括大众媒体机构）的情形下，民众实际上是有理由这样要求的。也就是说，在新媒体时代，大众自身的媒介素养、理性判断能力等的提高不可或缺，但大众对于信息发布部门和专业的媒体机构发布信息的确定性和权威性的要求也不容忽视。

新媒体时代的信息传播变得更加复杂，相应地，作为抗议性谣言信息的传播也更加复杂，因此，对于新媒体时代抗议性谣言的认知和应对，需要进一步细化和深化，并区分对待。在对抗议性谣言进行分类时，笔者避免采用简单的一刀切的立场，对于其制造和首发者，区分出故意又恶意的、故意非恶意的、非故意非恶意的等。同时，对于占绝大多数的抗议性谣言的传播者，再进行更加详细的区分。这样的区分对于采取更加恰当的、更有针对性的应对态度与措施奠定了基础。而对于抗议性谣言传播的各种动因以及抗议性谣言的正面和负面的社会影响的分析，则能够帮助我们更加理性地判定谣言和应对谣言。

对于抗议性谣言的首发渠道的梳理，使我们在考虑如何看待谣言传播平台的时候更加多了一些深入的思考，而非简单地将各种新媒体传播平台纳为谣言传播的“摇篮”、将传统媒体与新媒体相对立、认为传统媒体发布的是确定性的信息，而新媒体平台发布的信息往往偏向于缺乏根据，甚至认为新媒体平台充斥着各种不实的信息。通过对 2003—2013 年 33 例抗议性谣言首发渠道的分析，我们看到，传统媒体往往也是非常重要的谣言发布的平台之一，所以，我们需要打破对于新媒体的偏见，这是讨论如何应对新媒体时代的谣言的非常关键的前提。

在以上前提之下，本章试图探讨更加适宜于新媒体时代的、更有针对性的应对抗议性谣言的方式和策略。

第一节　信息稀释：阻断不实谣言的拼接

“信息拼图”的提出，能够让我们更深入地认识到信息在新媒体平台上的各种可能的拼接，当中包含有“自清”功能，也包含有被营销公司和“网络水军”利用来营造舆论氛围的信息拼接，从“信息拼图”的角度出发来认识抗议性谣言信息的传播，是真正意义上的从信息传播角度来阐释谣言信息的拼接，这个角度能够帮助我们以更加客观和中立的立场对待谣言信息的传播与扩散。在此思路下，笔者提出“信息稀释”既能保障正常信息传播的通畅，同时又能阻断不实谣言信息的拼接与传播和扩散。

一　对群体智慧的呼唤

除了被营销公司和个人以种种方式利用来拼接他们理想中的“信息拼图”之外，还原真相是“信息拼图”最大的作用和价值。散布在各个空间的网民，有的以知情者的身份发布信息，有的以旁观者的身份确认信息，有的以专业人士的身份或分析，或澄清，或质疑信息，通过各种衔接和质疑，过滤掉了那些不符合实情的信息和不恰当的推测，从而得出更加确定的和真实的信息，同时也留下更加合理的结论和观点。

凯文·凯利（1994）在蚂蚁研究先驱惠勒提出的“超级有机体”观点的基础上，提出了“蜂群思维”，他指出，一个重达五十磅的蜂巢机构，将工蜂、雄蜂、花粉和蜂窝组成了一个统一的整体，拥有大量其任何单个组成部分所没有的东西。他认为，“蜂群思维”的神奇在于，没有一只蜜蜂在控制它，但是有一只看不见的手，一只从大量“愚钝的”成员中涌现出来的手，控制着整个群体。要想从单个虫子的机体过渡到集群机体，只需要增加虫子的数量，使大量的虫子聚集在一起，使它们能够相互交流。等到某一阶段，当复杂度达到某一程度时，“集群”就会从“虫子”中涌现出来。[①] 这是一种类似于群体智慧的东西，当一个群体中个体的数量达到一定程度时，会产生一种群体智慧，来“控制”和影响个体的思维方式，及其行为模式。依照这种逻辑，在网络化的新媒体平台上，信息大量涌现，并逐渐被拼接、澄清、淘汰和替换，靠的就是群体的规模和数量。如果在一个小圈子内的成员容易分享相同的信息，并容易达成一致的观点，那么，如果这个圈子被无限

① ［美］凯文·凯利：《失控》，新星出版社 2010 年第 1 版，2013 年第 9 次印刷，第 20—21 页。

地扩大，进而成为一个人数众多（足够多）的群体，群体智慧就容易涌现出来了。

凯文·凯利（1994）同时指出，科学界早就认为大量个体和少量个体的行为存在重大差异。如同一粒沙子不能引起沙丘的崩塌，但是一旦堆积了足够多的沙子，就会出现一个沙丘，进而也就能引发一场沙崩。[①] 因此，防控失实谣言信息扩散的最好办法就是防止失实谣言信息像沙子一样堆积起来形成沙丘，用大量的其他信息来打散不实的谣言信息的拼接，也就是用不同的信息来拼凑不同的拼图，从而起到“信息稀释”的作用，让失实的谣言信息像散沙一样形不成大的合力。

兰·费雪（2013）指出，群体中的每一个个体都会遵循一些规则，这些规则有助于它们从群体中获得最大的利益。一些规则使它们聚在一起形成一个团体，另一些规则则允许它们像“超个体”中的一员那样行事。“超个体”中没有个人领导者，但这种组织形式能够提升群体的智慧。利用这种智慧，群体可以做出集体性决策。因此，“超个体”比简单的个体叠加更加强大。他认为，在复杂性科学家的眼中，网络就是复杂的系统，如果可以随意添加或删除节点和连接，那么它往往会变成复杂的自适应系统。各个节点之间的连接代表局部相互作用，但是不管怎样，新兴网络整体性能都比那些局部相互作用的总和要强得多。因此，对人类而言，获得群体智能的关键，不是丢失个体性，而是让个体学会如何与邻近的其他个体适当地互动。[②] 克莱·舍基（2008）指出：“群体行动新增的灵活性和力量将有更多好的而不是坏的效应，从而使当前的改变归总仍然是好的结果。”[③] 在这里，缺乏理性的“乌合之众”变为群体智慧集聚的“完美的群体”。在新媒体时代，大众成为信息的生产者、消费者、传播者和分享者，其主动性大大增强。个人不再像信息来源单一和媒介接触单一的传统媒体时代那样，对于接收到的信息不做更深层次的判断而简单信任；在新媒体时代，个人面对多元的信息和多元化

① ［美］凯文·凯利：《失控》，新星出版社 2010 年第 1 版，2013 年第 9 次印刷，第 32 页。

② ［美］兰·费雪：《完美的群体：如何掌控群体智慧的力量》，邓逗逗译，浙江人民出版社 2013 年版，第 22、32、153 页。

③ ［美］克莱·舍基：《未来是湿的：无组织的组织力量》，胡泳、沈满琳译，中国人民大学出版社 2009 年版，第 209 页。

的媒介接触，有了更主动的选择，也有了更多的自我判断。这样的个人组成的群体，往往更多地促发了一些理性分析和思考，靠着集思广益，也许就产生“超个体”，从而能够涌现出“群体智慧”。

但整合群体智慧的前提和重中之重，是要有安全的、健康的、开放的信息分享和交流的平台。群体的智慧也好，个人的智慧也好，都需要有表达的渠道，也需要表达的便捷。新媒体时代的各种信息传播平台为这种表达提供了良好的技术保障。我们需要做的，不是害怕谣言泛滥而阻断正常的信息传播与流通，而是需要确保这些信息传播与交流平台的健康、有序的发展。“皮之不存，毛将焉附”，如果没有健康有序的言论表达通道，群体和个人再多的智慧也无从表达。

二　对谣言信息的稀释

Devavrat Shah、Tauhid Zaman（2011）对网络谣言的源头探寻作了系统研究，他们模拟网络上的谣言传播为一个易受感染的模型（susceptible—infected model，即 SI 模型），得出了谣言来源的估计函数。[①] 该估计函数能在一定程度上计算和预测谣言的源头。伴随着技术的进步和大数据、云计算的到来，在技术上实现对谣言信息源头的抓取不再困难。那么，利用该估计函数的预测，如果在谣言传播的各结点用其他的信息来对冲谣言信息的传播，从而截断谣言信息在各结点上的拼接，是一种更加隐蔽和有效的谣言信息阻断手段。

采用“信息稀释”方式来冲淡谣言信息的对接与传播，不是回避失实谣言信息所指涉的问题，而是用更加真实的信息来冲淡失实的信息；不是阻断大众对于不确定性信息的讨论、推测与质疑，而是反而要激发和鼓励大众对信息的理性交流和讨论。一方面，讨论者越多，越容易提出合理、合法的解决问题的方式；另一方面，各种各样的大量的确定性信息能有效稀释当前的失实或不确定性的谣言信息。

---

① Devavrat Shah & Tauhid Zaman. Rumors in a Network：Who's the Culprit? *Ieee Transactions on Information Theory*, VOL. 57，NO. 8，August 2011，pp. 5163 - 5181.

三　稀释后的信息填充

稀释后的信息填充包含两个方面的内容：一个是谣言所涉及事件相关的更加真实的信息，一个是与该谣言所涉及信息有关联的或者无关联的新的热点话题的聚合。无论是哪一类的信息，一旦增加大量真实信息的传播和扩散，既有效稀释了不实信息，又有效阻断了不实信息的拼接；既可以推送更多的热点，也可以设置更多的社会议事和议程，还可以传播更多知识类、科普类、娱乐类的有用信息。

吴筱玫（2011）认为，在PageRank数据结构中，由于原件的消逝，文本的元真性（authenticity）不复存在。其所呈现的面貌，是旧资讯永远有可能被新资讯替代，这使得权力/知识的表现，已然从一个空间的问题慢慢转变成一个时间的问题。只要有意或无意间掌握了时间与科技，就等于掌握了权力。吴筱玫指出，PageRank的页面排序不应该只沦为个人化的资讯空间，而是能优先提供接近事件本身的文本，让搜索者在主观意义与事件实在之间进行权衡。[①] 吴筱玫所描述的PageRank数据结构正是现如今的信息填充的典型模式，而令吴筱玫担忧的，是这种新资讯取代旧资讯的快速填充取代和忽略了信息的真实性和本真性。目前的各新闻网站或新闻客户端对于同一件新闻或者资讯，包括谣言信息的高度一致的报道非常普遍，如果被报道的新闻或者被发布的信息是真实的，则比较理想；但如果是不实新闻或者信息，尤其是营销公司和“网络水军”故意“制造”和“拼接”的信息，大众在短时间内是很难断定其真假的。

在大众严重依赖各种新媒体搜索平台来获得信息的时代，很多时候，大众对于某事件的认知主要就是来源于网络搜索推送的信息。而搜索功能中输入关键词，“自动完成”的词条就会出现在搜索输入框底下的下拉菜单中，供搜索者便捷选择和参照搜索。而这样一些自动完成的词条一般是基于用户搜索频度的累积。但在一定层面，下拉菜单所提示的词条所含信息并不是以事实为依据，而是以用户搜索为依据。这就造成一个问题，即不明就里的使

---

①　吴筱玫：《PageRank下的资讯批判：新“2·28”事件回顾》，《新媒体事件研究》，邱林川、陈韬文主编，中国人民大学出版社2011年版，第146页。

用者为了明确或确定一个信息而进行搜索，但在搜索过程中，大量的自动完成的提示有时候更加强化了这种不确定性，甚至导向不确定性的信息，而非直接引导搜索者进入确定性信息的链接。因此，散布在网络上的信息及其排序，是否应该以时间为序，或者以搜索热度为序，还是以事实依据为序，是值得深思的。

因此需要强调指出的是，在信息稀释后的信息填充，一定是要确保真实的和有价值的信息，而不是滥竽充数的涂鸦式的填充、灌水式的信息填充，要极力避免不确定性的或虚假信息的填充。

新媒体时代的碎片化媒介消费正好有利于信息的填充。碎片化并不等同于简单和粗浅，相反，碎片化阅读留下大量“填空”的时间，更加有利于多角度的、多维度的、甚至是更加深入的思考和拼接。而散布于网络的大量的参事议政者，大都具有对社会发展的关切和爱国的情怀。这些参事议政者在碎片化时间里的议政、论事和建言、献计、献策如果得到鼓励，是有利于推动社会问题的解决，有利于提升政府的公信力和亲和力，从而有利于社会的发展的。

第二节　权威性的提升:信息确定性的回归

从理念上来说，在新媒体平台提供了越来越多的互动、交流、共享的时代，简单粗暴应对负面谣言信息的想法和做法显然都已经不合时宜。从技术上来说，传统信息控制方式已经不足以满足目前的信息安全需要，利用新的媒介工具，有害信息可以通过匿名代理服务器发到微博等社交网站，使得信息控制变得复杂，难度也大大增大。传统信息控制通过锁定 IP 地址、截断服务器以及屏蔽等手段进行，但随着新的网络技术的发展，诸如匿名代理服务器等的出现，使得信息控制和安全工作难度极度增大，这就需要探寻更多的方式和途径来跟上时代的发展和需要。

一　增强政府公信力

很多研究者认为，信息透明、公开，再加上民主和法制，谣言自然可以消亡。显然，这是一种理想状态。以民主与法治为标签的美国等西方国家，谣言也并未避免，谣言流传的原因也并不仅仅是因为信息不透明。即便信息透明了，民众相信吗？这才是问题的症结所在。比如在 2010 年年底的钱云会案件中，大多质疑的声音并没有因为公安机关公开、透明地发布信息而遏止，反而招来更多的质疑，原因是民众长期以来所积累的对于当地政府强权政治的不满和怨气。实际上，要让民众信任，一个前提是有公信力，另一个前提是有效“发声”。

Ralph L. Rosnow（1988）提出了应对谣言的五条准则：第一，既然防止谣言带来危害性后果的最好途径是阻止谣言，那么，事先预测并面对焦虑与不确定感以减少谣言的产生；第二，保持沟通渠道畅通，并告知人们实情。当然，前提是人们足够信任官方渠道及其传播的内容。同时，鉴于重复会让人们更加偏向于相信，所以尽量不要重复谣言；第三，信息公开且保持权威性。不能为了短期利益而扭曲真相，因为一旦人们在内心有了偏见，将来是很难改变的；第四，告知人们不实谣言信息的破坏性，并且将预测变为预先防备；第五，当需要采取严厉措施时，要以合法的方式来执行。① 在论述中，上述五条准则的实例大多列举的是公司的实际情形，在文章末尾，Rosnow 指出这些准则同样适用于社会。从社会层面来说，上述五条准则实际上都指向了政府的公信力。原因是，人们能够有效预测焦虑与不确定感，并且能够有效面对，前提是基于对自身安全有所保障的信心和对政府能够有效处理社会问题的信任；而信息的公开、透明、确保信息的真实可靠性，以及通过合法手段来控制不实谣言信息等，全都是基于政府公信力的建设与维护。

（一）增强公信力

政府应如何使用新媒体平台来塑造和维护其公信力与权威性以加强民众对政府的信任？首要的是要有愿意沟通的、更加主动的（而不是害怕的，甚至是对立的）态度，要真正地代表民众的利益，对于民众的引导要更加理性，也更加人性化、情感化，多用客观的信息来让民众自己得出自己的判断

---

① Ralph L. Rosnow. Rumor as Communication：A Contextualist Approach. *Journal of Communication* 38（1），1988，pp. 12 - 28.

和意见表达，少用一些简单的观念的灌输。

除了保障公众与政府之间的有效沟通和交流，还可以借助媒体帮助政府建立民众对政府的信任。首先，政府机构与官员要增强其媒介素养，要提高应对和运用媒体的能力，尤其是要了解新媒体的特点和规律，不能和媒体对立，也不能只是对各种媒体简单地下达指令，因为强硬的命令非常容易将媒体推到对立面。同时，要加强非危机和非突发事件期间的官民互动，“功夫在诗外”，加深信任，这样，一旦有危机和突发事件发生，民众自然更加愿意相信政府，而对抗议性谣言多一些质疑和理性思考。

Peri K. Blind（2006）提出了信赖概念的内涵，并认为在某些情形下，社会信赖与政治信赖互相促进。依照 Peri K. Blind 提供的模型，在社会化和现代化过程中，政治信赖与社会信赖相辅相成。政治信赖动机中包含了理性信赖和心理信赖。而社会信赖包含了社会资本和公民参与，目标指向公民社会，而公民社会反过来也助推社会信赖，公民参与在此过程中起到关键作用。政府要增强自身的公信力，鼓励和加强公民参与是不可或缺的。因此，要有效利用新媒体平台，以确保公众与政府之间有效的沟通平台和健康的信息环境。Peri K. Blind 提供的模型如图 6 - 1 所示。[①]

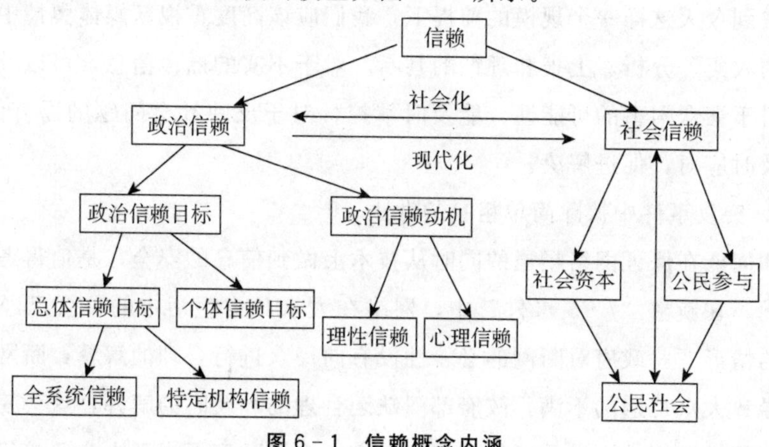

图 6 - 1 信赖概念内涵

① Peri K. Blind. 2006. Building Trust in Government in the Twenty—First Century: Review of Literature and Emerging Issues, *7th Global Forum on Reinventing Government Building Trust in Government* 26—29 *June* 2007, Vienna, Austria (written in November 2006) . http: //unpan1. un. org/intradoc/groups/public/documents/un/unpan025062. pdf.

网络舆情信息处理不当，尤其是对一些抗议性谣言信息处理不当，极易引发大众的抵触和恐慌情绪，也极易引发谣言的变异，并产生广泛的负面社会影响，甚至引发危害性群体事件，而其后续影响也在长期内难以消除。那么，要如何增强政府的公信力，需要做到下列几个方面。

1. 重视抗议性谣言反映的网络民意

无论借助于抗议性谣言进行社会抗议的途径是否合法或者合理，其所包含的质疑实际上也是一种对话，暗含着与政府对话和沟通的意愿。政府部门要重视网络民意，要及时收集并正确判断新媒体平台上的谣言信息。网络民意虽然不能取代民意，但作为虚拟的民意，还是有一定的代表性的。而谣言，尤其是抗议性谣言信息，在一定程度上直接反映了大众对于某些事件的态度。周裕琼（2013）指出，传统谣言多为“缺乏事实依据的谎言”，而新谣言（即当代中国社会的谣言，与传统谣言相对）则多为“真实的谎言”，因为在谣言中恰恰体现了我们所处时空的社会真实，比如2009年出现的胡斌“替身”说最终被证明是“谎言”，但因为权贵操纵司法这一“假想”的社会现实，合乎网民根深蒂固的社会信念，所以在网民心中，它的解释力却比真相还强大。[①] 政府部门要重视网络民意。在新媒体发展到今天这样一个规模的前提下，我们应该高度重视新媒体舆情中谣言信息的收集、分析、上报和理性的判断。对于不实的谣言信息，可以及时澄清；对于聚众闹事的可能性，能及时掌控。对于反映社会问题的谣言信息，应该及时应对，促进解决。

2. 突发事件中摒除简单粗暴的做法

如何能在保证网络畅通的同时从技术上做到信息的安全，是值得考虑的新课题。在新疆“7·5事件”中，网络在大众日常生活中的位置已经无可替代的情形下，政府对断网的必要性没有向民众进行合理的解释，断网时间太久导致大众普遍的不满。政府部门缺乏合理的和及时的解释，这会使大众对政府的做法产生不满和抵触情绪（一方面不满政府无视于大众要求信息渠道通畅的需求；另一方面担心政府对于互联网、手机网络的过度管控）。断

---

① 周裕琼：《2012年中国谣言传播特征解析与应对策略》，《新媒体蓝皮书·中国新媒体发展报告（2013）》，社会科学文献出版社2012年版，第94—95页。

网对普通大众的生活造成不便，也对大众对政府的信任产生不利影响，对经济、信息、旅游影响也很大。同时，从网民的角度来讲，在没有得到有效的解释和通知的情况下断网，感到不适应，也不理解，甚至抗议。邮件、短信都断了，与其他地方的人的必要的联系也断了。我们不禁要问，网络对于“7・5事件”的影响和促进作用到底有多少？网络短信到底是不是罪魁祸首？断网对“7・5事件”的控制效果到底如何？但这些疑问并没有得到解答和疏导。《当代传播》主编郑瑜认为，当时如果手机是通的，可以通过手机告知一些不知情的人，告诫他们不要去出事地点，就可以避免无辜的人被砍伤甚至杀害。《新疆经济报》首席记者张雷认为，特殊情况下必要的管制是对的，但是现在出现的“学生莫谈国事”的倾向是不正常的。并且，一旦在网络上谈“7・5”就被公安部门盯上了，民众感觉不好。他质疑，我们为什么不敢面对“7・5”？他认为是当地政府缺乏掌控和把握的能力，所以害怕。以上观点在当地民众中有一定的代表性。信息缺失或真空的时候，人与人之间的人际传播就会变为主要的信息传播渠道，这就为谣言的产生和传播提供了更大的滋生空间和可能性，同时，也造成民众心里更大的恐慌和害怕。因此，简单粗暴的断网方式显然不适用于新媒体时代信息的管控。

3. 确保辟谣信息真实可靠

一旦充斥着不确定性的谣言信息出现，大众最愿意看到的就是确定性的信息以证实或者证伪谣言。在谣言面前，人心惶惶，大众对于确定性信息的需求更加迫切。而澄清谣言信息既能消除民众的疑惑，又能提升政府的公信力。但很多时候，由于辟谣心切，在没有完全弄清事实的情形下简单证伪，却又缺乏证据，继而该谣言又被证实。这样的情形则会取得适得其反的效果，不但提升不了公信力，反而降低了公信力。

还有一种情形是，对于一些本来还没有定论，或者暂时难以下定论的事情，往往简单地做出了选择，草率下了结论，这样的“辟谣”信息也得不到大众的认可，反而增加大众的质疑。例如，农业部新闻办公室于2013年10月17日在其官网刊文指出，目前转基因已经在多国、多个领域得到广泛应用，称此前部分媒体所报道的有关转基因食品“致癌、影响生育、导致土地报废”等信息为“谣言”。[①] 显然，文中所指的“谣言”是不实信息。但是，既然转基因食品是否适宜人类食用，是否会对人体造成危害等仍然在试验中，就不能够下定论，这种舆论宣传本质上来说就是缺乏说服力的，这样的辟谣对其公信力的塑造是无益的。更何况，联系到之前媒体曾经在2012年9月对于安利的产品做过不含转基因的澄清的报道，[②] 在这样的舆论氛围中，大众到底应该怎样判定？而官方发布的信息和主流媒体发布的信息产生相反的对照效果。在此情形下，结合媒体对于安利产品中不含转基因的澄清，大众面对农业部“定性”了的判定，疑虑得不到消除，甚至有可能增加。

（二）有效发声

如何有效“发声”？中国青年报社会调查中心的一项调查发现，四成网民从未访问过政府网站，42.0%的人“偶尔访问”，两项合计为82.0%。而民众对本地政府网站的印象如何呢？调查结果是：47.9%的人表示“没什么印象”。[③] 这说明，现在很多情形是，信息是变得“透明”和“公开”了，但是，大众并没有接触到。大众没有接触到的信息，实际上跟信息没有公开区别不大，因为大众都是因为没有接触到信息而成为不知情者。因此，需要借助各种新媒体平台提供的便利来优化传播方式。一方面提升信息的透明度和公开性，一方面要提升传播水平和这些信息的到达率，使大众能够通过更加便捷的渠道和更加愿意接触的媒介平台来了解信息。

1. 第一时间澄清

在一些大众高度关注的事件中，尤其是危机事件中，政府部门可以利用手机报、手机短信、微博、微信等方式第一时间向民众说明情况，以免谣传，或被人利用。一旦民众关心的事件发生，政府部门要在第一时间告知民众，保障民众的知情权，这在一定程度上能够避免大众对该事件相关信息的猜测和杜撰，也就在一定程度上避免了谣言的传播和扩散。而手机因其特有

---

① 光明网：《农业部：转基因食品“致癌、影响生育”是谣言》2013年10月18日，http://economy.gmw.cn/2013-10-18/content_9215173.htm。

② 《安利首次表态：纽崔莱用“转基因原料”系谣言》，《京华时报》2012年9月5日第B47版。

③ 王俊秀：《七成上访者向政府网站投诉过　近九成对答复不满意》，《中国青年报》2012年1月11日第3版。

的随身携带性及较高的普及率，及其所具有的时效性强，对时间、空间及环境的要求低等特点，其群发信息瞬间到达，再加上转发便捷，因此可以滚雪球似的无限扩散。同时，很多手机安装了即时通讯软件，可以非常便捷地跟网络微博、个人空间等同步更新信息，这也更加促进了手机传播信息的高到达率。因此，当民众关心的事件发生，尤其是重大危机事件发生后，当受事件影响的大众心中都还留有畏惧和阴影的时候，对一些即便在往常看似很平常的事故，受事件影响变得格外敏感的情形下，在“不法分子”极有可能利用这些事故来制造负面谣言“蛊惑人心”的前提下，由政府部门出面在第一时间澄清事实，通过手机等到达率高的新媒介和平台告知市民发生了什么，发生的原因是什么等信息，是尤为重要的。这可以从根本上铲除抗议性谣言信息产生和传播的根基。

2. 及时答疑，彻底辟谣

除了第一时间澄清以外，及时答疑同样重要。因为很多民众疑惑的细节，如果不能及时得到答疑，很可能会产生新的谣言。用新媒体手段传播有关谣言信息的澄清内容，并利用互动平台及时回答民众的疑问，利用网络论坛、QQ 群、微博、微信等回答和引导民众的疑问，用公开、开放的态度来直接面对问题，取得民众（包括当事人）的理解和信任，这对澄清谣言信息及其可能造成的负面影响是非常必要的。

但是，答疑仅仅做到及时是不够的。因为如果答疑不彻底或者有漏洞，尤其是针对那些民众已经关注和热议的事件，极容易引发新的谣言或者加固旧有谣言。例如，2013 年 7 月 5 日，一段《上饶数十男子持刀砍村民》的视频在网上广为流传，画面血腥，网传该事件与拆迁有关。7 月 6 日，江西省上饶市政府新闻办通报称，“双方因建围墙发生纠纷，与拆迁无关，当地领导高度重视，要求警方依法进行严处”。据上饶市政府新闻办的解释，“6 月 23 日上午，上饶佳利商城与石狮乡王家坝村村民杨某某、王某某因建围墙发生纠纷，双方持械斗殴”。上饶市政府新闻办指出，“此次事件是由企业与当地居民间的矛盾引起的，与拆迁无关”[①]。而据新浪图片新闻报道，“江

---

① 中国新闻网：《网传江西数十男子持刀砍村民官方澄清与拆迁无关》2013 年 7 月 6 日，http：//www.chinanews.com/fz/2013-07-06/5010625.shtml。

西上饶石狮乡王家坝村发生一起恶性伤人事件，王女士家冲进二三十名持刀男子，见人就砍，致三人受重伤。整个过程被附近一村民手机拍下，警方到达时，现场还留有 5 把砍刀”[①]。该新闻页面下方，是转发的上述中新网的关于地方政府澄清的报道，但截至 2013 年 7 月 8 日，共有 3077 条评论，其中，仅从 2013 年 7 月 8 日凌晨至 14：42 就有 249 条评论，而 7 月 7 日全天的有效评论有 829 条，并且所有的评论基本上呈负面，有的是对地方政府的质疑，有的是对开发商的不满，有的是对持刀砍人者的愤恨，有的是对该事反映出来的社会现实进行调侃等。显然，这些评论是在 7 月 6 日当地政府澄清事件的通告稿件发表之后的（并且通告新闻稿就在该新闻上方），但遗憾的是，网友们的评论和对该事件的看法并没有因为这样的澄清而改变。在该案例中，明确指出“因案件涉案人员较多，案情较复杂，目前，侦办工作还在进行当中”。但又同时说明，“此次事件是由企业与当地居民间的矛盾引起的，与拆迁无关”。既然还在调查中，又为何说与拆迁无关呢？在网友们“有图有真相”并有视频的情形下，这样的辟谣显然是不足以澄清所谓的真相，反而加重了民众的猜疑和不满。

3. 变单一的灌输为协商

桑斯坦（2006）指出，或许一个更具有协商性的国家在和平时期和战时都能避免严重的错误。如果我们的目标是获得多重的“理性原子”，协商将是最佳途径。[②] 那么，如何更好地进行协商呢？技术上，可以实现友好的信息交流界面和协商的模式。当大众进入新媒体平台，发布了评论等信息内容后，能够确保有便捷的方式得到及时的回复，能够让大众感受到平等和协商的态度，从技术上实现对于协商的支持；内容上，同一话题给出官方的说法，意见领袖的说法，和网友的说法，不必要忌讳和害怕这些说法和意见不一律，因为，只要是指向事实，只要是指向理性的和善意的分析，只要是朝着更容易和更友好的关注问题、探讨问题和解决问题的态度努力，就要对不

---

① 新浪网：《江西上饶数十男子持刀砍村民》2013 年 7 月 6 日，http：//slide. news. sina. com. cn/c/slide _ 1 _ 2841 _ 33350. html？ img=268077。

② ［美］卡斯·R. 桑斯坦：《信息乌托邦：众人如何生产知识》，毕竟悦译，法律出版社 2008 年版，第 10 页。

同意见表示宽容，甚至鼓励，这既表现出了官方的自信，又有利于官民关系的和谐，而且更有利于问题的解决。

2013 年 3 月中旬，黄浦江死猪事件引发大众的不安和猜测，各种新媒体平台上随即出现多种相关的谣言，大致分为三类：一是提出猪死亡是由于猪饲料有毒；二是质疑市场上流通的猪肉质量，原因是每年都有大量死猪肉流向市场；三是质疑大量死猪已经严重污染了上海地区的水源。就在大众处于对该事件的惶恐和质疑中时，“猪是被冻死的”解读和“水质未受污染”的官方判定引起更加广泛的质疑。仅以腾讯微博为例，腾讯微博上关于黄浦江死猪漂浮事件的关注度在 2013 年 3 月 8 日至 5 月 6 日期间共有 533600 条，在其“热度”排名前 100 的观点中，有 33％质疑辟谣信息。死猪事件辟谣比较失败，不仅没有让人觉得对水质放心，反而加重了民众对以往水质的质疑（既然死猪前后的水质没有明显区别）。因此，这样的辟谣没有足够的说服力，不但没有起到辟谣的作用，反而还进一步加大了信息的不确定性，并引发了大众对于该事件进一步的猜测和质疑，即谣言又产生了变异，即：“死猪被加工成了香肠”，“黄浦江出现了长得像猪一样的变异鱼”。担心民众恐慌所以辟谣，但辟谣的结果是造成了更大的恐慌，这就是由于大众对官方信息的不信任造成的。

毋庸置疑，任何时代的谣言都很容易挑战权威，也有学者提到谣言的反权力，本书也认为，谣言具有很大的反权力功能，那么，这样的谣言传播本身就是瓦解权威，更不用说谣言内容所包含的反权力指涉了。那么，权威的消解与大众话语权的巩固，如何在二元对立中取得平衡？在保障大众话语权的同时，新媒体平台信息错综复杂难辨真伪的情形下，正好可以利用谣言所设置的议程来重新树立权威，以促进政府、机构、个人的公信力建设。

二　提升媒体权威性

新闻媒体机构和记者的责任在信息急剧增加的新媒体时代更加重大，因为在信息骤然集聚，大众在信息的海洋中无可适从的时候，信息的甄别和确定性都需要更加专业的机构和人员来完成。同时，一旦专业媒体机构或工作者提供和发布的信息不实，同样可能在瞬间被复制、转发、评论，短时间内被放大。因此，在新媒体时代，更加需要提升媒体的专业性和权威性。

媒体信息发布与个人信息发布相比，其机会和优势恰恰就在于从海量的信息中发现并发布给受众重要的和有价值的信息，如果不用受众自己判断真假与意义，受众自然认为该媒体是权威的。但现实中的情形是，有些时候媒体为了制造轰动效应，在没有认真核实信息真伪的情形下就报道了“新闻”，损害了自身的公信力和权威性。比如2013年12月2日上午发生的北京撞人事件，先是媒体一边倒的声援撞人的“老外小伙”，认为其遭到北京（原籍东北）“大妈”的“碰瓷”，并且“有图有真相”，其衣服还被“大妈”撕扯致破。其后的新闻出现了不同的声音，谈到“老外小伙”的责任，也谈到“大妈”为自己维权的勇气。于是，无论新闻还是新闻评论与跟帖，大都出现了对“大妈”的声援和对“老外小伙”的质疑。网易新媒体的相关新闻杂谈之后，有网友跟帖如下所示。[①]

> 楼主：
>
> 所有人，骂过这个大妈的，都来这里认错。
>
> 2楼：
>
> 骂她，是看了报道才骂。就事论事，你不去谴责歪曲事实的人，还在这叽叽歪歪！
>
> 3楼：
>
> 谴责别人？你都没搞清真相就开骂了，难道没听过谣言止于智者吗？
>
> 4楼：
>
> 记者，不应该报道真相吗？你每一件事儿还去核实？脑子有病。

上面网友的跟帖显示出了对于媒体机构和记者发布确定性信息的诉求。同时也说明，一般情况下，大众在接收到专业媒体发布的关于社会民生类新

---

① 网易新媒体：《新闻杂谈：以讹传讹》2013年12月4日，http：//www.52rkl.cn/xinwenzatan/1204123262013.html。

闻信息时，会想当然地认为既然该信息通过大众媒介发布，应该会是事实，并且依此来做出自己的判断。但是殊不知，专业的新闻机构或者工作人员，有时候也会出于种种原因而发布不实信息。雅安地震期间，有媒体发布雅安地震重灾区宝兴县灵关镇中坝村“地震期间大吃大喝”的新闻报道。而实际情形是，地震发生当天，村里正好有人在办乔迁新居的宴席，受灾后，准备用作宴席的猪肉被分给本村村民以自救。报道和微博信息只看到吃肉，而没有了解实情，颠倒了事件发生的顺序，造成负面社会影响，严重影响了媒体的公信力，也严重伤害了当地村民的感情。[①]

人民日报新闻协调部副主任、高级编辑丁伟（人民日报官方微博审核者）在接受笔者访谈时指出，导致主流媒体权威性下降的几方面因素，其一，有些时候，传统媒体，包括传统媒体的新媒体信息发布平台，因为要等新华社通稿而丧失了信息的首发权，往往是网民在网络上首先发布了信息，而主流媒体集体“失语”；其二，大众长期积累的社会认知及其情绪，为舆论引导带来难度，使得大众对于正面报道的内容习惯于反面理解，使得传统媒体的公信力下降，而新媒体公信力上升；其三，主流媒体公信力下降与政府的公信力下降是有关联的，是政府公信力下降的延伸。丁伟认为，媒体需要积极主动作为，与新技术手段融合，产生新的生命力。而主流媒体在新闻报道中应该恢复事件本身的意义及新闻传播规律，说实话、早说话、敢说话。“乱语”和“失语”都是媒体的失职，不能过多强调“不乱语”而忽略了“不失语”这一原则。

笔者非常认同上述观点。在社会变革过程中，各类矛盾的出现不可避免，由其导致的心理失衡现象也比比皆是，但媒体应该成为“缓冲带”，而不是更加激化矛盾和大众对社会的不满情绪。在目前情形下，有些时候媒体机构与记者也有自己的苦衷，但是永远站在维护大众利益的立场是可以坚守的底线。记者要用跟得上时代的语言来讲故事，故事讲完了，观点也明确了，最重要的是，信息是确定的，观点是靠得住的，这就是有效的舆论引导。

---

① 河北新闻网：《“大吃大喝”不实报道甚于毒药》2013年4月25日，http：//www.hebnews.cn。

《中国记者》2004年的专题文章《主流媒体如何增强舆论引导有效性和影响力》中指出，衡量媒体影响力的重要标准可以是：当重大新闻事件发生时，大众最先通过什么媒介取得信息？大众更愿意接受哪家媒体报道和发布的信息？大众会首先选择以哪家媒体报道或发布的信息来判定事实和作为判断、分析的依据？那么，大众所选择的媒体就是最有公信力的媒体。党务政务报道、会议新闻和领导人活动报道、典型报道、突发性事件报道、舆论监督等都是受众比较关注的报道领域，如果主流媒体在这些报道领域报道不及时，或者报道水平不高，无疑将大大削弱主流媒体的影响力。[①] 没有专业性，就谈不上权威性，没有权威性，就谈不上舆论引导，因为缺乏专业性和权威性的媒体发出的声音是得不到大众的信任和认可的。当主流媒体有了足够的权威性，针对广泛传播的各种各样的谣言信息，主流媒体发布的辟谣信息才有可能得到大众的认可和信任。那么，如何提升主流媒体的权威性呢？

（一）新媒体语境下主流媒体的重新界定

新媒体时代，伴随着信息来源的多元化、信息发布平台与渠道的多样化，以及信息样式与内容的丰富化，舆论的形成与引导和传统媒体时代相比，产生了很大的变化。在新媒体时代的传统媒体在各个层面也面临着前所未有的挑战，当然，同时也有了前所未有的机遇。而对于主流媒体的界定，在新媒体时代，其内涵与外延都有了明显的扩展与延伸。

1997年，美国麻省理工学院的教授诺艾弗拉姆·诺姆·乔姆斯基（Avram Noam Chomsky）在《Z Media Institute》杂志上发表了一篇题为《主流媒体何以成为主流》（What Makes Mainstream Media Mainstream）的文章，提出了“主流媒体”（mainstream media）概念，指出主流媒体又叫“精英媒体”或“议程设定媒体”，其最主要特点是，这类媒体有着丰富的资源，设置着新闻框架（the Framework），并主导着社会舆论。[②] 刘建明

① 《中国记者》专题：《主流媒体如何增强舆论引导有效性和影响力之三：重视对几类重要报道领域的改革与创新》2004年第1期。

② 齐爱军、洪浚浩：《美国西方有关主流媒体研究的多元理论视角论析》，《新闻大学》2013年第1期。

(2004) 认为，主流媒体的本质、核心和标志只有一个，就是以它的思想影响力受到社会主导阶层的关注，成为社会主流人群每天必阅的媒体。[①] 林晖(2008) 认为，主流媒体（主要是综合性日报、大的电台、电视台）在张扬一个国家的主流价值观中具有无可替代的重大作用。[②] 传统的“主流媒体”概念的界定和认知侧重于媒体的品牌性与权威性，更强调其政治宣传功能，但普遍将“主流媒体”界定为传统媒体中的“综合性日报、大的电台、电视台”，并强调其“体制内媒体”与“强势媒体”的界定，本身具有一定的局限性。喻国明 (2001) 指出，主流媒体就是关注社会发展的主流问题，成为社会主流人群所倚重的资讯来源和思想来源的高级媒体。[③] 这个概念有很大的拓展空间与弹性，并仍然可以适用于新媒体时代，但是“高级媒体”概念比较模糊。莫梅锋、刘潆檑 (2005) 认为，主流媒体应该是一个综合性的概念，它的内涵由政治、经济、文化、经营等多个方面的内容组成。主流媒体的基本特征包括：报道了主流信息，拥有了主流受众，占据了主流市场，吸引了主流广告，形成了主流品牌。[④] 这样，“主流媒体”的概念更加具体化，但后者对“主流”作的进一步的界定中，过于强调其市场和经济因素，弱化了主流媒体在政治与思想方面的引导作用。

中华人民共和国国务院新闻办公室与中华人民共和国信息产业部于2005 年 9 月 25 日联合发布的《互联网新闻信息服务管理规定》中，允许新闻单位设立的新闻网站具有与原有媒体一样的新闻采编权。[⑤] 事实上，这给一部分新闻网站赋予了一定程度的新闻采编与权威信息发布权，这就使得这样的新闻网站拥有了“主流媒体”的权威与责任。齐爱军 (2011) 认为，我国现在形成了“传统主流媒体”和“新主流媒体”两种“主流媒体”并存的张力结构格局。[⑥] 但是，齐爱军认为的“新主流媒体”是以《南方周末》为

---

① 刘建明：《解读主流媒体》，《新闻与写作》2004 年第 4 期。

② 林晖：《中国主流媒体与主流价值观之构建》，《新闻与传播研究》2008 年第 2 期。

③ 转引自齐爱军《什么是“主流媒体”?》，《现代传播》2011 年第 2 期。

④ 莫梅锋、刘潆檑：《论主流媒体》，《新闻爱好者》2005 年第 5 期。

⑤ 中华人民共和国国务院新闻办公室与中华人民共和国信息产业部：《互联网新闻信息服务管理规定》2005 年 9 月 25 日，http：//www.gov.cn/flfg/2005 - 09 - 29/content _ 73270.htm。

⑥ 齐爱军：《什么是“主流媒体”?》，《现代传播》2011 年第 2 期。

代表的市场化媒体，诸如《21世纪经济报道》、《经济观察家》、《中国经营报》、《中国新闻周刊》、《三联生活周刊》、《南方人物周刊》等，没有涵盖门户网站、新闻客户端、官方微博、微信等新媒体。随着新媒体的发展及其日益凸显的舆论阵地作用被广泛认知，尤其是新华网、人民网等各大新闻门户网站及其新闻客户端、官方微博、微信等都已经取得了很高的社会评价，并与传统的主流媒体形成了良好的互动与互补。

匡文波（2011）通过大规模的手机用户随机电话调查和定量分析，认为以互联网、手机媒体为代表的新媒体已经成为了主流媒体。[①] 这一概念界定中，明确了互联网、手机等新媒体跻身于主流媒体的地位。

随着微博上官微和传统媒体微博的开通及其数量和粉丝数的不断上升，实际上，传统媒体和新媒体的界限正在模糊，模糊的一个重要例证就是主流媒体概念的演变。人民网舆情监测室统计数据显示，截至2012年年底，新浪微博认证的媒体微博总数突破11万个，包括超过1.7万个媒体官方微博和大约9.3万个媒体从业者个人微博。从粉丝数来看，百万粉丝的媒体微博数超过200个，而近年来传统报纸发行量达到百万的不超过25家。[②] 这是传统媒体主动接近并利用新媒体平台的典型例证。

综上所述，结合以往“主流媒体”的概念内涵与外延的演变与延伸，本书界定“主流媒体”是与主流思想和价值观一致，面向主流人群，关注社会发展的主流问题，成为权威的资讯来源和思想来源的各种传统媒体和新媒体的统称。在新媒体时代，主流媒体不仅包括有影响力的传统媒体，也应该包括有影响力的新媒体。应对谣言的过程中，主流媒体应该发挥积极的信息澄清和舆论引导作用，这就要求，主流媒体要打造和维护自身的权威性。唯有如此，在应对谣言的过程中，主流媒体所澄清的辟谣信息才能得到认可，因而也才能进行有效的舆论引导。

（二）主流媒体在日常舆论引导中权威性的提升

只有在日常的舆论引导中具有权威性，在突发事件、危机事件以及应对

---

① 匡文波：《新媒体是主流媒体吗？——基于手机媒体的定量研究》，《国际新闻界》2011年第6期。

② 人民网舆情监测室：《2012年新浪媒体微博报告》2013年1月23日。

危害性大的抗议性谣言信息的时候，主流媒体才拥有更多的权威性，其发布的信息也才更加令大众信服。不然，在一些本来就容易引发抗议性谣言的突发事件、危机事件发生，或者抗议性谣言已经在广泛流传的时候，主流媒体发布的信息有时不仅得不到大众的认可，甚至被大众质疑，是非常不利于其公信力和权威性建设的，从而也就容易丧失引导舆论的功能。

那么，如何提升主流媒体的权威性呢？

1. 结合网友关注热点做好议程设置

主流媒体强调的是与主流思想与主流价值观的一致，但并不是指对于舆论的随波逐流式的跟踪，更多的时候，主流媒体要成为主流价值观的引导者、主流思想的传道者、社会问题的关注者、大众舆情的发掘者。总的来说，主流媒体并不是舆论的跟踪者，而是社会理念的引导者，引导方式主要体现为巧妙的议程设置。

通过传统媒体与新媒体巧妙结合的议程设置，能够有效地引导大众关注和热议的社会问题，集思广益，也能够在信息多元化的时代抓住时代的主旋律，站在更加高远的角度来引导大众对于社会焦点问题更加深刻、冷静、理性与全面的认识与思考，这也正是主流媒体社会责任的集中体现。

2. 发挥好上传下达的桥梁作用

在日常的舆论引导中，主流媒体应该与能够发挥的重要作用之一就是上传下达的桥梁作用，包括从老百姓角度来理解政府的政策，同时将老百姓的问题提供给政府职能部门。辽沈晚报在接受笔者访谈时认为，报道内容贴近百姓，都市报就能够生存好。而贴近百姓要做到两方面，一方面为百姓提供服务；另一方面为百姓提供观点。服务是定位的服务，不是泛泛的服务；观点，一般是反映百姓对于政策的看法和问题，重点是提交建议给政府部门。

除了传统媒体，在新媒体平台上，比如社交媒体上的参政议政、建言献策方面的言论，都可以传达给行业受众与政府各相关部门。结合传统媒体与新媒体平台，充分的报道社会重大现实问题和广大网友关注的问题，并收集大众对于所报道的政策、事件、问题等的关注和意见，并有所选择地进行重点推荐，以引起广泛的讨论，能够收到民众对于一些重大事件或政策的建言献策，也能够为大众解读和梳理政府的政策、法规，同时，还可以通过各种新媒体平台进行广泛的传播，这就非常好地起到了上传下达的桥梁作用。

3. 进行有效的舆论监督，重视监督的结果

媒体的舆论监督功能是社会管理的有效补充，并且能够起到非常重要的、法制化手段无法实现的软化作用。比如当《辽沈晚报》得知一位居民家的自来水浑浊，而水务集团的一位领导说这样的水没有问题的时候，该报对该领导的言论做了深度报道，领导迫于舆论压力，之后只好来到居民家，承认自来水浑浊是由于附近修路造成的，并当众为自己之前的言论道了歉。因此，舆论监督不仅仅要重视对客观事件的报道，而且要重视报道后续的结果。舆论监督一定要有结果，这样的监督才有力量。对地方政府及各部门、各行业的监督，正好凸显了地方媒体在当地的媒体竞争力和亲和力，如果好好打造，比较容易得到地方受众的信赖。长期积累起来的公信力将使地方媒体在舆论引导中发挥更大的作用。

4. 传递和发布更有价值的信息

传递和发布更有价值的信息，是新闻的专业要求之一，也是培养大众对媒体的依赖和信任的关键因素。尤其是在突发事件中，媒体在传递有用信息方面的作用是不可替代的。对信息的需求往往是与突发事件相关的民众最迫切的需求。透明、及时的信息服务能够消除突发事件中当事人和相关人员的恐慌情绪，并且传播给受众所需要了解的信息与知识。及时的信息服务是互通有无、传递信息的重要渠道，不同地方的民众如何知晓灾害地区民众的需求，灾害地区民众如何更好地开展自救，如何知晓自己的亲人朋友是否安全，如何更多、更及时地了解到最新的灾害信息及其自救常识与知识等，都需要媒体的信息服务。当大众能够在媒体上获得自己需要的信息，并且这些信息都是值得信赖的信息，那么大众对于该媒体的信任度一定会增加。

（三）主流媒体在应对谣言信息中权威性的提升

主流媒体提供的信息如何让大众信服，首当其冲的要素就是媒体具有无可置疑的权威性。例如，如果媒体本身缺乏权威性，或者媒体具有权威性但某篇辟谣报道缺乏权威性，都会影响辟谣的效果。在具体应对谣言信息时，主流媒体可以通过以下方式来提升权威性。

1. 科学报道科学知识

科学是在发展的，科学知识也是在发展中的，甚至有些科学知识本身还是存在争议的。媒体在报道有争议的科学知识时，要尽可能做到客观和公正。也就是说，需要报道争议的双方或是多方意见，而不是简单的“一边倒”，只报道或只强调某一方的观点。比如媒体采用辟谣手法报道转基因相关信息，不但没有消除大众对于转基因食品的抵触，反而更加深了大众对转基因食品的恐惧与防范。2012 年 9 月，《京华时报》曾经就针对纽崔莱使用转基因原料的说法辟谣，报道称，安利中国研发副总裁陈佳表示，安利的蛋白粉原料在全球采购标准上都有“不使用转基因原料”的要求。中国市场销售的蛋白粉，从种子到大豆到成品，公司都是经过瑞士 SGS 等全球顶尖的检测机构进行转基因项目的检测，安利纽崔莱蛋白粉原材料为非转基因大豆，且都获得了这些实验室的认证。① 该信息由《京华时报》报道，人民网转载，再经由多家媒体网站转载，受众面之广是可想而知的。类似这样的辟谣报道，无形中已经让“使用转基因原料的食品不安全”这样的理念深入人心了，这就为所谓的转基因食品无害的科普增加了难度。大众媒体对于科普的宣传，需要更加理性的知识性宣传，而不是支持转基因无害或者有害理念的“一边倒”的“科普”，简单的“一边倒”失去了大多数理性受众的信任。建立在客观、全面、完整的信息报道基础之上，并能够让受众通过自己的判断得出结论，这样更有助于建立和维护媒体权威性的。

2. 用事实说话

在访谈辽沈晚报社社长彭宁时，他指出，“无限接近事件当事人，才能做到无限接近事件真相”，他认为，好的引导，需要用事实，并且要选择适当的时机。当某一个事件、某一个谣言已经引起关注了，主流媒体要有社会责任感，最好的方法就是要用事实说话。辽沈晚报官方网站北国网避免发布不实信息的保障方法是，国家层面的新闻报道，采用国家权威媒体新闻来源；本地的新闻报道，采用辽沈晚报的。因此，北国网的报道从源头上避免了不实信息和谣言的传播。一般突发事件出现时，北国网会先和晚报记者核

① 《安利首次表态：纽崔莱用“转基因原料”系谣言》，《京华时报》2012 年 9 月 5 日第 B47 版。

实，确定有该事件发生，然后就会通知突发事件编辑开始策划，策划好之后让技术人员进行处理，然后上网，需要半天时间，最多的时候需要四位编辑和四位技术人员处理，这样的程序与过程有效避免了不实信息的发布。因此北国网的报道成为腾讯新闻的主要来源之一。

3. 把握时机，主动澄清谣言

辟谣是舆论引导的一个重要方面，也是新闻的重要由头。谣言出现的时候，传统媒体与新媒体应各取所长，及时辟谣。“信息拼图”中，“把握好时机”所强调的是，要在负面或虚假信息还没有占据主导地位的时候就进行有效的引导，使得正面的或者真实的信息占据主导位置，这样，以这些主导位置为核心拼起来的信息才可能是正面的或者真实的。传统媒体不能简单以网络上的碎片化信息来提炼新闻报道。而新媒体在知晓某一谣言时，要在第一时间依托传统媒体机构庞大的专业人员和信息系统来核实信息，然后将事实信息发布到官微与网站，以最权威的信息来源来引导大众，有效辟谣。

（四）提升新媒体的权威性与公信力

在新媒体时代，由于新的媒介工具造就了无数的网络终端，也造就了无数的信息发布者，使传者和受者的定义变得模糊甚至高度重合，这就决定了我们再也不能像以前的传统媒体时代那样，通过简单的方法实现对信息扩散的有效掌控。我们要顺应时代的发展，在充分理解和认识新媒体的基础上，利用好新媒体，以整合各种媒体的传播功能，提高新媒体的权威性与公信力。

当前新媒体技术已经发展到P2P，即peer to peer（点对点）的阶段，掌控信息的特权逐渐被打破，信息的发布不再仅限于专门的机构和部门，个人也成了信息发布者，而媒介或部门的信息发布，有时候也经由其“个人化的”账户完成，也即，在网络社会，一切的“点”成了人，一切的人成了“点”。

伴随着各类媒体的发展，受众的特征也在发生着变化。具体来说，受众特征经过了三个阶段的转变，即：受众由不加选择地听和看来自媒体的信息并愿意相信的阶段，到大众开始寻求快速知道对他们来说是重要的和有用的信息的阶段，再到大众开始自己寻求信息的意义和价值，并且自己制造并整合信息，自己判断信息的真假。简单来说，就是从被动接受的，到主动消费的，再到生产和消费的。而这个转变的过程中，最重要的因素和前提，便是媒介技术的发展和普及。

那么，如何正确发挥传统媒体和新媒体在国家建设和社会发展中的作用成为重要研究课题。有学者指出，在谣言传播开来的时候，首先要重视传统媒体的权威信息发布，来澄清谣言。但在新媒体普遍得到使用，并且使用人数越来越多的今天，摒弃新媒体平台并不是明智的选择，相反，应该利用新媒体平台，同时打造可信度高的新媒体平台。也就是说，可信度高的媒体，应该以权威性作为评价标准，而非传统媒体还是新媒体。

无论是传统媒体，还是新媒体，都可能成为主流媒体，要消除对于新媒体的偏见，认为新媒体是滋生谣言的“摇篮”，这是不公允的。首先，在没有新媒体的传统媒体时代，也有谣言，并且，在有了新媒体的时代，传统媒体依然有可能传播谣言；其次，在新媒体用户数越来越多的今天，如果仅仅专注于打造传统媒体的公信力而忽视新媒体，显然是跟不上时代的；再次，对于大众而言，如果对于一件正在发生或者新近发生的事件，不能在传统媒体上找到相应的客观而全面的报道，那么，在新媒体时代，大众是会转向新媒体平台去寻找所需要的信息的。因此，只要是覆盖人群广泛，能够影响到受众内心，并能用通俗的、贴近性强的语言表达的媒体，无论是传统媒体，还是新媒体，都可以称得上是主流媒体。而打造公信力强的媒体，自然也就既包含传统媒体，也包含新媒体。

更进一步来说，我们要主动打造有公信力的新媒体，使新媒体成为传统媒体的信息共享与补充平台。无论是传统媒体，还是新媒体，其公信力都是最关键的生命力所在。而公信力也是媒体影响力的基础，没有公信力，自然也谈不上影响力的广泛与深入了。原因很简单，因为追求信息的确定性是新闻的原则之一，而确定性的信息发布是构成媒体公信力的前提。

（五）新媒体时代打造主流媒体的权威性，要突出“新”

新媒体平台上漫无边际的信息海洋中既有确定性的信息，也有不确定的信息；有真实的信息，也有虚假的信息。对于大众来说，如何判断，如何筛选出确定性的、有价值的、真实的信息成为难题。尤其当大众面对谣言信息而无所适从的时候，更加需要从权威性的媒体上得到信息的确认，这就给专业的媒体机构和工作者提出了挑战，同时也提供了机遇。具体来说，在新媒体时代，提升媒体的权威性，要突出“新”。

1. 新闻的话语和符号要“新”

主流媒体在新闻报道中，使用的语言要新，要使用更加跟得上时代的、更加容易让广大受众接受的语言，用不同的话语表达方式引导不同的受众，不要一面化的宣传，避免正面报道取得负面效应的现象。

2. 报道新闻的方式要“新”

主流媒体报道新闻的方式和渠道都要新，使用多媒体，多角度，切忌千篇一律，要用不同的话语来讲述同一个故事，用不同的角度来激发受众的情感，用不同的方式来吸引受众的注意。

3. 时间上要“新”，抢占先机

要保证受众接收到的内容是“新”的，不要等到受众已经对于网上盛传的某些信息耳熟能详的时候，打开或者翻开传统媒体，看到或听到的是一模一样的画面或话语。

4. 使用的媒介、平台、渠道要“新”

要在新媒体领域抢占话语权，传统媒体要与微博、微信、App 终端等新媒体发布平台同步发布新闻信息，因为新媒体时代的用户接受信息的来源已经多元化，接受信息的平台也多元化了。

5. 互动方式和渠道要“新”

以前的“编读往来”要占用大量时间，反馈不可能做到即时。现在，有了新媒体，反馈可以更加及时快捷，消息来源也可以更加多元化。主流媒体要吸引能够在第一时间提供信息的受众，这样，重要的或有新闻价值的信息就会避免在各种社交化网络平台上已经广泛传播的情形下，主流媒体没有报道，也没有回应。

综上所述，在任何人都可以是信息发布者的移动新媒体时代，专业的媒体结构和新闻工作者站在舆论引导的最前方，需要为大众提供可信的、重要的第一手资讯，最重要的是，要保证这些信息和资讯是真实的、客观的，是在众多网友发布的碎片化信息中最权威和全面的，也是最专业的。当然，专业记者们也可以利用各种新的媒介平台和工具来更好地为新闻报道服务，微博、微信、QQ、移动应用App等，都是很好的信息即时传播与交流的平台，上面有大量的新闻由头和线索，更有很多可贵的一手素材和画面、声音、图像等信息。只要有好的专业眼光和职业精神，并能够正确认识新媒体的作用（而不是将其当作传统媒体的威胁），做到新媒体与传统媒体的有效结合、互助，相信媒体权威性的提升就会事半功倍。

三　共同维护健康的信息传播环境

一方面，要提高各类社会组织、机构，以及组织、机构中的人员的专业性，包括所在专业领域本身需要具备的专业性，也包括应对媒体以及在自媒体时代对于专业知识传播的专业性。因为专业性意味着对于某一领域的问题能够给出权威的答案，从而能够答疑解惑，能够赢得大众的信任；另一方面，要努力净化和维护信息传播环境。善治的管理理念，信息稀释对于不实谣言信息传播的阻断，以及恶意谣言制造与传播的法律、法规规制与惩戒，说到底都只是对于造谣和传谣的他律。而对于造谣、传谣与信谣等参与者，则应该主要以自律为主，当然，自律的保障需要有效的协商体制、法律保障和良性的信息传播氛围。

2010年经微博曝光并证实的谣言有21起，而2011年有176起。安徽女青年坠楼事件中，如果那位网友没有轻率地发布“遭强奸”、“警察拒不立案”等谣言，公众对警方侦查办案就会少些负面猜想，从而避免激化社会情绪。[①]可喜的是，作为微博的“应用元年”的2011年，微博已渐具自清功能，60%以上的谣言在1天内被澄清。由教授、律师等网友组织起来的民间“辟谣联盟”也正式出现。[②]微博舆论理性空间有待拓展，其自清功能也已经有所凸显。那么，如何更好地维护健康的信息传播环境呢？

（一）涉谣者理性处理

Prashant Bordia，Nicholas DiFonzo & Verity Travers（1998）通过实验发现，对于在一个组织中流传的谣言，并不是由组织中最高级别的人来辟谣

---

① 李拯：《自媒体有传播就有责任》，《人民日报》2013年5月11日第1版。

② 王露：《2011年微博研究综述》，《新闻世界》2012年第6期。

更有效，而是应该由与谣言所涉及的内容紧密相关的部门出面辟谣更加有效。[①] 因此，与抗议性谣言信息所涉及内容相关的、对于抗议性谣言信息拥有公认的信息掌控权的组织、机构或单位的理性、宽容、协商式的澄清是有效辟谣的绝佳手段。

2011 年 8 月 8 日，《证券日报》发表了题为《肯德基后厨食品卫生触目惊心洋快餐监管缺失存隐忧》的报道，指称肯德基存在多重食品安全卫生问题；2012 年 12 月央视曝光山东部分养鸡场使用违禁药物催肥速生鸡；2013 年 7 月初，英国《每日邮报》的一则消息称，英国 60％的麦当劳等快餐店的冰块细菌含量严重超标，甚至超过厕所水中细菌含量。该信息被中国网友广泛转发和评论，引起关注。央视《是真的吗?》栏目随后曝光肯德基、麦当劳和真功夫三家大型快餐店中的食用冰块菌落数量高于国家标准，其中肯德基、真功夫的食用冰水菌落数高于马桶水数倍。显然，经由权威媒体曝光，并有专家检测的数据作为支撑，且不论央视记者的抽样和比对是否合理和科学，对于肯德基的消费者来说，这无疑造成很大的伤害；而对于肯德基来说，这无疑是一次很大的危机。面对这个看起来已经被“铁板钉钉”的消息，肯德基是如何应对的呢?

自 2013 年 7 月 8 日起，肯德基在其官网上开设了“探秘之旅”专题活动区，如果消费者感兴趣，可登录肯德基官方网站“肯德基探秘之旅”专区，预约到全国千余家肯德基店中的任意一家“店内参观”，报名截止日期为 2013 年 12 月 31 日；肯德基门店内取餐盘上的垫纸上是关于“探秘之旅”的宣传彩页，见图 6－2。[②]

同时，肯德基携手全国多家传统媒体与新媒体平台（包括自己的官方微博等）广泛征集全国各地市民、“亲子团”亲自到肯德基养鸡场和店内参观，见图 6－3。[③]

---

① Prashant Bordia, Nicholas DiFonzo & Verity Travers. Denying Rumor of Organizational Change: A Higher Source is Not Always Better. *Communication Research Reports*, Volume 15, Number 2, 1998, pp. 188－197.

② 笔者摄于肯德基餐厅，拍摄时间为 2013 年 9 月 13 日。

③ 肯德基官方网站：http：//www.kfc.com.cn/%E6%8E%A2%E7%A7%98%E4%B9%8B%E6%97%85/。

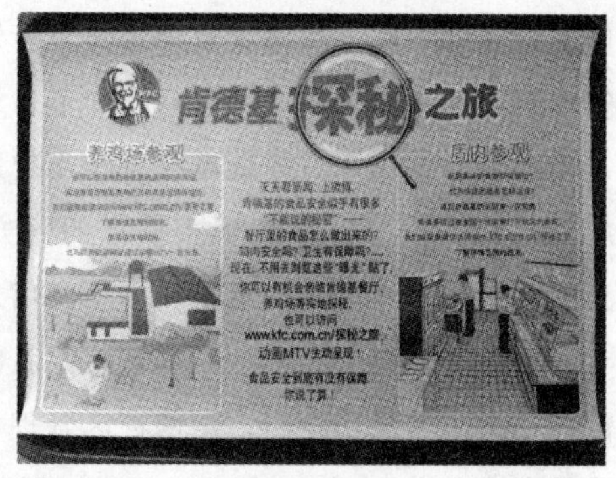

图 6－2　肯德基门店内取餐盘上的垫纸

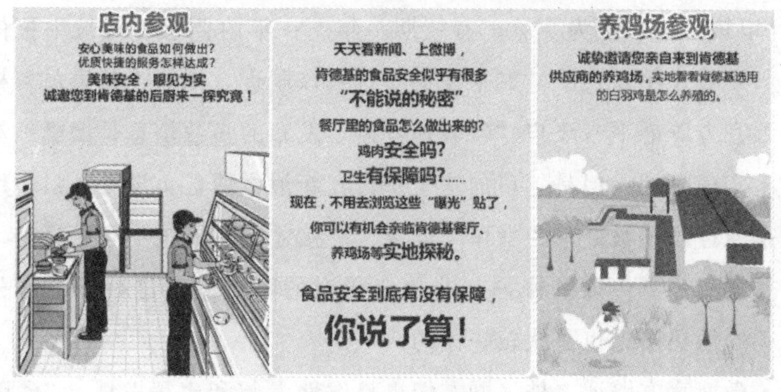

图 6－3　肯德基官方网站截图

经由媒体发布相关征集信息，肯德基不但理性、从容地应对了这个不确定的（可能属实，也可能失实）的信息，更是借由此活动全面宣传了自己在健康、卫生等方面的声誉，可谓一举两得。

（二）社会各界协同应对

各级社会组织的公益化传播、大众媒体的媒介化公共传播以及个人的理性化传播，是建构良好的信息传播氛围不可或缺的几大要素。

以新浪微博为例，新浪微博自己建立了微博辟谣官方账号，另外还有微博管理员官方账号。后来考虑到仅仅靠自身的力量远远不够去处理和甄别海量的信息，而且也未能很好地发挥新浪微博作为一个社交媒体所能发挥的用户自身的作用，因此，建立了自律联盟与平台，即微博社区管理中心，该中心设有举报处理大厅。在这里，用户可以即时举报可疑信息。一旦某账户发表的信息被举报，该中心就会通知举报者和被举报者，告知他们已经进入该平台，他们可以为各自发表的信息举证。同时，这个平台还有其他用户观望和发表意见。最后，该中心会根据双方举证以及其他用户的支持率等综合判定被举报信息是否属实。一旦确认，发表不实信息的一方会受到相应的处理。所以，该中心实际上是公示被举报信息是否为不实信息的公共平台，这个平台凸显了用户对新浪微博的热爱和维护。据新浪网新闻中心副总监王薇和新浪网新闻中心传媒频道主编成功介绍，微博社区管理中心现有专家社区委员会和普通社区委员会成员共 2000 名左右，经常活跃的有数百个。委员会成员都是自愿申请（专家社区委员会委员要求是某一领域的专家才能申请），经审核合格即成为委员，有效期一年。一年内要求要对被举报信息发表意见（发挥作用）几次，如果没有履行到该职责，则取消其委员资格。

新浪官方辟谣平台账户“@微博辟谣”发布的多数信息是揭露新浪微博上面的不实信息的。但是，目前这个平台在新浪微博首页没有入口，用户大多时候是通过已经被处理的微博“详情”链接才能进入该中心。另外，对于故意、恶意造谣、传谣的账户和非故意传谣的账户没有进一步的区分，因此，相关的惩罚措施也是比较一律的。

除了微博官方辟谣之外，网友们也自发地参与和声援辟谣，“@辟谣联盟”就是其中之一，发起人包括政法大学副教授吴法天、拥有十万粉丝的博主蔡小心等知名博主。尽管没有处罚权限，“@辟谣联盟”仍兢兢业业地核实信息，并抄送发帖者。无论是支持“@微博辟谣”的还是支持“@辟谣联盟”的用户，都表达着对新浪微博的爱护和对微博平台健康环境的维护。“@辟谣联盟”同时还设立了三个有关辟谣的 QQ 群和一个微信群，供网友们即时交流、举报、核实信息。

（三）网络社区与真实社区结合，发动群众的力量

其实，对于恶意制造和传播谣言的账户，可以用技术手段实现对该账户的设置，使其信息不容易进入大众视野，但这样做的风险是有损微博作为社交媒体的平等自由分享信息的属性。所以，多数时候还是更加依赖用户自身对平台的维护。如何让用户更加愿意自律并自觉维护平台环境？首先就是要保障用户自由发表意见的权利，并能让用户即时实现信息的分享和交流。

网络只是一个工具，很多问题不是网络带来的问题，而是社会问题反映到网络上而已。“水能载舟，亦能覆舟”，我们可以充分利用网络的快速聚合作用来赢得人心，从而使网络社区和真实社区能够联动起来，共同发动群众的力量，来为国家和社会的发展服务。当前，网络群体、网上社区、腾讯QQ群、微信朋友圈等数以万计，这些网络群体聚集了大量人群，并形成了相互信任、联系紧密的封闭、半封闭的圈子，使网络拥有了无比强大的社会组织能力。如果能通过一定的议程设置和积极的舆论引导，充分发挥网络社区的作用，将活跃在网络上的民众有效地团结和组织起来，并通过相应的与现实的社区的互动，形成网上、网下结合的社区活动，相信能为维护和谐稳定的发展打下坚实的社区基础。

（四）提升大众和新闻工作者的媒介素养

媒介越来越全民化的新媒体时代，媒介素养的提升被摆到了比以往任何时候都更加重要的位置。在一点即发的新媒体技术背景下，“任何人”都有可能发布信息，“任何人”都有可能成为别人发布的信息。因此，提升媒介素养，是信息发布者和被发布者共同面对和需要解决的问题。不信谣、不传谣的前提，就是需要大力培养大众的媒介素养，尤其是新媒介素养——一方面是自己制造信息的素养，一方面是自己理解、整合和传播信息的素养。在抗议性谣言的传播扩散过程中，传播者对于弱势群体近于“盲目”的同情和对于地方政府或“强势群体”的天然的敌意发挥了很重要的心理作用，但实际上都是大众在信息传播中缺乏媒介素养的表现。对于不确定的信息，大众直接的转发会被认为是同意，并且一致同意的幻觉会使得只转发不评论者被认为就是同意才转发。此外，有导向性的评论，尤其是具有影响力的人的评论，具有很大的导向性和影响力。

新闻工作者新媒介素养的提升则更加重要。一般来说，新闻工作者被认为是发布确定性的信息的人，或者被认为拥有更多的信息知晓权，因此，新闻工作者的个人账户所发布的信息比普通大众的个人账户发布的信息更容易让人信任。这也就给新闻工作者提出了更高的要求。美联社在2013年5月发布的社交媒体规范的最新修订版中强调，“我们支持美联社员工以各种形式分享美联社的报道内容。员工们还可以从其他媒体机构的报道中分享各种信息，只要这些报道中没有传播谣言或其他不适宜信息。美联社员工永远不应传播任何未经核实的网上谣言，不论其他的记者或新闻机构是否已发布该报道，由于其隶属于美联社，因此员工此举可能会为美联社发布不实报道提供依据”，“在新闻报道中引用社交媒体上的图片、视频，或者其他多媒体内容时，必须明确谁拥有这些材料的版权，并获得拥有者或拥有机构的版权许可。我们还需要用美联社的标准来核实内容的真实性”[①]。美联社对自己的员工使用社交媒体做出了详细的规定，尤其是当其员工通过社交媒体发布信息时，对于信息的真实性的保障以及信息来源的确认等做法都值得我们思考和借鉴。

第三节　由抗议到协商：政府的善治策略

古老的谣言穿上新媒体的外衣，其威力和能量产生了几何效应的增长。针对当前日益泛滥的网络谣言传播现象，人民网研究院基于 2011 年影响较大的 50 个典型网络谣言的案例分析，研究了网络谣言的传播、自净化特征。报告指出，当前网络谣言以故意造谣为主，微博、论坛是网络谣言的传播主渠道，而网络对谣言的自净化效果非常有限，90％的网络谣言都不能在一定时间内实现自我纠错、自我净化。影响网络自净化的因素包括谣言与辟谣信息的“可信度”、辟谣主体、谣言的类型与网民心理等。网络澄清谣言的速度远远赶不上传播谣言的速度，自媒体的传谣能力远远大于澄清谣言的能力，现阶段网络自净化尚有赖于传统媒体的大力干预。所以对于网络谣言，决不能依赖网络的自净化，而要采取多种措施积极治理网络谣言。[②] 然而，恐慌不利于对谣言信息不确定性的消除，而严惩更不是最有效的应对方式，反而可能造成“寒蝉效应”。那么，除了恐慌与严惩，是否有更加合理而有效的应对方式呢？

---

① 美联社网站：《美联社雇员社交媒体守则》（2013 年 5 月修订），http：//www. ap. org/Images/Social－Media－Guidelines＿tcm28－9832. pdf。

② 人民网研究院：《网络对谣言的自净化作用研究》，《中国新媒体发展报告（2012）》，社会科学文献出版社 2012 年版，第 22 页。

抗议性谣言因其本身包含的“抗议性”，其传播与扩散容易引发敌对情绪，所以不能坐视不管，也不能仅仅依赖于新媒体有限的“自清功能”，而是需要主动的应对。但“一刀切”的“严打”容易激化矛盾，引发新的不满情绪，并且容易导致“寒蝉效应”，不利于社会的和谐和发展。更何况，有些网络言论虽然言辞激烈，却是很好的建言献策，能为解决一些社会矛盾和问题提供参考。

另一方面，良好的沟通能够避免很多不必要的误会和矛盾的产生，正如何玉兴（2000）指出的，“同样的资源配置，不同的沟通策略，会有不同的心理感觉，会有不同的社会效果”。何玉兴认为，沟通失衡的积淀具有传承性和爆发性，也就是说，一旦一些矛盾和问题由于缺乏沟通而慢慢集聚，往往到了“最后一根稻草”压下来的时候，会出现爆发。同时，一些矛盾和问题当时看似已经解决了，过去了，但如果解决得不彻底，沟通得不畅通，是会在代际间传承的，会出现“父债子还”现象。[①] 因此，要重视和正面回应抗议性谣言所指涉和反映的问题，如果抗议性谣言隐含的诉求得不到疏导与满足，就很有可能集聚和爆发后续的群体性抗议行动。如何有效利用新媒体的特征，实行善治，加强沟通，使各种新媒体平台最大限度地发挥协商工具的作用，值得重视，也值得思考。

目前我国正处于社会转型期，新媒体的广泛性、互动性、便捷性等特性使得大众有了快速发布信息并相互传播的平台，并且这种平台有很大的信息聚合效应，从而使得新媒体成为社会舆论的重要阵地。在充分享受新媒体平台提供的共享与互动交流的同时，需要我们去探索与尝试更加能够跟得上时代的舆论引导方式。因为，传统时代简单的舆论引导方式只适应于信息相对闭塞的、信息来源相对单一的、受众相对更加被动的时代。而信息来源更加多样、信息平台更加丰富、受众求知欲望更加主动与强烈、受众生产和传播、分享信息更加随时随地的、移动化的新媒体时代，我们需要用怎样的态度来引导舆论，具体又需要采用什么样的方式和途径来应对谣言，共同为繁荣社会文化与推动社会进步服务呢？

---

① 何玉兴：《社会群体沟通平衡问题学理资源探析》，博士学位论文，中国社会科学院研究生院，2000 年。

一　完善法律法规

从“善治”理念出发，维护和完善法律、法规，是保障良好的信息传播环境的前提。对于确属恶意制造与传播扩散不实谣言信息的行为，容易或者已经产生严重的毁坏性后果的造谣和传谣行为，需要一定程度的他律来进行约束。一些危害性大的，同时其传播范围又广的，造成不良社会后果的一些抗议性谣言，理应诉诸法律。这是一个法治社会应有的约束手段，也是营造更加健康的新媒体平台信息环境的保障。但要指出的是，我们这里提出的法律法规的完善，是基于善治理念的前提之下的法律法规的完善，而非一律的“严打”思维与模式，因为在现实中，“严打”往往容易导致“寒蝉效应”，从而不利于营造健康的舆论氛围与环境。

《最高人民法院、最高人民检察院关于办理利用信息网络实施诽谤等刑事案件适用法律若干问题的解释》中指出：“网络空间属于公共空间，网络秩序也是社会公共秩序的重要组成部分。”[①] 造谣行为依据情节的严重程度及其造成后果的不同程度分为犯罪和违法两种。将“造谣”写在法律条文中，显然比将“谣言”写在法律条文中更加合理。“造谣”也就是生产、制造本不存在的信息，让人觉得像是真实的。“造谣”因为有了“造”的成分，无疑是虚假的，或者至少是与实际情形不符或者与实际情形有出入的。而谣言则可能被证伪，可能被证实。如果证实，一般只在严重影响到国家信息安全或造成严重损害他人利益的后果，否则不可能违法，因此，法律条文中更多的是对于“造谣”（而非“谣言”）涉法行为的分类惩治。

刑法确定罪名或刑法罪名是指与《中华人民共和国刑法》法条相对应的罪名，罪名的确定由最高人民法院、最高人民检察院根据单行刑法、刑法修正案的内容来单独或联合发文确定相应法条对应的罪名。刑法并没有把罪刑法定原则绝对化，而是允许类推，作为罪刑法定原则的一种补充。因此，目前与造谣相关的犯罪，只能归咎到“侮辱、诽谤罪”或“编造、故意传播虚假恐怖信息罪”。

---

① 人民网：《“两高”公布关于办理利用信息网络实施诽谤等刑事案件适用法律若干问题的解释》2013年9月9日，http：//legal. people. com. cn/GB/51654/363283/368986/。

刑法第二编分则第四章侵犯公民人身权利、民主权利罪第246条规定："【侮辱、诽谤罪】：以暴力或者其他方法公然侮辱他人或者捏造事实诽谤他人，情节严重的，处三年以下有期徒刑、拘役、管制或者剥夺政治权利。"第六章妨害社会管理秩序罪第291条规定："【编造、故意传播虚假恐怖信息罪】：编造爆炸威胁、生化威胁、放射威胁等恐怖信息，或者明知是编造的恐怖信息而故意传播，严重扰乱社会秩序的，处五年以下有期徒刑、拘役或者管制；造成严重后果的，处五年以上有期徒刑。"其中，"侮辱、诽谤罪"是放在刑法第四章"侵犯公民人身权利、民主权利罪"当中，强调的是，侮辱、诽谤罪的对象必须是自然人，并且是特定的自然人，而不包括单位或者国家机关、企业或者其他组织的名誉；"编造、故意传播虚假恐怖信息罪"是放在刑法第六章"妨害社会管理秩序罪"中，强调的是，"明知是编造的恐怖信息而故意传播"，并"严重扰乱社会秩序"。①

最高法院、最高检察院于2013年9月9日公布《最高人民法院、最高人民检察院关于办理利用信息网络实施诽谤等刑事案件适用法律若干问题的解释》。该《解释》针对刑法第246条第一款规定的"捏造事实诽谤他人"的情形作了具体化和类型化的列举，即"捏造损害他人名誉的事实，在信息网络上散布，或者组织、指使人员在信息网络上散布的"和"将信息网络上涉及他人的原始信息内容篡改为损害他人名誉的事实，在信息网络上散布，或者组织、指使人员在信息网络上散布的"两类，只要属于上述两种情形之一的，就可以认定为"捏造事实诽谤他人"。同时指出，"明知是捏造的损害他人名誉的事实，在信息网络上散布，情节恶劣的"，以"捏造事实诽谤他人"论。

最高法院在新闻发布会上指出，"行为人主观上明知是损害他人名义的、捏造的事实，实施了在信息网络上散布的行为，主观上具有侵犯他人名誉权的故意，客观上也对他人名誉造成了实际损害，情节恶劣的，以诽谤罪定罪处罚。如果行为人不明知是他人捏造的事实，而在信息网络上发布、转发的，即使对被害人的名誉造成了一定的损害，按照主客观相一致的原则，也不构成诽谤罪。"这一司法解释的背后，充分体现和考虑到了"广大网民利

---

① 全国人民代表大会常务委员会：《中华人民共和国刑法（2011年修正）》2011年2月25日，http：//www.lawtime.cn/faguizt/23.html#9。

用信息网络进行网络反腐对于反腐倡廉工作发挥的积极作用”，认为，“广大网民通过信息网络检举、揭发他人违法违纪行为，相关部门认真对待，负责核实，及时公布调查结果，即使检举、揭发的部分内容失实，只要不是故意捏造事实诽谤他人的，或者不属于明知是捏造的、损害他人名誉的事实，而在信息网络上散布的，不以诽谤罪追究刑事责任。”该司法解释还针对诽谤罪“情节严重”制定了量化标准，即，“同一诽谤信息实际被点击、浏览次数达到五千次以上，或者被转发次数达到五百次以上的”或无论是否“实际被点击、浏览次数达到五千次以上，或者被转发次数达到五百次以上的”，只要“造成被害人或者其近亲属精神失常、自残、自杀等严重后果的”，都构成诽谤罪。[①] 该司法解释顺应时代的要求，提出了符合时代特征的相关规定和限定，但是美中不足的是，有一些限定过于死板，也过于简单化。因为信息的制造和传播本身就非常复杂多样，这是由于信息本身的复杂多样性，也是由于各种新媒体技术层出不穷造成的信息制造、传播与分享方面的复杂多样性所决定的。

但是，“五千次以上”，或者“五百次以上”这样的量化的限定对于使用充满了“网络水军”的各种新媒体平台的用户来说，是有失公允的。举例来说，如果一位信息发布者发布的信息本来没有引起广泛关注，或者信息本身也没有太大的威胁性，但是这位信息发布者遭到打击报复，被经过组织的“网络水军”进行了转发，如何将这样的情形与经由自然的转发的情形相区别呢？最高法解释说，这样的界定不是针对转发者，于是，转发信息者就得到了天然的豁免。那么，对于恶意转发，或者故意凑转发次数来“祸害”信息的首发者的情形又该如何处理呢？同时，有一些“诽谤”类信息一开始是被定性为“诽谤”的，但后来又被证实为真实信息，这样一律的界定显然不严谨。而且，这样的规定显然也不利于网络反腐和正常的网络爆料与监督。

《中华人民共和国治安管理处罚法》第三章违反治安管理的行为和处罚第25条规定：“散布谣言，谎报险情、疫情、警情或者以其他方法故意扰乱公共秩序的，处五日以上十日以下拘留，可以并处五百元以下罚款；情节较

---

① 人民网：《“两高”公布关于办理利用信息网络实施诽谤等刑事案件适用法律若干问题的解释》2013年9月9日，http://legal.people.com.cn/GB/51654/363283/368986/。

轻的，处五日以下拘留或者五百元以下罚款。”[①] 中华人民共和国国务院新闻办公室与中华人民共和国信息产业部于2005年9月25日联合发布的《互联网新闻信息服务管理规定》第十九条明确规定，互联网新闻信息服务单位登载、发送的新闻信息或者提供的时政类电子公告服务，不得含有散布谣言，扰乱社会秩序，破坏社会稳定的内容。[②] 在微博、微信、QQ群、短信等平台编造、传播谣言，情节严重的，会受到行政拘留等惩罚。但无一例外的是，对于“谣言”的概念，并没有明确的界定，也没有对“谣言”进行分类、分级。在2013年的集中打击谣言的专项行动中，通过网络和手机短信等手段造谣、传谣被行政拘留的案例举不胜举。

2013年6月12日，马某为引起关注，通过新浪微博散布“刚刚目睹一起打狗事件，套住脖子，三名警察打狗，一只金毛当场断气”的虚假信息，在观看了监控录像后，马某承认自己是为了引起网友关注，故意编造了“警察当街打死金毛犬”的虚假信息，马某因散布谣言被警方行政拘留。[③]

2013年6月26日，乌鲁木齐市孙某（网名“494064074”）在QQ群称：“我叫王桥军，家住新疆鄯善县鲁克沁镇10号，吐鲁番事件源自强行拆迁。”6月27日，乌鲁木齐市陈某（网名“顺峰电子有限公司”）微博散布虚假信息称：“新疆喀什市今日发生暴力恐怖事件，8人死亡。”6月28日，阿克苏市徐某道听途说自编短信散布谣言：“有内部消息，今晚和明晚有暴乱。”公安机关依据《中华人民共和国治安管理处罚法》相关规定，对孙某、陈某等19名涉事人员予以行政拘留并处罚款。[④]

2013年8月26日，浙江省楠竹山镇曾某在“左右合流理性探讨2”QQ群（该群共有网友49人）转发虚假疫情信息，称央视二套8月22日报道了“辽宁到杭州5570头家禽感染了炭疽杆菌”的信息。曾某说，他看到“中央

---

① 全国人民代表大会常务委员会：《中华人民共和国治安管理处罚法》2005年8月28日，http://www.law—lib.com/law/law_view.asp?id=97597。

② 中华人民共和国国务院新闻办公室与中华人民共和国信息产业部：《互联网新闻信息服务管理规定》2005年9月25日，http://www.gov.cn/flfg/2005-09-29/content_73270.htm。

③ 新华网：《北京一女子网上散布“警察当街打死金毛犬”虚假信息被拘留》2013年6月18日，http://news.xinhuanet.com/2013-06-18/c_116191331.htm。

④ 新疆日报网：《我区公安机关查处19起网上编造传播谣言行为》2013年6月30日，http://www.xjdaily.com.cn/xinjiang/002/924074.shtml。

二套电视已播出”的字样，没考证真假，就转发了。曾某认为，自己之所以转发这条“疫情消息”，完全是出于善意，想提醒QQ里的网民与亲朋，而且他只转发了一次。警方认为，这条虚假疫情信息虽然不是曾某编造出来的，但他不加核实考证，就随意转发，系传谣行为。根据《治安处罚法》第二十五条第一项，警方以“散布谣言，谎报疫情，故意扰乱公共秩序”，对曾某处以行政拘留5天。①

2013年8月26日晚，清河县的赵某在百度贴吧“清河吧”以网名“宁05021”发布消息称：“听说娄庄发生命案了，有谁知道真相吗?”的信息，该信息迅速被点击1000余次，在该县部分群众中传播，引发民众恐慌。随后，清河县公安局经核实，认为赵某造谣，8月28日，赵某被行政拘留。②

2013年6月18日起至8月28日，公安部开展集中打击网络有组织制造传播谣言等违法犯罪的专项行动，一批网络大V相继落网。自专项行动以来，截至2013年8月，河南省已共查办涉网案件463起，批捕131人，全省检查各类网站725家，关闭违法违规网站29家、栏目78个、违规账号40个；浙江省共查处网络造谣等违法犯罪67起，刑拘2人、治安处罚46人、教育训诫22人；河北省多部门联动，集中查处了散布H7N9禽流感病毒传染、邯郸某地发生抢孩子事件、石家庄赞皇要发生大地震等100余条网络谣言，关闭违法违规网站50家，落地查证35人，并对相关人员依法依规进行了处理。③

一时间，面对“严打”行动，出现了“人人自危”的情形。在“罪有应得”的“秦火火”和“立二拆四”被刑拘后，QQ群“易观新经济观察家群”里，有人发帖如下：

“网络红人‘秦火火’被抓、资深策划推手‘立二拆四’被刑拘了！其组成的网络推手团队，伙同少数所谓的‘意见领袖’、组织‘水军’长期在网上炮制虚假新闻、故意歪曲事实，制造事端，颠倒黑白，并以删除帖文替

① 转引自新浪网《湘潭男子因群转发炭疽谣言被拘5天》2013年8月28日，原始来源：《三湘都市报》，记者刘晓波，http：//hunan. sina. com. cn/news/s/2013－08－28/080168025. html。

② 新华网：《河北邢台一女子贴吧内问“是否发生命案”被拘留》2013年8月31日，http：//www. he. xinhuanet. com/news/2013－08－31/c＿117173891. htm。

③ 刘启路、高鸿鹏：《网上散布“挖肾”谣言，5人被拘》，《大河报》2013年8月28日第A13版。

人消灾、联系查询IP地址等方式非法攫取利益，严重扰乱网络秩序，已涉嫌寻衅滋事罪、非法经营罪”。

有群内网友跟帖如下：

“现在在微博上发个信息，都得琢磨半天，现在言论没自由啊。”“那微博不是成了钓鱼的地方了么。”

正如李若建（2011）指出的，把事件简单归因为坏人造谣，然后惩罚造谣者，是平息谣言的最简单可行的办法，但是这种办法无法真正杜绝谣言。[①] 虽然“秦火火”和“立二拆四”涉及多项网络谣言的制造与传播，并且还造成了广泛的不良社会影响，被刑拘也是意料之中的。但还是会有像上面这名群内网友一样的民众，在跟帖中表达对待此事的态度时，流露出对于自身网络言论的担心和害怕。可以看出，无论是官方，还是民众，都没有区分不同类型和性质的信息，反映的是对于一切网上言论发布的害怕和焦虑。

对于恶意的造谣、传谣行为，确实需要法律的严格执行来约束，但法律惩罚仅仅是为了威慑，不是目的。更加需要重视的，是探究造谣和传谣背后的深刻的社会动因和心理动因，了解造谣和传谣者的社会诉求，解决问题，并培养其理性的、对社会负责任的思维习惯，这才是关键。而这样的习惯的培养，离不开社会各界组织和个人的共同努力。

抗议性谣言就像病毒，危害性不大的病毒对于身体的危害性实际上没有那么大，有些反而会增加人体的抵抗力，而严重的、危害性大的病毒当然会致命。所以，严重的、危害性大的抗议性谣言需要诉诸法律，严厉制裁，但对于那些危害性不大的，尤其是解释性的、担忧性的、焦虑性的抗议性谣言，应该加以区分，并以更加柔和的方式去应对，切忌“一刀切”的做法，不然，不加区分的一律的“严打”极容易带来“寒蝉效应”，从而对正常的舆论环境造成不良影响。

二　警惕“寒蝉效应”

“寒蝉效应”（Chilling Effect），是源自美国的一个法律用语，是指在某

---

① 李若建：《虚实之间：20世纪50年代中国大陆谣言研究》，社会科学文献出版社2011年版，第66页。

些法律条文或行动的影响下，人们害怕因自由言论遭到刑罚或罚款而自我禁言。“如果畏惧诉讼，揭发者、专家、记者、博主就不会将自己的观点公之于众。”[①] 在应对谣言的过程中，“寒蝉效应”的出现往往是由于对传谣者打击过重，结果上导致了对民众言论的限制和舆论监督的缺失。桑斯坦（2010）指出，有时，人们常常会通过限制言论自由来治理谣言，这就产生了“寒蝉效应”。“寒蝉效应”的后果，是导致言论表达不畅和公共领域的衰落。在以信息的传播与分享为主要特征的新媒体时代，大众对信息透明化的诉求越来越多，大众对信息的制造和分享的诉求也越来越强。在这样的时代背景下，“寒蝉效应”显得尤为可怕，也尤为格格不入。

（一）完全杜绝不确定性，也就同时杜绝了确定性

大众被要求不盲目转发谣言信息。但是，一方面，普通大众在很多情形下是难以分辨信息的真伪的；另一方面，只有通过转发，才能更有效地、更多维度地探求被转发的不确定信息的真伪。如果完全杜绝了对作为不确定信息的谣言的传播与讨论，也就必然杜绝了对于确定性信息的探究和挖掘，这是不利于营造良好的信息传播氛围和环境的。

越是谣言盛行，也即不确定性信息盛传，越需要确定性的信息，而不是只是简单报道造谣、传谣者被抓，或请专家表明对谣言“深恶痛绝”的立场和观点。实际上，这是对于健康的舆论环境的破坏。弥尔顿（1644）指出，关于善的知识和关于恶的知识之间有着千丝万缕的联系和千万种难以识别的相似之处。因此，就人类目前的情况来说，没有对于恶的知识，我们又有什么智慧可做选择，有什么节制的规矩可以规范自己呢？“使我们纯化的是考验，而考验则是通过对立物达到的。”[②] 弥尔顿认为德与恶本是一体，消除其之一，便会把另一个也一起消除了。这种观点对我们认识和应对抗议性谣言信息的传播有一定的借鉴和启发意义。

抗议性谣言信息被大面积转发和四处流传，对社会的和谐氛围来讲，好

---

① ［美］卡斯·R. 桑斯坦：《谣言》，张楠迪扬译，李连江校译，中信出版社 2010 年版，第 123 页。

② ［英］弥尔顿：《论出版自由》，吴之椿译，商务印书馆 1958 年第 1 版，2012 年第 7 次印刷，第 19 页。

像是有“不安全感”的，但如果对任何事任何信息都不敢评论和发布多角度猜测的信息，对于一个健全的社会来说，往往更不安全。为了打击和避免“信息拼图”中虚假的信息，结果同时也打击了其中真的信息，或探寻真的信息的努力，打击了全方位信息的拼凑，是不利于信息的还原的。“信息拼图”中，消灭了拼凑不确定性的信息，也就同时消灭了拼凑确定性信息的可能性，同时，也影响了官方的公信力。

一个声音盛行的同时必然有杂音。既然谣言是每个社会都普遍存在的一种信息传播现象，如若得不到公开讨论，又听不到权威而可信度高的信息的及时发布（面对浩如烟海的庞杂信息，实际上是不可能的），那么，私下里的口耳相传的谣言也许又会变得盛行。那样的话，情况会变得更加不可控制。

（二）实名制不能杜绝谣言

很多既有研究成果认为，新媒体平台只要实行实名制，就可以限制谣言的传播和扩散。这其实只是理想状态，现实并非如此。实名制在一定程度上增大了传播虚假的、有害的信息的社会责任风险，甚至是法律风险，但另一方面，实名制往往使得谣言的生成和传播更加容易。谣言的捏造者因为认识或了解信息接收者，所以更加容易就与其相关的某方面生成谣言；谣言的受众因为认识或了解谣言涉及的对象，所以更加相信或者更加震惊；谣言的接收者因为了解或认识谣言的发起者或传播者，所以更偏向于相信；而谣言指涉的对象，因为被认识自己的人或了解自己的人制造和传播关于自己的谣言，因而更加容易受到伤害。因此，实名制不可能杜绝谣言，反而某些实名认证或者实名制的用户会利用自己的实名认证或注册的身份来传播甚至制造谣言。

同时，实名制与“严打”的捆绑与联合往往非常容易造成地方政府或者机构对于传播“抗议性谣言”的个人的打击报复。目前，对于谣言的认识和定性过于简单，也过于官方化，因此，只要地方政府定性为“谣言”的信息，就被划为“谣言”，因而地方政府也有了管控谣言的合理、正义和合法性，但是，一旦那些被地方政府定性为“谣言”的信息被证实，地方政府就陷入了信任危机，很容易失去民众的信任。从这个意义上来说，实名制不仅不利于消除谣言，而且还不利于对地方政府和官员的有效监督。

（三）不分类别与性质的一律严打不可取

周裕琼（2013）根据谣言对于社会和谐与稳定的影响程度，将谣言分为硬谣言、软谣言和介于两者之间的谣言三大类，认为与灾难、治安、食品、财经、政策法规、政治外交、官员腐败有关的谣言直接影响社会和谐与稳定，可以视作硬谣言；而和娱乐体育相关，主要作为老百姓茶余饭后谈资的谣言则是软谣言；另有一部分科技健康和民生谣言，影响程度介乎两者之间，见图 6-4。①

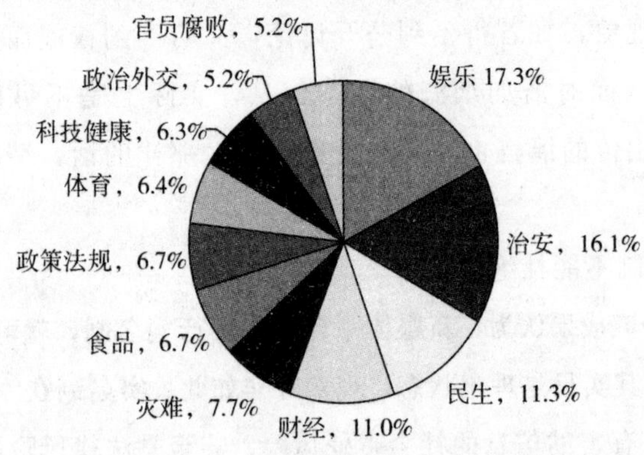

图 6-4 2012 年出现在媒体上的谣言类别

抗议性谣言大多包含了周裕琼认为的“硬谣言”和介乎“硬谣言”与“软谣言”之间的谣言。在 2012 年的谣言传播中，属于娱乐和体育相关的“软谣言”占全部统计谣言总数的 23.7%。但是，目前我们对于谣言的认识和治理往往都是偏向于一律，而且偏向于强硬。不同的谣言类型实际上会对社会造成不同的影响（或者伤害），但对待不同类别与性质的谣言不应简单采取一律的态度和做法。尤其是在新媒体时代，各种信息的传播与分享成为时代的特征，因此，对于谣言需要采取的不是一律的控制，而是要区分不同类型和性质的谣言，进行不同层次的治理。在治理谣言的同时，要保障信息的活性空间，以保障良好的舆论环境和氛围。理论上来说，只要有个人的判断力和想象力存在，就会有谣言。只是，我们需要区别对待那些对于社会造

① 周裕琼：《2012 年中国谣言传播特征解析与应对策略》，《新媒体蓝皮书·中国新媒体发展报告（2013）》，社会科学文献出版社 2012 年版，第 98 页。

成严重危害和不良影响的抗议性谣言、没有造成严重危害和不良影响的抗议性谣言，以及没有造成严重危害和不良影响的非抗议性谣言。

当前社会背景下，有一些抗议性谣言所指涉的问题无法通过正常途径得到解决，抗议性谣言的产生往往是不得已而为之，有一定的合理性。无论是本身的合理性还是当前社会背景和环境赋予其一定程度的合理性，在应对这些谣言时需要考虑这些合理性因素，并区分对待。除了区分谣言的类型和性质以不同方式应对谣言外，还应区分谣言传播的主体。对于责任度高的政府机构、官员、大众媒体以及大众媒体工作者等主体，以更加严格的信息发布规范去要求；对于不在上述之列，但拥有广泛的社会影响力的名人（包括网络名人、意见领袖等），虽然没有统一的专业性的规范要求，但是需要参照其社会影响力来制定适宜的信息发布守则；而对于普通的大众，只要其发布的信息没有造成严重的危害社会影响，可以适当放宽对其要求。

三　导入善治理念

新媒体最显著的特征之一是分享与互动，分享与互动无可置疑地带来了信息的公开和透明，也更加增大了公共的舆论空间。在这样一个更加开放的时代，我们需要更加开放的理念，因此，善治理念正好切合了新媒体时代的特征，为我们更好地理解和应对抗议性谣言提供了参照。

西方历史上，咖啡馆曾经作为民众交流和言论表达的平台而发挥作用，但事实已证明，政府对于咖啡馆言论的限制所采取的简单粗暴的阻断方式并非是最适宜和最有效的谣言管控手段。16 世纪，麦加总督发现咖啡馆里居然会流传出攻击他的诗文，于是下令关闭了麦加的所有咖啡馆。16 世纪到 17 世纪的土耳其，咖啡馆成为民众交流信息的场所，苏丹政府曾经下令关闭咖啡馆，理由便是咖啡馆里的集聚和聊天有可能引起造反。[①] 17 世纪的英国，同样地，由于咖啡馆是传播“小道消息”和“煽动言论”的场所，英国皇室于 1672 年 6 月，发布《禁止散布针对政府及国事的错误新闻或者恶意言论的公告》，1674 年 5 月，重又发布同题公告，但这两个公告效果非常有限，

① 张信刚：《土耳其进行曲：走向共和》（中），《财经》2013 年第 5 期。

咖啡馆作为公众谈论时事、“抨击政府”和“激情辩论”的场所，继续发挥着平台作用。于是到1675年，政府发布了《关停咖啡馆的公告》。在咖啡店主和民众请愿与抗议的压力下，1676年，政府又发布了《关于咖啡店的附加公告》，对咖啡店内的言行提出要求，并规定咖啡店主在6个月内了结存货并停止生意。三个公告受到英国民众强烈不满，被认为是对言论自由的剥夺，更是历史的倒退。而咖啡馆并没有因为三个公告而消失，反而更加壮大。[①] 以上的禁令都不了了之，在政府强力的管控和民众对于言论表达权的抗争中，显然政府尴尬地做出了让步。17世纪巴黎的咖啡馆，也正是革命家、文学家、哲学家们经常去的地方。在现代的大众媒体出现之前的年代，咖啡馆实际上成为民众发表意见、表达思想和交流信息的主要平台，类似于互联网兴起后的网络论坛，作为民众发表言论的平台而存在。

如今，各种互联网平台发挥着历史上的咖啡馆曾经发挥过的作用。Serdar Ozturk（2008）借用土耳其有句关于咖啡馆的谚语：“既不是为了咖啡，也不是为了咖啡馆，而是以咖啡为借口，来咖啡馆聊天。”指出土耳其乡村咖啡馆除了一些众所周知的实用功能（例如咖啡馆可以作为临时收税和谈生意的场所，可以作为打牌等消遣活动的场所，可以作为股票交易的非正式场所，当地村民聚在一起，从偶尔来咖啡馆的外来者手中买卖股票等）之外，最重要的就是满足人类最基本的需求，即社会交往和信息沟通。[②] 这与今天的各种新媒体平台所发挥的社交平台作用非常类似。

王峰苓（2006）指出，“虽然伦敦的咖啡馆里常常流传着关于阴谋和反阴谋的谣言，但它更多的是理性政治辩论的中心。”[③] 相应地，新媒体平台上既有个人感性的情绪表达，更有民众理性的思辨言论的表达。新疆“7·5事件”时的“断网”行为就曾经遭到民众的质疑和不解。“信息拼图”使得大众最大限度地实现了理性与理性的对接以及对事物真实性和真理的探寻能力的培养，有利于营造一个宽松的言论环境，在这样的宽松的言论环境中，

---

① 霍盛亚、李增：《〈两匹马的对话〉与英国“公众舆论”的形成》，《外国问题研究》2013年第1期。

② Serdar Ozturk. The Struggle over Turkish Village Coffeehouses (1923—45), *Middle East Studies*, Vol. 44, No. 3, May 2008, pp. 435 - 454.

③ 王峰苓：《十八世纪英国城市公共性研究》，博士学位论文，华东师范大学，2006年。

个人的言论和思想、观念的表达都不会带来风险，因此个人更加愿意表达，也更加愿意分享与交流，因而也就更加容易形成健康的舆论氛围和环境。我们必须认识到，不管是在什么样的社会背景下，简单粗暴的方式对待言论都是不可取的，也是不得民心的。在更加需要开放思维的新媒体时代，对等的、协商的、合作的、对话的方式才更加有效，也更加利于社会的发展。

喻国明（2012）通过对中国人民大学舆论研究所年度舆情运行监测指数的分析，认为社会舆情热点事件的增长带来社会紧张度升高，呼唤建立更多的社会对话与沟通机制——建立社会的“安全阀”机制，使人们能在相对宽松、合理的条件下，拥有一个更加科学、更加制度化的路径或平台。[①] 借助于网络以及网络即时通讯软件、手机等个人通信工具，新媒体成为能够迅速聚合信息、集合大众、引导舆论的平台。所以，一方面，我们要收集有价值的抗议性谣言信息，为国家政府部门制定方针、政策提供参考和依据；另一方面，我们要警惕谣言成为传播有害信息的途径。抗议性谣言实际上最直接地反映的是社会矛盾与社会问题，因此，对于抗议性谣言的治理，实际上是对于社会问题与矛盾的妥善解决。通过政府与社会各界的协同治理，解决社会问题与矛盾的成本更低，也更有效。

由于协商与抗议两种解决问题的途径使个人面对不同的风险，因此，一般情况下，个人对于“软性的”协商的诉求远远大于“硬性的”抗议的诉求，也大于通过“硬性的”法律维权的诉求，原因很简单，如果能够以低风险的“软性的”协商方式有效解决冲突、矛盾与问题，谁都不愿意选择高风险的抗议方式来解决问题。这是我们呼吁导入以协商为主要特征的善治理念的前提。

党的十八大报告提倡的“社会主义协商民主”就是要“在城乡社区治理、基层公共事务和公益事业中实行群众自我管理、自我服务、自我教育、自我监督。以扩大有序参与、推进信息公开、加强议事协商、强化权力监督为重点”。而新媒体的特征使其成为民众有序参与、协商民主的平台，并且，这个平台极大地降低了治理成本。原因是，新媒体平台更加容易形成民主协

---

① 喻国明：《当前中国社会舆情的现状及特征——基于〈中国社会舆情年度报告（2012）〉蓝皮书的分析性结论》，《新闻与写作》2012 年第 5 期。

商式的治理理念与行动，同时又能够迅速而有效地凝聚社会各界的力量，激发各种社会组织与个人的作用。因此，我们需要打破传统的家长式的信息通告与社会管理方式，尊重大众，并且相信大众自己的判断力。在这一背景下，导入"善治"理念来应对抗议性谣言的传播是比较合时宜的。

"善治"理念最早的影子可以在老子的《道德经》中看到，其第八章中提到了"善治"，说："上善若水。水善利万物而不争，处众人之所恶，故几于道。居善地，心善渊，与善仁，言善信，正善治，事善能，动善时。夫唯不争，故无尤。"但这里的"善治"实际上指的是"善政"，因为治理的主体指向的是政府。正如国内善治理论的先驱俞可平（2000）认为的，在中国传统的政治理念中，"善治"与"善政"基本等同，均指向好的政府和好的治理。结合中国的善治（善政）理念和西方的善治理念（good governance），俞可平提出了新的"善治"概念，认为现代的"善治"与"善政"是有着很大区别的。"善政"的治理主体是政府，而"善治"不仅包括好的政府治理，还包括好的社会治理，是政府与公民对社会事务的协同管理。可以说，"善治"是"善政"的升级版，善治的实现是政治制度的终极目的。按照俞可平的理解，"善治"就是使公共利益最大化的社会管理过程，善治的本质特征就在于它是政府与公民对公共生活的合作管理，是政治国家与公民社会的一种新颖关系，是两者的最佳状态。善治的要素包括合法性（legitimacy）、透明性（transparency）、责任性（accountability）、法治（rule of law）、回应（responsiveness）和有效（effectiveness）。[①] 善治是在公共管理和公共治理基础上提出来的新概念，其根本特征就是认可民众自身的作用，并且呼吁形成合作的、平等的、协商的氛围，使得社会各机构和个人协同治理社会事件。善治需要在一定的法律、法规范畴内实行民主的、协商的合作治理机制。要允许个人一定程度的自由表达就要允许非伤害性或低伤害性谣言的存在。政府传播是政府的行为及其行为的解释，而大众传媒是解释政府行为的主要机制，从而也是政府与大众之间的主要沟通者和协调者。从某种程度上说，对于一些抗议性谣言的有效应对和处理，其实是可以成为用来增加政府

① 俞可平：《治理与善治》，社会科学文献出版社2000年版，第9—11页。

与民众的互相信任的契机的，关键就是要看怎么应对、怎么处理，以及以什么态度应对、以什么方式处理。

四　探寻善治策略

不同的抗议性谣言处于不同的社会大环境和各类群体小环境，其传播特征会有相应的不同，因此，应对策略也应该有所不同，但是一些基本的应对理念和方式是可以通用的。下面就探讨一些普遍适用的善治策略。

（一）“维权”事件与地方政绩考核适当脱钩，有效保障民众权利

“维权”是在受法律保障的前提下对个人或群体利益的维护，在这个维护自身或他人权益的过程中，一旦出现问题，进而向上一级部门反映情况，寻求问题的解决。但在维权过程中，不能通过正常渠道反映和解决问题的情形时有发生。比如我国的上访制度本身就是为了维护公民的正当权益的。但是实际上的情形是，很多时候地方政府出于维护政绩等原因，“拦访”现象普遍存在。我们一方面要鼓励地方政府部门办实事、办好事；另一方面要正视地方发展中存在的各种问题及其引发的利益冲突和各种矛盾。发展中存在利益冲突和矛盾本身是不可避免的，但如果将维权、上访所反映的问题直接与当地政府的政绩和考核挂钩，势必会促使地方政府想方设法地“拦访”，甚至采取极端手段对付上访者，反而扩大事态、激化矛盾。这些未得到及时处理的问题与矛盾一旦蓄积久了，矛盾一旦触发，问题一旦升级，将产生巨大的爆发力，从而导致抗议性的、群体性的言论和事件的发生，也为抗议性谣言的滋生提供了土壤。因此，将民众反映的问题与当地政府的政绩考核脱钩，或者能够在民众上访之前就能考虑到民众反映的问题可能造成的后果，并且得到有效解决，或许能够减少上访的数量，从而也减少抗议性谣言滋生的条件。更何况，采用强制手段并不利于地方政府的公信力建设。

（二）快速、及时回应并解决抗议性谣言所指涉的问题

对于一些涉及民众利益的事件或问题的处理，要做到快速、及时的回应，并尽量快速解决，让民众满意，这是避免抗议性谣言产生与传播的有效手段之一。如果民众所担心或质疑的问题能够快速、及时地得到回应和解决，民众自然会减少抗议性的声音或抗议性的行动。比如在很多上访的案例

当中，能够看到当事人是在当地找不到有效的维权渠道的前提之下才走上“上访”之路的。也就是说，如果当事人能够在当地反映问题，在当地解决问题，并不希望，也没有必要“上访”。因此，应该在问题一经出现就迅速反映，并且及时回应民众提出的质疑和顾虑，让民众满意。对于民众反映的问题，要深入探寻根源，重视民众的诉求，及时回应民众的质疑，迅速解决民众提出的问题。

（三）加强舆论引导，使信息公开制度化、程式化

新媒体时代说到底是一个信息的时代，而大众接触各种媒介的便捷性更加凸显了建构良好的信息传播秩序与维护健康的舆论氛围的重要性。同时，有效的舆论引导也是政府公信力提升的重要保障。尤其是当危害性高的抗议性谣言在各种新媒体平台传播的时候，有效的舆论引导能够让大众及时了解真相，辨明是非，避免以讹传讹，也避免产生更大的负面社会影响。

2013 年 9 月 18 日，李克强总理主持召开国务院常务会议，研究部署进一步加强政府信息公开工作，要求对重要舆情和社会热点问题积极回应、解疑释惑，并注意把人民群众的期盼融入政府决策和工作之中，使政府经济社会政策透明、权力运行透明，让群众看得到、听得懂、能监督。[①] 中央政府对于信息公开、透明有了具体的要求，但是具体落实起来，还需要一个过程，毕竟社会问题错综复杂。但向着公开化、透明化的方向努力的保障，是需要信息公开的制度化。将各级部门的新闻发布作为惯例，使得政府机构（官方）的信息公开，通过新闻发布会或者利用各种大众媒体或新媒体平台，快捷而及时地在第一时间公开信息，并制定信息公开的规范，完善政府发言人制度，提升新闻发言人的媒介素养和专业水平。在确保信息透明的同时，最重要的是要确保信息的权威、全面，并避免由于公开的信息中言辞不清而激发谣言，或在旧有谣言基础上形成新的谣言。

（四）信息公开，并凸显人性化

卡斯坦认为，分散的匿名的群体成员在网络上的言论具有非常高的准统

---

① 国务院办公厅：《李克强主持召开国务院常务会议：部署进一步落实半年多以来已出台的促改革调结构措施夯实经济稳中向好基础》2013 年 10 月 20 日，http：//www.gov.cn/ldhd/2013 - 10 - 20/content _ 2510836. htm。

计学价值。许多政府和企业通过分析网上零散的言论获得了意想不到的政治收益和经济收益。[①] 信息公开，可以让商业机构和企业通过网上数据得到经济收益，也可以让科技工作者（爱好者）通过信息分享创造更大的效益，还可以帮助政府机构和部门收集民众的意见和建议等。在一些社会议题和问题上，公开信息，并激发大众对于这些议题和问题的最全面的热议和探讨，最大限度地激发大众思维的碰撞，能够得到完美的“信息拼图”效果。

信息公开的方式，则可以转变传统的高高在上的灌输式的方式为平等的、协商的、交流的方式，有利于对舆论进行“软”引导，会取得比“硬”引导更好的效果。比如，政府工作人员通过政府部门官方微博、微信、QQ等解释政策、澄清信息，注意在日常工作和公共事务处理中恢复和积累公信力。使得政府部门的工作更加人性化，有利于培养民众与政府的感情，也有利于培养民众对政府的依赖和信任。

实际上，政府部门官方微博、微信、QQ 等都扮演了新闻发言人的角色，一方面，能够及时地帮助民众了解和理解政府的政策、法规、文件；另一方面，政府部门官方微博、微信、QQ 等能够及时收集民众的意见与建议，有利于社会事务的协同管理，有效搭建民众与政府的沟通桥梁。政府愿意与民众对话，民众自然也愿意通过对话而非对抗手段与政府沟通。

（五）利用新媒体平台，平等进行协商

祝建华（2004）在考虑到使用与满足理论过于理想主义，因其没有考虑到使用者所处的环境以及使用媒介的便捷性等制约因素，于是提出了一个描述、解释和预测使用者为何使用新媒体技术的新概念，即“新媒体权衡需求”（Weighted and Calculated Needs for New Media，简称 WCN）。“新媒体权衡需求”理论揭示出了新媒体的采纳与使用过程中潜在的两个微妙机制，即：传统媒体与新媒体之间的对比以及受众对媒体的各种需求之间的权衡。[②] 云存储、云计算、用户与内容细分化，多终端共享，四通八达，尤其

① 转引自［新西兰］罗伯兹《地震预报的政治和行政方面的后果》，《国际地震社会学论文集》，宋守全、李华英主编，科学技术文献出版社 1982 年版，第 107—114 页。

② 祝建华：《不同渠道、不同选择的竞争机制：新媒体权衡需求理论》，《中国传媒报告》（China Media Reports）2004 年第 2 期。

是农村接近信息的便利性大大提高，这对于在农村的信息传播和接收以及对于农村地区居民的舆论引导是非常有利的。根据李刚存、肖婷（2013）在哈尼族村落进行的一次微博实验与增权实践，发现在偏远贫困地区且汉语不好的少数民族公众有很多会使用智能手机，手机才是那里的第一媒体。[①] 新媒体网络的优势功能，即：即时互动、搜索、超链接、共享，尤其是信息的共创、打破时空和地理位置的限制等，这些在传统媒体时代是做不到的。

“新媒体权衡需求”理论可以给我们两个启示：第一，大众在使用某种媒体之前往往会权衡其操作的便捷性，也会权衡该媒体是否可以提供想要的信息，包括是否可以提供可信度高的权威性信息，也即确定性信息；第二，当前新媒体的发展，尤其是智能手机的普及给农村地区的用户带来了极大的便捷性，其媒介使用中，手机之所以成为“第一媒体”，与其提供的使用上的便捷性是分不开的。正是有了新媒体，有了新媒体的特征，使得谣言的对抗能够转化成对话，并能够展开有史以来最丰富，也最充分的对话。因此，不能认为新媒体平台是谣言滋生的摇篮而对新媒体充满偏见，甚至恐惧。

由低层到高层的对话与协商有时候是很难实现的。所以，当弱势群体在正常途径很难将自己关注的和想要解决的问题推向政府的议事日程时，抗议性谣言及其借助新媒体平台的广泛的、跨地域的传播恰好扩大了问题的关注面和关注度，而弱势群体成员之间也借助谣言的传播本身实现了“对话”，而这种对话，有时候反而是朝着更加理性的方向发展的。周裕琼（2008）通过实验发现，网民通过搜索网络来添加信息，并通过价值判断来添加观点。这样一来，QQ群聊最终没有同化网络谣言，使之变得更可信，反而异化了网络谣言，使之变得更不可信。QQ群讨论使原本一直相信手机短信谣言的24位参与者出现意见分裂，甚至有人由相信变得不信。[②] 通过网友们自发的针对某一议题的对话与协商，可能会促进对某些现实的社会问题的更加理性的思考，并有可能寻求到更加合适的解决问题的路径和方法。

新媒体提供了良好的协商平台，而该平台是以前传统媒体时代所欠缺

---

① 张志安：《互联网时代传播行动者的重构——第五届中国青年传播学者研讨会综述》，《现代传播》2013年第1期。

② 周裕琼：《当代中国社会的网络谣言研究》，商务印书馆2012年版，第139页。

的。需要做的是充分利用好如此便捷而高效的沟通平台。

（六）信息透明，并传播开来

当大众了解了确定性信息之后，就不会再随便猜测、质疑和轻信所谓的谣言了，也就是说，谣言信息一旦被去掉了不确定性，要么被证实，要么被证伪，总之谣言便不攻自破了。但是同时需要注意到的一个现象是，往往有些时候政府部门或权威部门能够及时发布信息，能够做到信息的“透明”，但大众依然不明所以，依然不晓得确定性的信息，于是面对谣言依然无所适从。实际上，信息光透明是不够的，还需要将透明的信息传播开来，到达最广泛的人群。不然，光有信息的透明度，但是没有到达率和接收率的话，信息的透明度是没有多大的意义的。

针对公众对转基因食品的审批公开情况的质疑，黄大昉研究员回应称，按照《中华人民共和国政府信息公开条例》，农业部已经通过官方网站对相关信息进行了公开，包括食品原料中用到我国种植的或者进口用作加工原料的转基因生物名单，“可以说是公开透明的”。[①] 但是，根据新浪微调查在微博和文章页上发起的“你会选择转基因食品吗?”的调查，82.7%的网友选择“不会”，14.0%选择“会”，3.2%选择“说不好”。微调查下面的网友评论中，除了少数几条表示会吃转基因食品的留言，大部分网友还是表示“拒绝转基因”、“肯定不会吃”。[②] 在腾讯网组织的“若专家官员带头你愿吃转基因食品吗?”的网友匿名投票中，有32521名网友投给“不愿吃”，占总投票的87.0%，5090名网友“愿吃”，占总投票的13.0%。[③] 网友对其安全性存疑，并表示担心“失去选择权和知情权”，在不知不觉中“被吃”转基因食品。[④]

信息既然公开透明，为何还是引起大众广泛的质疑呢？而转基因食品

---

① 光明网：《农业部：转基因食品“致癌、影响生育”是谣言》2013年10月18日，http://economy.gmw.cn/2013-10-18/content_9215173.htm。

② 同上。

③ 腾讯网：《说服国人接受转基因为何这么难》2013年10月21日，http://view.news.qq.com/intouchtoday/index.htm?2587&ADUIN=327288433&ADSESSION=1382338609&ADTAG=CLIENT.QQ.5239_.0&ADPUBNO=26248。

④ 光明网：《农业部：转基因食品“致癌、影响生育”是谣言》2013年10月18日，http://economy.gmw.cn/2013-10-18/content_9215173.htm。

“致癌、影响生育”的“谣言”为何还是被广泛传播和扩散呢？首先，信息的公开透明并不充分。正如《光明日报》记者龚丹韵所说的：“令人沮丧的是，在转基因浩如烟海的资料里，从中外书籍、报纸杂志、纪录片，到网络上各类专家访谈……永远是有漏洞的谣言好找，有准确说法的难寻。”[①] 其次，信息虽然透明，但并没有传播开来，或者其到达率太低。比如农业部官方网站的“转基因权威关注”专题，虽然内容详尽，但该专题在农业部官方网站的首页并没有明显的链接，网站访问者很难看到该专题。显然，科普的力度不够，透明的信息的传播范围不广，到达率不高，大多数的民众没有接触到这些信息，而社会各界对于转基因食品的质疑也未断。

（七）对不同性质的造谣、传谣行为进行分类治理

前文已经指出，造谣和传谣行为所涉及的事件与社会根源不同，造谣者和传谣者的心理动机和社会诉求也不同，结合笔者按照行动和态度划分的谣言参与者类型（参见表 3－1）和按照行动和是否有直接利益诉求划分的谣言参与者类型（参见表 3－2），可以针对不同性质和种类的造谣、传谣行为与造谣者、传谣者进行分类治理。一方面，要避免“一刀切”的“严打”产生“寒蝉效应”；另一方面，要避免故意的、恶意的造谣和传谣者逍遥法外，造成恶劣的社会影响。分类回应和治理不同性质的造谣、传谣行为，是保障健康的舆论生态环境的需求，也是提升和维护政府公信力的需求。

综上所述，引入善治理念，并使得维权与地方政绩考核适当脱钩，有效保障民众维护自身利益的权力，快速、及时地回应民众所反映的问题，并快速解决，将信息公开形成制度，利用新媒体平台与民众平等协商社会议题，及时公布信息，并提高所公布的信息的到达率，增加政府与民众之间的沟通与协商，对不同性质的造谣、传谣行为进行分类治理等，都是在新媒体时代，对抗议性谣言信息的传播的应对中需要重视的方式和策略。

---

① 龚丹韵：《为什么谣言比科普有市场》，《解放日报》2013 年 10 月 21 日第 3 版。

第七章　结论

古老的谣言穿上新媒体的外衣，如同超人穿上了专属的披风，其传播速度与范围与传统媒体时代相比不可同日而语，而面临社会转型期出现的各种社会问题与矛盾，不可避免地出现了以抗议为主题的各种不确定性的信息。谣言作为一种不确定性未被消除的信息，有其存在的合理性，尤其是给予了以确定性为首要特征的新闻信息以更多的空间和更权威的地位。在这些谣言中，有一类谣言占据了重要的一席之地，即抗议性谣言。

在抗议性谣言中，有的是抗议我们生活的自然环境受到危害或污染，有的是出于对医疗、食品、健康等安全的担忧，有的则是出于对灾难、事故等造成的危害及其对自身安全的威胁而产生的恐慌与害怕，有的是对社会不公、贫富差距、违法行为，或者腐败行为的猜测与质疑，也有一些是出于维护国家、民族、集体利益而对于威胁到国家、民族、集体利益的语言或行为的抗议。因此，作为抗议性谣言本身，其发挥的社会作用有一些是消极的，甚至是有危害性的，但有时候，抗议性谣言也能在现实层面起到积极的作用。消极的或者危害性的抗议性谣言不胜枚举，但能在客观上起到积极作用的抗议性谣言也不容忽视。

新媒体环境下，谣言的传播与扩散速度更快，范围更广，社会效果也更加明显，其作用力更强，因而其反作用力也更强。因此，在某些情形下，抗议性谣言会放大社会问题，会激化社会矛盾，甚至会引发群体性事件。但另一方面，抗议性谣言一旦被广泛关注，一些亟待解决的社会矛盾与问题也因为群体的关注与智慧而得到解决。其中，“信息拼图”起了很关键的作用。

一方面，“信息拼图”使得信息在多人拼接环境中逐渐强大，并成为主流语境，使得非主流的信息由于无法拼接而被摒弃；另一方面，“信息拼图”在拼接信息的同时，实际上也是在拼接来自不同地方、不同层面、不同行业、不同年龄、不同性别、不同个性、不同领域、不同经历与经验的每个个体的思想、观念、情绪（包括理性与非理性，也包括设置的与非设置的），这是一个多维度的、群体性的、智慧型的拼接。

新媒体是工具，是加速器，借助其优势，群体参与的方式更多，途径更广，事实更容易全景呈现。在认识到“信息拼图”的作用之后，可以利用“信息拼图”理论来做好针对谣言的协同治理。即，在谣言广泛流传之前，只要及时发布真实的信息，造成真实信息主导的舆论氛围，那么非真实信息自然被淘汰，这样的治理成本最低，但一定要准确和及时把握舆论氛围，并及时发布主导信息。因为在一定情形下，其他的信息都可能是围绕主导信息进行的“拼图”，一旦“拼图”贴合，便会广泛传播。如果主导信息没有被及时发布，非真实的信息占据主导舆论中心位置，那么，已经形成的“拼图”反而会排斥滞后发布的真实信息，使得真实的信息得不到广泛传播和扩散，这时候的解释和治理成本是高昂的。

无论是传统的大众媒体，还是各种发展中的新媒体，作为信息的传播和分享平台，比以往任何时代都更加需要判定信息的确定性。在新媒体时代，大量的、庞杂的信息充斥在各种媒介平台，而个人在拥有更多接收和发布信息的能力和渠道的同时，也沉浸在各种无法判断真伪的信息海洋中。因此，维护媒体机构和其他信息发布机构的公信力与权威性显得尤为关键，不然，即便是发布已经确认了的真实性的信息，也得不到信任。而受众也需要在信息量极其庞大和繁杂的环境中听到来自自己信任的媒体的声音，并赋予这些声音以可靠性和可信性。正是由于大众更倾向于找寻自己认为权威的渠道和消息来源，所以，新媒体时代更多地给专业的媒体机构（无论是新媒体还是传统媒体）提供了塑造其权威性和维护其专业主义的绝佳机会。

对于危害性的抗议性谣言，需要法律、法规的介入，并且要确保相关法律、法规的完善。但是基于对抗议性谣言产生与传播的辩证理解，需要更多的理性思考和对不确定性信息传播的宽容。因为对于未消除确定性的信息的合理性的推测、质疑、评论正是社会责任心的体现，也是集体智慧发挥作用不可避免的途径，尤其是在新媒体时代，有效利用网络的开放性与分享性，最大限度地发挥群体“信息拼图”的作用，就必须要宽容对待对于不确定性信息的传播。因此，政府要做的，不能仅仅是简单的诉诸法律的遏制和管控，虽然这种手段能够起到威慑和警示作用，但是，作为有着对某些事件展开释义功能的谣言以及在新媒体时代有着“信息拼图”能力的广大网民来说，遏制了负面的或者虚假的谣言信息的同时，也就遏制了对于某些事件的合理性，甚至有价值的推测和释义，同时，也遏制了“信息拼图”对于非真实信息的排他功能，长期来看，并不利于培养更加理性的大众，也不利于新媒体时代与信息社会所必要的对于信息的分享与传播的需求的满足。

基于以上分析和考虑，如何更进一步细分各类谣言，并梳理其更加具体的传播规律，结合控制实验和深度访谈等方法，对于传谣者和信谣者作更深入的了解和分类，以制定出应对抗议性谣言的针对性更强的策略，值得更加深入的研究。

参考文献

一 中文专著与译著

蔡静：《流言：阴影中的社会传播》，中国广播电视出版社 2008 年版。

陈力丹：《舆论学：舆论导向研究》，中国广播电视出版社 1999 年版。

陈桐生：《礼化诗学——诗教理论的生成轨迹》，学苑出版社 2009 年版。

（清）杜文澜：《古谣谚》，周绍良校，中华书局 1958 年第 1 版，2008 年第 4 次印刷。

何木风：《空穴来风：中国历史中的造谣往事》，凤凰出版社 2009 年版。

胡钰：《大众传播效果：问题与对策》，新华出版社 2000 年版。

胡钰：《新闻与舆论》，中国广播电视出版社 2001 年版。

李良荣：《新闻学概论》，福建人民出版社 1995 年版。

李若建：《虚实之间：20 世纪 50 年代中国大陆谣言研究》，社会科学文献出版社 2011 年版。

刘建明：《舆论传播》，清华大学出版社 2001 年版。

石慧敏：《谣言传播的心理学研究》，中国广播电视出版社 2011 年版。

苏萍：《谣言与近代教案》，上海远东出版社 2001 年版。

俞可平：《治理与善治》，社会科学文献出版社 2000 年版。

于建嵘：《抗争性政治：中国政治社会学基本问题》，人民出版社 2010 年版。

周裕琼：《当代中国社会的网络谣言研究》，商务印书馆 2012 年版。

［德］汉斯-约阿希姆·诺伊鲍尔：《谣言女神》，顾牧译，中信出版社 2004

年版。

［法］弗朗索瓦丝·勒莫：《黑寡妇：谣言的示意及传播》，唐家龙译，商务印书馆 1999 年版。

［法］古斯塔夫·勒庞：《乌合之众：大众心理研究》，冯克利译，中央编译出版社 2004 年第 1 版，2005 年第 5 次印刷。

［法］让-诺埃尔·卡普费雷：《谣言：世界最古老的传媒》，郑若麟译，上海人民出版社 2008 年版。

［美］安德鲁·斯特拉森、帕梅拉·斯图瓦德：《人类学的四个讲座》，中国人民大学出版社 2005 年版。

［美］奥尔波特等：《谣言心理学》，刘水平、梁元元、黄鹂译，赵元村审校，辽宁教育出版社 2003 年版。

［美］保罗·莱文森：《手机：挡不住的呼唤》，何道宽译，中国人民大学出版社 2004 年版。

［美］保罗·莱文森：《新新媒介》，何道宽译，复旦大学出版社 2011 年版。

［美］戴维·迈尔斯：《社会心理学》（第 8 版），侯玉波、乐国安、张智勇等译，人民邮电出版社 2006 年版。

［美］卡斯·R. 桑斯坦：《谣言》，张楠迪扬译，李连江校译，中信出版社 2010 年版。

［美］卡斯·R. 桑斯坦：《信息乌托邦：众人如何生产知识》，毕竟悦译，法律出版社 2008 年版。

［美］卡斯·R. 桑斯坦：《极端的人群：群体行为心理学》，尹宏毅、郭彬彬译，新华出版社 2010 年版。

［美］凯文·凯利：《失控》，新星出版社 2010 年第 1 版，2013 年第 9 次印刷。

［美］克莱·舍基：《未来是湿的：无组织的组织力量》，胡泳、沈满琳译，中国人民大学出版社 2009 年版。

［美］克里斯托弗·查布里斯、丹尼尔·西蒙斯：《看不见的大猩猩：无处不在的 6 大错觉》，段然译，中国人民大学出版社 2011 年版。

［美］孔飞力：《叫魂：1768 年中国妖术大恐慌》，陈兼、刘昶译，上海三联书店 1999 年版。

［美］兰·费雪：《完美的群体：如何掌控群体智慧的力量》，邓逗逗译，浙江人民出版社 2013 年版。

［美］理查德·韦斯特、林恩·H. 特纳：《传播理论导引：分析与应用》（第二版），刘海龙译，中国人民大学出版社 2007 年版。

［美］马克·波斯特：《信息方式：后结构主义与社会语境》，范静哗译，周宪校，商务印书馆 2000 年第 1 版，2001 年第 2 次印刷。

［美］马克·E. 沃伦：《民主与信任》，华夏出版社 2004 年版。

［美］托马斯·弗里德曼：《世界是平的——21 世纪简史》，湖南科学技术出版社 2008 年版。

［美］扬·哈罗德·布鲁范德：《美国民俗学概论》，李扬译，上海文艺出版社 2011 年版。

［美］伊莱休·卡茨（Elihu Katz）、约翰·杜伦·彼得斯（John Durham Peter）、泰玛·利比斯（Tamar Liebes）、艾薇儿·奥尔洛夫（Avril Orloff）：《媒介研究经典文本解读》，常江译，北京大学出版社 2011 年版。

［美］詹姆斯·E. 凯茨、罗纳德·E. 莱斯：《互联网使用的社会影响：上网、参与和互动》，郝芳、刘长江译，商务印书馆 2007 年版。

［美］朱迪斯·M. 本内特、C. 沃伦·霍利斯特：《欧洲中世纪史》（第 10 版），杨宁、李韵译，上海社会科学院出版社 2007 年第 1 版，2013 年第 8 次印刷。

［英］弗雷德里克·C. 巴特莱特：《记忆：一个实验的与社会的心理学研究》，黎炜译，浙江教育出版社 1998 年版。

［英］弥尔顿：《论出版自由》，吴之椿译，商务印书馆 1958 年第 1 版，2012 年第 7 次印刷。

［英］维克托·迈尔-舍恩伯格：《删除：大数据取舍之道》，袁杰译，浙江人民出版社 2013 年版。

［英］维克托·迈尔-舍恩伯格、库克耶：《大数据时代》，盛杨燕、周涛译，浙江人民出版社 2013 年版。

二　中文论文

巢乃鹏、黄娴：《网络传播中的“谣言”现象研究》，《理论与探索》2004 年

第 27 卷第 6 期。
陈东冬：《网络谣言的治理困境与应对策略》，《云南行政学院学报》2012 年第 3 期。
陈金贵：《治理之理论与发展》，《公共治理季刊》2012 年第 1 卷第 1 期。
杜骏飞：《流言的流变：SARS 舆情的传播学分析》，《南京大学学报》（哲学・人文科学・社会科学）2003 年第 5 期。
郭光华：《论网络舆论主体的“群体极化”倾向》，《湖南师范大学社会科学学报》2004 年第 6 期。
洪秀菊：《建立政府信赖之研析》，《中国行政评论》2013 年第 19 卷第 1 期。
胡泳：《谣言作为一种社会抗议》，《传播与社会学刊》2009 年第 9 期。
怀默霆：《是什么让中国人不满意——专访哈佛大学社会学系社会学教授怀默霆》，《中国 2013 关键问题》，《中国改革》2012 年第 5 期，记者张翃。
黄岭峻、王芳：《谣言与神化—关于太平天国起义的政治传播学分析》，《长江论坛》2006 年第 2 期。
黄宛峰：《汉代考核地方官吏的重要环节——“举谣言”与“行风俗”》，《南都学坛》（社会科学版）1988 年第 3 期。
霍盛亚、李增：《〈两匹马的对话〉与英国“公众舆论”的形成》，《外国问题研究》2013 年第 1 期。
姜胜洪：《2011 年中国社会舆情分析》，《兰州学刊》2012 年第 2 期。
匡文波：《“新媒体”概念辨析》，《国际新闻界》2008 年第 6 期。
匡文波：《新媒体是主流媒体吗？——基于手机媒体的定量研究》，《国际新闻界》2011 年第 6 期。
匡文波、郭育丰：《微博时代下谣言的传播与消解——以“7・23”甬温线高铁事故为例》，《国际新闻界》2012 年第 2 期。
雷霞：《微博舆论引导与危机防范研究》，《现代传播》2013 年第 10 期。
李莉：《文学与记忆的关系探析》，《社会科学家》2009 年 12 月。
李丽、王勇：《论新媒介环境下谣言传播的特征与应对——以山西“等地震”事件为例》，《新闻世界》2010 年第 7 期。
李锋清：《网络舆论的引导与成熟公共领域的构建》，《齐齐哈尔大学学报》

（哲学社会科学版）2009 年 5 月。
廖祥忠：《何为新媒体？》，《现代传播》2008 年第 5 期。
林晖：《中国主流媒体与主流价值观之构建》，《新闻与传播研究》2008 年第 2 期。
刘丽敏、卢梦薇：《错误记忆的理论模型》，《黑龙江科技信息》2011 年第 4 期。
刘荣：《善治语境下网络谣言治理的多元主体结构》，《广西社会科学》2012 年第 9 期。
连建明：《日本地震引发当地海啸同时触发"股市海啸"》，《新民晚报》2011 年 3 月 26 日。
刘建明：《解读主流媒体》，《新闻与写作》2004 年第 4 期。
刘思玲：《遂宁多人散布"针刺"谣言被拘》，《成都商报》2009 年第 6 版。
刘媛媛：《微博语境下的谣言传播规律与应对机制》，《新闻天地》（下半月刊）2011 年第 4 期。
莫梅锋、刘潆檑：《论主流媒体》，《新闻爱好者》2005 年第 5 期。
齐爱军：《什么是"主流媒体"？》，《现代传播》2011 年第 2 期。
齐爱军、洪浚浩：《美国西方有关主流媒体研究的多元理论视角论析》，《新闻大学》2013 年第 1 期。
人民网舆情监测室：《2012 年新浪媒体微博报告》，2013 年 1 月 23 日。
人民网舆情监测室：《谣言和社会化媒体营销案例分析》，2013 年 9 月 3 日。
邵庆海：《新媒体定义剖析》，《中国广播》2011 年第 3 期。
申艳妮：《网络谣言传播研究》，《东南传播》2008 年第 12 期总第 52 期。
施爱东：《灾难谣言的形态学分析——以 5·12 汶川地震的灾后谣言为例》，《文化研究》2008 年第 4 期。
施爱东：《谣言的鸡蛋情绪——钱云会案的造谣、传谣与辟谣》，《民俗研究》2012 年第 2 期。
石慧敏、刘京林：《地震核爆下的谣言传播模式》，《人民论坛》2011 年第 10 期。
陶国根、魏星河：《社会资本与网络谣言的有效治理》，《党政干部学刊》2011 年第 10 期。
滕露璐、熊忠辉：《新媒体环境下的谣言传播与预防：从"抢盐"风波谈起》，《声屏世界》2011 年第 6 期。

王灿发、何雯：《突发公共事件的谣言传播系统及过程分析》，《青年记者》2009 年第 33 期

王灿发、侯欣洁：《重大突发事件中的谣言话语分析》，《新闻与传播研究》2012 年第 5 期。

王国宁：《从传播学角度看谣言及其控制》，《新闻研究资料》1991 年总第 53 辑。

王继先：《浅析互联网谣言传播的钝化现象》，《传媒观察》2009 年第 9 期。

汪志坚、李欣颖：《来源可信度、情感认同与涉入程度对网路谣言辟谣效果之影响》，《管理学报》2005 年第 22 卷第 3 期。

魏然：《新媒体与网络设施研究》，《传播学》（第 12 章），中国人民大学出版社 2007 年版。

吴筱玫：《PageRank 下的资讯批判：新“2·28”事件回顾》，《新媒体事件研究》，邱林川、陈韬文主编，中国人民大学出版社 2011 年版。

《小康》杂志中国全面小康研究中心鄂璠：《2011—2012 中国信用小康指数：社会信用趋于好转透明度对政府信用影响最大》，《小康》2012 年第 9 期。

新华社“舆论引导有效性和影响力研究”课题组：《主流媒体如何增强舆论引导有效性和影响力之一：主流媒体判断标准和基本评价》，《中国记者》2004 年第 1 期。

［新西兰］罗伯兹：《地震预报的政治和行政方面的后果》，《国际地震社会学论文集》，宋守全、李华英主编，科学技术文献出版社 1982 年版。

薛易：《互联网对公安工作的挑战与对策》，《警察技术》2009 年 11 月。

严三九、徐晖明：《广州非典型肺炎事件中的流言传播调查》，《华东师范大学学报》2004 年第 3 期。

尹韵公：《当前网络发展的新特点》，《新闻与写作》2013 年第 1 期。

喻国明：《“微博辟谣”是个伪命题》，《中国经济时报》2012 年 1 月 6 日第 12 版。

喻国明：《当前中国社会舆情的现状及特征——基于〈中国社会舆情年度报告（2012）〉蓝皮书的分析性结论》，《新闻与写作》2012 年第 5 期。

喻国明：《呼唤“社会最大公约数”：2012 年社会舆情运行态势研究——基

于百度热搜词的大数据分析》,《编辑之友》2013 年第 5 期。

张晓雪、高珊:《互联网在谣言传播中的角色及应对策略——以江苏省人民医院"艾滋门"事件为例》,《青年记者》2011 年 3 月上。

张信刚:《土耳其进行曲:走向共和》(中),《财经》2013 年第 5 期。

中国国务院新闻办公室:《中国互联网状况》(白皮书)2010 年 6 月 8 日。

周裕琼:《QQ 群聊会让人更相信谣言吗?——以奥运谣言实验为基础》,中华传播学会年会,台湾新竹 2009 年版。

周裕琼:《谣言一定是洪水猛兽吗?——基于文献综述和实证研究的反思》,《国际新闻界》2009 年第 8 期。

周裕琼:《真实的谎言:抵制家乐福事件中的新媒体谣言分析》,《新媒体事件研究》,邱林川、陈韬文主编,中国人民大学出版社 2011 年版。

周裕琼:《2012 年中国谣言传播特征解析与应对策略》,《新媒体蓝皮书·中国新媒体发展报告(2013)》,社会科学文献出版社 2012 年版。

周裕琼:《当代中国社会网络谣言的本质特征、传播规律与社会功能:对八次实证研究发现的综合分析》,《中国传媒海外报告》2012 年第 8 期。

朱继东、李晓梅:《网络谣言泛滥的根源及对策》,《新闻爱好者》2013 年第 9 期。

祝华新:《打击谣言背景下的网络舆论新格局》,财新《中国改革》2013 年第 10 期。

祝建华:《不同渠道、不同选择的竞争机制:新媒体权衡需求理论》,香港《中国传媒报告》(China Media Reports) 2004 年第 2 期。

《主流媒体如何增强舆论引导有效性和影响力之三:重视对几类重要报道领域的改革与创新》,《中国记者》2004 年第 1 期。

三 学位论文

程中兴:《谣言、流言研究:以话语为中心的社会互动分析》,博士学位论文,上海大学,2007 年。

何玉兴:《社会群体沟通平衡问题学理资源探析》,博士学位论文,中国社会科学院研究生院,2000 年。

王峰苓：《十八世纪英国城市公共性研究》，博士学位论文，华东师范大学，2006 年。

尉程炜：《〈古谣谚〉研究》，硕士学位论文，北京大学，2011 年。

四　英文专著

Kathleen Fearn-Banks. *Crisis Communications：A Casebook Approach*（*4th Edition*）. Routledge，New York，2011（First edition published in 1996 by Lawrence Erlbaum Associates Inc）.

Park，R. E. & Burgess，E. W. *Introduction to the Science of Sociology*，3rd edn. Chicago：University of Chicago Press，1969（Originally published in 1921）.

Sameer Hinduja & ustin W. Patchin. *Bullying Beyond the Schoolyard：Preventing and Responding to Cyberbullying*. Corwin Press，2009.

Steve Duck & David T. McMahan. *The Basics of Communication：A Relational Perspective*，SAGE Publication，Inc. 2009.

五　英文论文

Allport G. W.，Postman L. An Analysis of Rumor，*Public Opinion Quarterly*，10，hiver 1946—1947.

Ball-Rokeach，S. J.，& DeFleur，M. L. A dependency model of mass-media effects. *Communication Research*，3，1976.

Bordia，P.，& Difonzo，N.. Problem solving in social interactions on the Internet：Rumor as social cognition. *Social Psychology Quarterly*，87（1），2004.

Buckner H. T.. A Theory of Rumor Transmission，*Public Opinion Quarterly*（29），（1），1965.

Cristian F. Coletti，Pablo M. Rodríguez，Rinaldo B. Schinazi. A Spatial Stochastic Model for Rumor Transmission，*Springer Science＋Business Media*，2012.

Devavrat Shah & Tauhid Zaman. Rumors in a Network: Who's the Culprit? *Ieee Transactions on Information Theory*, Vol. 57, No. 8, August 2011.

Dian Katz, MS. Rumors Hurt. *Lesbian News Magazine*, March, 2011.

Gabrielle F. Principe, Tomoe Kanaya, Stephen J. Ceci and Mona Singh. Believing Is Seeing: How Rumors Can Engender FalseMemories in Preschoolers. *Psychological Science*, Volume 17—Number 3, 2006.

Howard L. Weinberg. When News Fails, Men Must Invent It. *Columbia Journalism Review*, Spring, 1969.

Jiang Fei & Huang Kuo. Community media in China: Communication, digitalization, and relocation, *Journal of International Communication*, 19: 1, 2013.

J. N. Kapferer. A Mass Poisoning Rumor in Euripe. *Public Opinion*. Volume 53, 1989.

Knapp R. A Psychology of Rumor, *Public Opinion Quarterly*, 8 (1), 1944.

Peri K. Blind. 2006. Building Trust in Government in the Twenty—First Century: Review of Literature and Emerging Issues, 7*th Global Forum on Reinventing Government Building Trust in Government* 26—29 *June* 2007, Vienna, Austria (written in November 2006) .

http: //unpan1. un. org/intradoc/groups/public/documents/un/unpan 025062. pdf.

Peterson W. , Gist N. Rumor and Public Opinion, *American Journal of Sociology*, 57, 1951.

Prashant Bordia, Nicholas DiFonzo & Verity Travers. Denying Rumor of Organizational Change: A Higher Source is Not Always Better. *Communication Research Reports*, Volume 15, Number 2, 1998.

Ralph L. Rosnow. Rumor as Communication: A Contextualist Approach. *Journal of Communication*. 38 (1), 1988.

Serdar Ozturk. The Struggle over Turkish Village Coffeehouses (1923—45), *Middle East Studies*, Vol. 44, No. 3, May 2008.

六 报纸资料

《安利首次表态：纽崔莱用“转基因原料”系谣言》，《京华时报》2012 年 9 月 5 日第 B47 版。

曹继军、颜维琦：《专家称“雾霾可使鲜肺 6 天变黑肺”一说夸大其词》，《光明日报》2013 年 11 月 20 日第 10 版。

邓琦：《复旦大学称“雾霾使鲜肺 6 天变黑”报道不实》，《新京报》2013 年 11 月 19 日第 A18 版。

龚丹韵：《为什么谣言比科普有市场》，《解放日报》2013 年 10 月 21 日第 3 版。

国家互联网信息办：《清理网络谣言取得阶段性成果》，《中国青年报》2012 年 4 月 13 日第 6 版。

李拯：《自媒体有传播就有责任》，《人民日报》2013 年 5 月 11 日第 1 版。

梁为：《300 网友武汉试吃“黄金大米”》，《南方都市报》2013 年 10 月 20 日第 A17 版。

刘德华、邹明斌：《中江县检察院：红十字会买药虚开发票系谣传》，《检察日报》2008 年 5 月 25 日第 4 版。

刘黎霞、高菲：《中大更名“逸仙大学”？纯属“学生恶搞娱乐”》，《南方都市报》2013 年 5 月 30 日第 GA16 版。

刘启路、高鸿鹏：《网上散布“挖肾”谣言，5 人被拘》，《大河报》2013 年 8 月 28 日第 A13 版。

毛浩、董伟、白皓：《瓮安答卷》，《中国青年报》2012 年 4 月 27 日第 1 版。

《如何快速识别网络惊悚谣言看教科书式网络辟谣》，《扬子晚报》2012 年 3 月 30 日第 B1 版。

商西：《转基因大米做猕猴喂养实验》，《京华时报》2013 年 10 月 21 日第 A5 版。

宋识径、许梦娜：《一网络推手公司造谣被端》，《新京报》2013 年 8 月 21 日第 A8—A9 版。

王璀一：《聚美优品被指逼供应商“站队”电商资源争夺加剧》，《北京商报》2013年2月26日第4版。

王俊秀：《七成上访者向政府网站投诉过　近九成对答复不满意》，《中国青年报》2012年1月11日第3版。

向楠：《83.2%受访者确认现在社会谣言很多》，《中国青年报》2011年9月8日第7版。

张鸣：《义和团和五四时期的流言、危机与抢购》，《新京报》2011年3月26日第B6版。

中国社会科学院中国特色社会主义理论体系研究中心：《合力构建聚民心尚理性的网络舆论空间》，《人民日报》2013年11月14日第14版。

《致歉声明》，《经济观察报》2012年6月19日第1版。

庄庆鸿、翁菁：《辽宁东港80后副市长履历造假疑云》，《中国青年报》2013年1月25日第3版。

七　网络资料

北大法律信息网：《贾志攀编造、故意传播虚假恐怖信息案》，http：//vip. chinalawinfo. com/newlaw2002/slc/slc. asp？ db=fnl & gid=117651106。

大公网：《国新办副主任李伍峰因严重抑郁坠楼身亡》2014年3月30日，记者隋晓姣，http：//news. takungpao. com/mainland/focus/2014 - 03/2389181. html。

东北新闻网：《辽宁东港出现80后美女副市长官方称按程序晋升》2013年1月11日，http：//news. ifeng. com/mainland/detail _ 2013 _ 01/11/21095850 _ 0. shtml。

东方网：《阿扁枪击案全景记录：两颗子弹扭曲选举岛内人人成神探》，来源：《瞭望东方周刊》，作者：范丽青，2004年5月11日，http：//mil. eastday. com/eastday/mil/node3208/node16679/userobject1ai231975. html。

凤凰网：《自由谈：什么导致了无“盐”的结局?》，截止日期：2011年3月25日00：00，http：//news. ifeng. com/opinion/special/dizhenshiyan/。

光明网：《7 个数据揭露经济现状》2013 年 9 月 13 日，http：//economy. gmw. cn/2013 - 09 - 13/content _ 8898164. htm。

光明网：《农业部：转基因食品“致癌、影响生育”是谣言》2013 年 10 月 18 日，http：//economy. gmw. cn/2013 - 10 - 18/content _ 9215173. htm。

果壳网：《如何看待黑龙江大豆协会对于转基因大豆的指责?》2013 年 6 月 25 日，http：//www. guokr. com/article/437141/。

海知部落：《英研究发现：人对 Facebook 讯息的记忆力是书的 1.5 倍》2013 年 1 月 31 日，http：//www. iknowing. com/iknowing/note/46713423949403. html。

河北新闻网：《“大吃大喝”不实报道甚于毒药》2013 年 4 月 25 日，http：//www. hebnews. cn。

红古人信息网：《兰州城管遭千人群殴，队长下跪哭喊求饶（组图）》2012 年 9 月 12 日，http：//www. hongguren. com/news. php? id=74。

华商网：《法国科学家公布的研究结果显示——吃了两年转基因谷物过半实验鼠长肿瘤》2012 年 9 月 21 日，记者李珊，来源：《华商报》，http：//hsb. hsw. cn/2012 - 09 - 21/content _ 8422517. htm。

黄河新闻网：《靠什么终结上访者杀截访者的悲剧》，http：//www. sxgov. ch/changzhi/changzhi _ content/2013 - 11 - 29/content _ 3904075. htm。

国务院办公厅：《李克强主持召开国务院常务会议：部署进一步落实半年多以来已出台的促改革调结构措施夯实经济稳中向好基础》2013 年 10 月 20 日，http：//www. gov. cn/ldhd/2013 - 10 - 20/content _ 2510836. htm。

环球网：《疯传“军车进京北京出事”谣言背后不简单》2012 年 4 月 3 日，http：//mil. huanqiu. com/Observation/2012 - 04/2580647. html。

肯德基官网：http：//www. kfc. com. cn/%E6%8E%A2%E7%A7%98%E4%B9%8B%E6%97%85/。

美联社网站：《美联社雇员社交媒体守则》（2013 年 5 月修订），http：//www. ap. org/Images/Social - Media - Guidelines _ tcm28 - 9832. pdf。

闵大洪：《从网络谣言到网络假新闻》，新华网传媒人物专栏 2003 年 6 月 23 日，http：//news. xinhuanet. com/newmedia/2003 - 06 - 23/content _ 931727. htm。

南方网：《苏宁掌门张近东被捕是谣言?》2005 年 3 月 3 日，http：//www. southcn. com/finance/hot/cjjiaodian/200503030060. htm。

全国人民代表大会常务委员会：《中华人民共和国治安管理处罚法》2005 年 8 月 28 日，http：//www. law - lib. com/law/law _ view. asp? id = 97597。

全国人民代表大会常务委员会：《中华人民共和国刑法（2011 年修正）》2011 年 2 月 25 日，http：//www. lawtime. cn/faguizt/23. html＃9。

人民网：《归真堂事件展现网络公关技巧无间道手段操纵民意》（人民网记者张雨访谈武汉大学信息管理学院教授沈阳会商实录）2012 年 3 月 1 日，http：//news. china. com/focus/huoxiongqudan/11115079/2012 - 03 - 01/17064181. html。

人民网：《北京西城回应“父陪 9 岁女练摊遭围殴”称多名执法者受伤》2013 年 7 月 27 日，http：//legal. people. com. cn/GB/n/2013 - 07 - 27/c42510 - 22348414. html。

人民网：《“两高”公布关于办理利用信息网络实施诽谤等刑事案件适用法律若干问题的解释》2013 年 9 月 9 日，http：//legal. people. com. cn/GB/51654/363283/368986/。

人民网：《山东滨州警方称接到电死“外星人”报警专家未予确认》2013 年 6 月 9 日，记者封欢欢，http：//society. people. com. cn/n/2013 - 06 - 09/c1008 - 21805602. html。

人民网：《山西出现“近日有地震”流言地震局已发公告辟谣》，记者姚晓晨、封欢欢，2010 年 2 月 21 日，http：//society. people. com. cn/GB/41158/10992003. html。

人民网—《人民日报》：《〈深圳 90 后女孩当街给残疾乞丐喂饭感动路人〉等虚假报道遭国家新闻出版总局查处》2013 年 5 月 8 日，http：//fujian. people. com. cn/n/2013 - 05 - 08/c181466 - 18613452. html。

人民网强国论坛：《肿瘤大面积爆发与转基因食品有关!》2013 年 10 月 29 日，http：//bbs1. people. com. cn/post/1/1/1/134657688. html。

360 百科：《归真堂活熊取胆事件》，http：//baike. so. com/doc/6801299. html。

搜狐网：《女儿嫌母亲是清洁工不认 10 年后发千封忏悔邮件》2009 年 5 月 6 日，来源：《重庆晚报》，记者任文劼等，http：//news. sohu. com/2009 - 05 - 06/n263790616. shtml。

腾讯网：《大学女生怕同学讥笑将临时工母亲推开：滚回家》2013 年 5 月 5 日，来源：《钱江晚报》，记者郑琳，http：//edu. qq. com/a/2013 - 05 - 05/000071. htm。

腾讯网：《社交账号被盗：新时代的网络安全之殇》2013 年 4 月 24 日，http：//www. cyzone. cn/a/2013 - 04 - 24/241425. html。

腾讯网：《说服国人接受转基因为何这么难》2013 年 10 月 21 日，http：//view. news. qq. com/intouchtoday/index. htm? 2587 & ADUIN＝327288433 & ADSESSION＝1382338609 & ADTAG＝CLIENT. QQ. 5239 _. 0 & ADPUBNO＝26248。

腾讯微信：http：//wx. qq. com。

铁血社区：《兰州城管被民围殴，队长被暴打跪地求饶》2009 年 6 月 9 日，http：//bbs. tiexue. net/post2 _ 3621446 _ 1. html。

网易新媒体：《新闻杂谈：以讹传讹》2013 年 12 月 4 日，http：//www. 52rkl. cn/xinwenzatan/1204123262013. html。

武汉大学互联网科学研究中心：《微博传播规律与舆情演进》(网络发布版)，来自@武大沈阳微博发布，2012 年 5 月 2 日，http：//vdisk. weibo. com/s/iKVeUpSH - i。

四川新闻网：《网上造谣针刺死人以身试法被拘五日》2009 年 10 月 12 日，http：//gy. newssc. org/system/2009 - 10 - 12/000640225. htm。

网易：《任志强：央视报道造谣早转够 500 了应抓起来》2013 年 11 月 26 日，http：//money. 163. com/13/1126/18/9EKIGS3Q002534NU. html。

西部网：《陕西地震信息网遭黑客攻击紧急发布信息辟谣》2008 年 5 月 30 日，

http：//news. cnwest. com/content/2008 - 05 - 30/content _ 1256007. htm。

新传媒产业联盟网站：http：//www. xcmcn. com/cxsd/diliujie/。

新华网：《公安机关核实已有 531 人被针状物刺伤》2009 年 9 月 6 日，http：//news. xinhuanet. com/politics/2009 - 09 - 06/content _ 12005095. htm。

新华网：《刘铁男被“双开”实名公开举报渐显反腐“威力”》2013 年 8 月 8 日，记者华春雨、隋笑飞等，http：//news. xinhuanet. com/politics/2013 - 08 - 08/c _ 116870448. htm。

新华网：《“钱云会案”：警惕网络推手误导网上舆论》2011 年 2 月 6 日，http：//news. xinhuanet. com/legal/2011 - 02 - 06/c _ 121052650. htm。

新华网：《世卫组织：碘盐无益防辐射不当食用有碍健康》2011 年 3 月 18 日，http：//news. xinhuanet. com/world/2011 - 03 - 18/c _ 121205098. htm。

新华网：《谣言是如何成为“谣盐”的？——全国食盐恐慌性抢购的幕后》2011 年 3 月 22 日，http：//www. sc. xinhuanet. com/content/2011 - 03 - 22/content _ 22335927. htm。

新华网：《北京市公安机关依法查处网上编造传播谣言行为》2012 年 3 月 30 日，http：//news. xinhuanet. com/legal/2012 - 03 - 30/c _ 122911330. htm。

新华网：《北京一女子网上散布“警察当街打死金毛犬”虚假信息被拘留》2013 年 6 月 18 日，http：//news. xinhuanet. com/2013 - 06 - 18/c _ 116191331. htm。

新华网：《国家互联网信息办部署集中清理三类信息保护公民个人隐私》2013 年 6 月 26 日，http：//news. xinhuanet. com/politics/2013 - 06 - 26/c _ 116302889. htm。

新华网：《网络名人社会责任论坛在央视新址举行》2013 年 8 月 10 日，http：//news. xinhuanet. com/local/2013 - 08 - 10/c _ 116892078. htm。

新华网：《河北邢台一女子贴吧内问“是否发生命案”被拘留》2013 年 8 月 31 日，http：//www. he. xinhuanet. com/news/2013 - 08 - 31/c _ 117173891. htm。

新华网：《两个故意传播谣言微博账号被注销和暂停》2013 年 5 月 10 日，http：//news. xinhuanet. com/politics/2013 - 05 - 10/c _ 115711107. htm。

新华网：《网曝山东临朐 20 万群众被强行做用药试验不实》2012 年 1 月 14 日，http：//news. xinhuanet. com/photo/2012 - 01 - 14/c _ 122586886. htm。

新浪网：《苏宁电器发布澄清声明董事长张近东被捕属谣传》2005 年 3 月 2 日，http：//finance. sina. com. cn。

新浪网：《江西上饶数十男子持刀砍村民》2013 年 7 月 6 日，http：//slide. news. sina. com. cn/c/slide _ 1 _ 2841 _ 33350. html? img=268077。

新浪网：《湘潭男子因群转发炭疽谣言被拘 5 天》2013 年 8 月 28 日，http：//hunan. sina. com. cn/news/s/2013 - 08 - 28/080168025. html。

新浪网：《新华社发乌龙快讯称伊斯坦布尔获 2020 奥运举办权》2013 年 9 月 8 日，http：//sports. sina. com. cn/o/2013 - 09 - 08/06216769674. shtml。

新浪网：《波士顿爆炸案美国媒体摆乌龙：称嫌疑人已被捕》2013 年 4 月 18 日，http：//tech. sina. com. cn/i/2013 - 04 - 18/08478252340. shtml。

新浪微博：http：//weibo. com/。

央视网：《山东滨州："外星人"来了？自导自演！》2013 年 6 月 12 日，http：//news. cntv. cn/2013 - 06 - 12/VIDE1371051478893402. shtml。

扬子晚报网：《聚美优品驳斥假货谣言，行业恶性竞争亟待解决》2013 年 3 月 25 日，http：//www. yangtse. com/system/2013 - 03 - 25/016672703. shtml。

郑若麟：《谣言盛行的理论剖析》，四月网文化评论专栏文章，http：//opinion. m4. cn/2012 - 08/1181252 _ 7. shtml。

中国国学网：《中国古人如何造谣？盘点谣言史上的"四大发明"》2012 年 4 月 24 日，http：//www. confucianism. com. cn/Show. asp? id=216456。

中华人民共和国国务院新闻办公室与中华人民共和国信息产业部：《互联网新闻信息服务管理规定》2005 年 9 月 25 日，http：//www. gov. cn/flfg/2005 - 09 - 29/content _ 73270. htm。

中华人民共和国工业和信息化部网站：《2013 年 1 月通信业运行状况》2013 年 2 月 25 日，http：//www. miit. gov. cn/n11293472/n11293832/n11294132/

n12858447/15215238. html。

中国互联网络信息中心（CNNIC）：《第 33 次中国互联网络发展状况统计报告》2014 年 1 月 16 日，http：//www. cnnic. net. cn/hlwfzyj/hlwxzbg/hlwtjbg/2014 - 03/t20140305 _ 46240. htm。

中国时刻网：《新华社央视摆乌龙致长沙晚报几十万份报纸追回损失巨大》2013 年 9 月 9 日，http：//www. s1979. com/caijing/guonei/2013 - 09/09100508409. shtml。

中国新闻网：《中盐总公司回应食盐抢购现象：确保市场稳定供应》2011 年 3 月 17 日，http：//www. chinanews. com/cj/2011 - 03 - 17/2912655. shtml。

中国新闻网：《网传江西数十男子持刀砍村民官方澄清与拆迁无关》2013 年 7 月 6 日，http：//www. chinanews. com/fz/2013 - 07 - 06/5010625. shtml。

最高人民法院网站：《忠诚是政法干警的基本操守》2012 年 6 月 29 日，http：//www. court. gov. cn/spyw/laxf/2012 - 06/t20120629 _ 177613. htm。

八 工具书

中国社会科学院语言研究所词典编辑室：《现代汉语词典》（修订本），商务印书馆 1996 年版。

附　件

2003—2013年主要抗议性谣言汇总表

时间	内容	类别	首发渠道	持续时长	次生谣言	权威认定	民众表现	处理结果
2003年	政府隐瞒非典病例；板蓝根等能抗非典	健康医疗疾病	网络	数月	有①	故意恶意	恐慌，抢购②	刑事拘留12人，治安拘留33人，罚款20人，行政警告25人，批评教育24人③
	新浪的股东是日本人；sina是日语的"支那"④	国家民族政治	网络	数年	有⑤	故意恶意	部分抵制；部分澄清	无
	麦当劳、肯德基漏税⑥	爱国经济	网络	数年	无	故意非恶意	部分响应；部分理性分析、澄清	无⑦

---

① 刚出生婴儿讲话说治"非典"要煮绿豆糖水和放鞭炮、烧香放炮能防治非典、"哑巴开口"、"烧香送瘟神"、北京将要"封城"和"用飞机洒药"、因得"非典"的中央电视台记者刘洪波去世等。

② 全国多地民众抢购板蓝根、抗病毒口服液、醋、绿豆、鞭炮等商品，部分民众烧香拜佛以"消灾"。

③ 北京、广东、河北等17个省市公安机关依法查处借非典之机利用互联网、手机短信制造传播非典谣言案件。截至5月7日，共查处案件107起，依法刑事拘留12人，治安拘留33人，罚款20人，行政警告25人，批评教育24人。《一批传播制造非典谣言者被查警方希望广大群众不信谣不传谣》，来源：2003年5月9日《法制日报》，记者翟惠敏、通讯员郭贝。

④ 在日语罗马字里，"sina"就是"支那"，是部分日本人对中国带有侮辱性的称呼。

⑤ 2003年11月至2004年初，有人在网上质疑新浪没有报日本人在珠海买春的消息；2004年7月，网上有人发帖说新浪没有关于"七七事变"的任何消息。

⑥ 多名网友通过网站论坛、QQ群等转发消费麦当劳、肯德基等洋快餐后一定要索要发票，防止国家税收流失的消息，指出麦当劳、肯德基每年在中国因为消费者不习惯要发票的原因而掠走将近10亿元（也有说20亿元等其他数字）的税收。

⑦ 网友理性分析；淮安市地方税务局等回答网友关于此问题的疑问等，但未发现官方的正式辟谣。

续表

时间	内容	类别	首发渠道	持续时长	次生谣言	权威认定	民众表现	处理结果
2004年	大批“毒面粉”流入黄石①	健康食品安全	《楚天都市报》等	数天	无	故意恶意	恐慌；担忧；质疑	辟谣②
	“我国第二代居民身份证由国外企业印制”③	民族信息安全	《中国青年报》	3天	无	故意非恶意④	抗议；疑问	道歉⑤
	180万买辆宝马砸着玩	社会法制仇富	《重庆商报》、《现代快报》	数年⑥	无	故意恶意⑦	愤怒；忧虑；质疑	无
2005年	泰山惊现老虎⑧	人身安全	口耳相传	数月	无	故意非恶意⑨	惊恐；害怕⑩	无

① 称一种增白剂严重超标的“毒面粉”流入黄石部分学校和企业食堂，一些面粉店也公开销售。

② 武汉市江岸大智工商所于10月10日委托市粮油食品中心检验站检测结果显示：报道中的面粉增白剂并未超过国家标准。

③ 《中国青年报》记者史世民看到雅虎中国8月20日转载《国际先驱导报》驻东京记者的报道，称中国6个试点城市的第二代身份证的印制业务将交由一家日本企业担任。第二代身份证采用彩色数码照相技术，而这个日本企业的打印机在所有的测试、比较和论证过程中表现优异，因而被选中。事实是，为确保证件质量，经公开招标，选用包括富士施乐、惠普在内的打印设备，用于第二代居民身份证表面照片和文字信息的打印，但所有的第二代居民身份证均由公安机关制证中心（所）印制，制证过程是在安全可控环境下进行的，不存在身份证由外国企业印制的问题。

④ 《中国青年报》记者史世民只看到雅虎中国的转载，没有查看来源，也没有进一步查证，出于对个人信息安全的担忧和民族主义情绪而发表该报道。

⑤ 《中国青年报》8月26日就此问题的表态：媒体的确应该负有这样的义务：以理性、建设性的声音，在社会上建立一道防止某些极端倾向或者思潮的“防火墙”。

⑥ 数年间，时不时有网站论坛网友发帖称自己目睹了类似事件整个过程，该谣言为典型的“潜水谣言”。

⑦ 11月8日，《法制晚报》发表杜冰的评论：“这是一条假新闻!”从2004年的8、9月份开始，全国各大网站的BBS里就很‘火’的流传过这样一个类似的故事。

⑧ 2005年6月8日早上，东岳泰山东麓东御道景区附近的上梨园村，一名金姓女孩称“发现老虎”。8日至10日间，泰山景区公安分局110指挥中心接到了不下20个“发现老虎”的报警电话。

⑨ 金姓女孩在没有看到“黄毛黑花纹的动物”的头部的情况下，便报警说发现了“老虎”。而相关部门未作仔细查实便做出草率结论。

⑩ 泰安市立即成立了搜虎领导小组和专门工作机构。泰山管委会、公安、武警等有关部门人员及广大干部群众共1000多人，于6月11日展开拉网式搜寻。泰安市在景区和泰山东麓各地张贴了上千张紧急公告，在重点部位设立了警戒点，并临时关闭了上梨园村一带20多家饭店，景区的进山大门也曾一度关闭。为防虎饿伤人，泰安市工作机构还在山林里拴上了羊和鸡供其捕食，有的地方还布下了一些牛肉、羊肉做饵料。当时，该谣言信息严重影响了当地旅游。

续表

时间	内容	类别	首发渠道	持续时长	次生谣言	权威认定	民众表现	处理结果
2004年	吉林石化公司双苯厂发生爆炸，剧毒污染松花江水源	事故环境污染	口耳相传	数日	有①	故意非恶意	恐慌，抢购饮用水、啤酒、牛奶等商品；外出避难	环保部门认可，吉林市委、市政府未表态；黑龙江省和哈尔滨市政府启动突发事件应急预案
	3万元兜售“院士”	社会学术腐败	“中国管理科学院”的申报信函	3个多月②	无	故意恶意	质疑	辟谣③
2006年	垃圾场惊现儿童残肢	民生法制人身安全	《兰州晨报》	数日	无	故意恶意	惊恐；质疑	《兰州晨报》对采写失实报道的两名记者予以开除，并对相关责任人做出处理
	“广东高州物管打死考上清华学生”，引发游行示威	社会民生法制	网络	数日	无	故意恶意④	同情；愤怒；质疑	发帖两人受治安处罚
	张志坚揭露“官药勾结”	医疗腐败法制	网络	1年3个月	无	从故意恶意到故意非恶意	愤怒；质疑	刑事拘留——获得赔偿⑤
2007年	“病猪肉”谣言	食品安全	手机短信	数日	无	故意恶意	质疑；愤怒；担心	北京警方称，发“病猪肉”谣言短信可判5年以上徒刑

① 出现“哈尔滨人赖以生存的松花江水系被污染”和“要发生大地震”等次生谣言。

② 2002年，关制钧与妻子注册了“中国管理学院有限公司”，并向全国各专业领域人士邮寄了3000到4000封“评选院士的信函”。使该谣言浮出水面的是，2005年9月，湖北宜昌医生蒋地厚向媒体反映，他接到了“中国管理科学院”申报信函并对上面内容表示怀疑。

③ 中国工程院专门派出学部工作局于2005年10月底在中国工程院网站上发布相关说明指出：“所谓的‘中国管理科学院’在国内聘请院士和兜售院士的行为，已经超出了它的经营范围，而且带有明显的欺骗性质。”

④ 发帖人仅凭“听说”而“编造”炮制而成，失实。南方都市报记者调查得知高州一市场16天前发生一起摊主与市场物业管理人员冲突事件，5人受轻微伤，未有人死亡；当事学生为高州二中学生，高考成绩总分524分，并非传闻中的“高考状元”和“刚考上清华的学生”。

⑤ 先是认定为“涉嫌损害商业信誉罪”；然后认为被错误羁押，最后获得赔偿。

续表

时间	内容	类别	首发渠道	持续时长	次生谣言	权威认定	民众表现	处理结果
2007年	“太湖水致癌物超标200倍”	环境污染人身安全	手机短信	数日	无	故意恶意①	恐慌；质疑；担心	发信的无锡市民丁某被无锡警方处以治安拘留
	“济南银座广场因大水死了不少人”	事故安全	网络	数日	无	故意恶意	质疑；猜疑	发帖人“红钻帝国”被治安拘留
2008年	贵州瓮安事件相关谣言②	社会民生法制	口耳相传	数日	有③	未定性	同情；质疑；群众上街，聚集围堵政府部门，打砸抢烧	无④
	抵制家乐福⑤	国家民族	网络	20多天	有⑥	故意非恶意⑦	部分支持抵制，并网下展开抵制活动；部分表示不赞成抵制活动	无

① 北京警方：发“病猪肉”谣言短信可判刑5年以上。

② 贵州省瓮安县部分群众因对女中学生李树芬（6月22日溺水）死因鉴定结果不满，认为女学生是被奸杀后投入河中，元凶是县委书记的亲侄女，女学生李树芬的幺叔、瓮安玉华乡中学教师李秀忠在与公安人员的争执中被打死。

③ 死者妈妈失去理智，爷爷、奶奶、叔叔、姑姑等被打重伤；公安局要给家属2万元私了，强制其掩埋尸体；公安多次破坏现场；河边发现带血卫生纸（被强奸的证据）；死者家属组织游行为女儿申冤等。

④ 与该谣言相关的发生于6月28日的打砸烧事件主要犯罪嫌疑人熊教勋被抓获；当地主要领导干部被撤职，瓮安最大黑帮“玉山帮”主要头目被缉拿归案，但没有针对造谣和传谣者的处理。

⑤ 抵制理由：家乐福大股东路易威登曾给达赖捐巨资，家乐福支持“藏独”。背景：北京奥运火炬在法国传递中受辱，激怒了众多中国民众；法国巴黎市长表示将要求市议会授予达赖“荣誉市民”进一步激怒中国民众。

⑥ 因抵制活动，家乐福将在五一进行促销活动；家乐福新加坡分支机构资助过达赖；家乐福与记者无国界组织有关联；武汉家乐福在门前降半旗以对“藏独”表示同情；家乐福官网被黑，留下抵制诗歌等。

⑦ 2008年4月15日，中国外交部发言人姜瑜表示，法方应对中国民众合理、合法表达的情绪和意见进行深思和反思。

续表

时间	内容	类别	首发渠道	持续时长	次生谣言	权威认定	民众表现	处理结果
2008年	汶川地震谣言①	灾难	网络（含百度贴吧、政府部门网站）	数日	有②	故意恶意③	民众恐慌；质疑；千家网络媒体发布共同抵制汶川地震中各类谣言倡议书	张某被行政拘留5天；贾志攀以编造、故意传播虚假恐怖信息罪，被刑事拘留
2009年	杭州“5·7”交通肇事案出庭被告人胡斌是“替身”	法制腐败	网络	数日	无	故意恶意	愤怒；质疑	捏造、散布谣言的熊忠俊被湖北鄂州市公安机关依法行政拘留10天
	河南杞县核泄漏谣言	事故人身安全	口耳传播	2天	有④	故意非恶意	恐慌；外逃	辟谣⑤
	新疆人针刺致死亡谣言	社会治安人身安全	网络	数日	无	故意恶意	对针头的恐惧；对新疆人的排斥与戒备	公安机关将多名造谣者行政拘留

① 2008年5月12日17时左右，张某在百度“贴吧”上发布《具（据）说这次地震是认（人）为的，和美国有关系》等关于地震的有害虚假信息，并转发到其他贴吧；2008年5月28日23时38分，西安某学院大学生贾志攀多次入侵陕西省地震信息网，并在网站上发布了“23时30分陕西等地会有强烈地震发生”的消息。23时51分网站恢复正常，虚假信息被删除。来源：西部网：《陕西地震信息网遭黑客攻击紧急发布信息辟谣》2008年5月30日，http://news.cnwest.com/content/2008-05-30/content_1256007.htm。

② 汶川地震三周年时出现“汶川111788人，重建花费8851亿元，人均7917665元，天下奇闻!”的谣言。

③ 贾志攀认为自己是在开玩笑，想看看周围人有多紧张。

④ “两个机器人被核辐射烤化了，专家都连夜坐飞机回北京了”。

⑤ 开封市环保局联合杞县人民政府发布辟谣消息：“杞县钴60辐射源处在控制状态，没有危险，请大家不要相信谣言，要保持安定”。杞县县长李明哲站在辐照厂前说，“谣言不属实，钴60未泄漏”。开封市政府召开新闻发布会，环保部专家陈凌在会上称放射源处于安全状态。

续表

时间	内容	类别	首发渠道	持续时长	次生谣言	权威认定	民众表现	处理结果
2010年	山西地震门①	灾害人身安全	手机短信	数日	有②	故意非恶意	焦虑；恐慌；上街“等地震”	辟谣③
	李刚在保定市有5套房产、河大车祸案已和解	社会法制	网络	数月	有④	故意恶意⑤	愤怒；对司法公正的质疑和担忧	河北省公安厅官方微博辟谣
	钱云会“因捍卫百姓权利被谋杀”⑥	民生征地官民对峙	口耳相传	数月	有⑦	故意恶意⑧	猜疑；村民与警方发生冲突；网友展开独立调查团工作，并吁请中央成立调查组介入	警方控制多名寨桥村以及邻村的村民，刑事拘留6名寻衅滋事的嫌犯

① 2010年1月15日，家住太原的王先生收到朋友转发的一条手机短信，短信称：“最近各大医院正在搞防震演练，并且储备恐慌的市民驾车外出医疗用品，还选派很多医生和护士作为地震应急人员，看来太原近期会发生大地震，请做好防震准备，尽量不要在建筑物内逗留。”2月21日凌晨，山西太原、晋中、长治、晋城、阳泉等地市民、村民传播将发生破坏性地震的谣言，导致各市、各村居民半夜从家里跑到街头、公园躲避灾难。

② 2010年4月15日，廊坊地区谣传出下午1点出现地震，周边地区人心惶惶。

③ 2010年2月21日上午，山西地震局发布公告：“2010年2月21日凌晨，太原、晋中、长治、晋城等地市民传播将发生破坏性地震的谣言，请大家不要信传。保持正常生活、生产秩序。”

④ “李一帆（即李启铭）因交通肇事罪被判有期徒刑3年，监外执行”等。

⑤ 实际上，警方认定李启铭构成交通肇事罪，判处李启铭有期徒刑6年。

⑥ 2010年12月25日，浙江省温州市乐清市蒲岐镇寨桥村原村委会主任钱云会被工程车碾压致死，村民中间流传“村主任是被4个人抬起，扔在工程车前轮下压死的”传言。在天涯论坛浙江板块上，“ZF公然sha人”于当天中午13时11分发表《蒲岐——苦难的村长，为民办事的好村长，今早被杀》的帖子。事后有关方面的调查中，“证人”钱成宇表示，他只是在十四五米远处看到有4个人，没有说过钱云会被“摁住”碾死。“证人”黄迪燕承认，是有人诱使她说自己看到了事情经过，她根本就没有在事故现场。

⑦ 有网民称“就在案发的头一天，该路段的摄像头被拆掉了”；还有网民称“钱云会为了告发官员豪夺他们村146公顷土地，一直奔波上访了六年之久，受过多次牢狱之灾”；当地村民说钱云会手上戴着一块手表，手表有录像功能，事故后手表被人藏起来了等。

⑧ 被认定为“网络推手恶意误导网络舆论”。

续表

时间	内容	类别	首发渠道	持续时长	次生谣言	权威认定	民众表现	处理结果
2011年	“中非希望工程”是借慈善牟利	公益腐败	网络	数月	无	故意恶意	愤怒；质疑①	相关各方辟谣②
	日本核电站爆炸对山东海域有影响，一年内不能吃海产品；“食用碘盐可防核辐射”	事故食品安全	网络	数月	有③	故意恶意④	恐慌；抢购食盐；担心“买不到食盐和食盐价格飞涨”	主流媒体辟谣；对发布信息的“渔翁”行政拘留10天，罚款500元
	江苏响水县化工厂爆炸谣言⑤	事故人身安全	口耳相传	数日	无	故意非恶意⑥	恐慌；外逃；引发多起车祸，多人受伤，个别死亡	谣言散布者刘某被警方抓获
2012年	军车进京，北京出事	政治军事	网络	12天	无	故意恶意	恐慌；猜疑	刑事拘留造谣者，新浪和腾讯微博关闭评论功能3天，16家网站被查处

① 新浪微博搜索卢星宇与卢俊卿，一度显示“根据相关法律法规和政策，搜索结果未予显示”。

② 青基会、北京大学非营利组织研究中心以及参与发起人卢俊卿和其女儿卢星宇辟谣。12月份，卢俊卿在其微博悬赏1000万，希望媒体或知情人给出他利用慈善牟利的证据，未有回应。

③ “12名自卫队员遇难”、“核辐射蔓延亚洲国家”、“女优被海啸吞没”、“知名漫画家葬身火海”、“日本核泄漏将扩散到我国境内”、“海水受到核污染，海盐会不安全”等。

④ 被认定为：“造谣惑众、恶意囤积、哄抬价格、扰乱市场等不法行为”。

⑤ 2011年2月10日凌晨，江苏省盐城市响水县有人传言，陈家港化工园区大和化工企业要发生爆炸，导致陈家港、双港等镇区部分民众陆续产生离家外逃，引发多起车祸，造成4人死亡、多人受伤。响水县公安部门于10日下午4时初步确定并抓获此案件的谣言来源者刘某。

⑥ 2011年2月9日晚10时左右，刘某给响水生态化工园区新建绿利来化工厂送土时，发现厂区一车间冒热气，便打电话告诉桑某，称绿利来厂区有气体泄漏，告知快跑。桑某等在场的20余人，随即又通知各自亲友，并告知转移避难。在多级传播过程中，绿利来化工厂被置换为园区另一家企业大和氯碱厂，而严重程度也逐渐在口耳相传中变得严重。

续表

时间	内容	类别	首发渠道	持续时长	次生谣言	权威认定	民众表现	处理结果
2012年	80吨黄金储备下落不明①	经济腐败	香港《动向》	数日	无	故意恶意②	部分网友不相信该报道；部分网友相信，并质疑央行③	中国人民银行辟谣，并保留对造谣、传谣者追究法律责任的权利
	“末日谣言”④，“2012.12.21地球会有连续3天是黑夜”	灾难人身安全	微博	数月	有⑤	误读⑥ 故意恶意⑦	恐慌；抢购蜡烛；商家借机炒作；大众年底狂欢	遍布16省的1300余人被公安机关查处
2013年	北京京温女被京温服装城七个保安轮奸后跳楼自杀，警察拒不立案	民生法制	微博	约7天	有⑧	故意恶意	质疑警察“草率”定性为自杀；近百人在丰台区京温商城门前聚集讨说法	13名犯罪嫌疑人被批准逮捕

① 据香港《动向》报道，财政部、央行、监察部和审计署已经成立专案组，调查存放在八个省市国库内的黄金储备有八十吨下落不明。列作调查的有山东济南三号黄金库、江西南昌五号黄金库、福建三明七号黄金库。

② 中国人民银行表示，“该报道无中生有”。

③ 由网友发表评论：“这种事打死也不会承认的！既然说媒体报道是谣言，为什么不直接起诉，还说保留追究权利，这一看就知道有软肋！”，来源：http://news.10jqka.com.cn/2012-08-23/c529033777.shtml。

④ 末日谣言包括厄尔尼诺灾难威胁生命、玛雅预言地球毁灭、地外行星引发海啸、中微子搅热地球、小行星撞击地球、行星连珠给地球带来灾难、黑洞吞噬地球、尼比鲁行星（Planet—X）撞击地球、超级火山爆发摧毁生命、超级太阳风暴袭击地球、伽马射线暴摧毁地球、地球磁极翻转引发大陆板块移动造成混乱、全球大瘟疫等。

⑤ “全能神”邪教组织人员聚集、散发宣传资料，散布世界末日谣言，鼓吹“只有信教才能得救保平安”。

⑥ 考古学家认为是对玛雅历法的误读，科学家认为谣传的“末日”场景不可能发生。

⑦ 邪教组织利用谣言骗敛钱财、编造歪理邪说等，进行非法活动。

⑧ 传女子死前曾与一群男人独处于密室、保安中已经有5个潜逃，服装城为了息事宁人付给受害家属2万元等。

续表

时间	内容	类别	首发渠道	持续时长	次生谣言	权威认定	民众表现	处理结果
2013年	雾霾可使鲜肺6天变黑肺	环境污染健康	网络	约23天	无	故意非恶意曲解误读①	对食品安全、健康环保等问题的焦虑；恐慌	11月18日下午，该报道中的项目负责人、复旦大学宋伟民教授接受《新京报》记者采访，辟谣
	北京老外扶倒地大妈被碰瓷	社会道德	网络	2天	无	故意非恶意	质疑和讨伐大妈；知道真相后向大妈道歉	媒体道歉；摄影记者道歉

说明1：上表中，2003年至2013年间抗议性谣言的筛选以在当年引起广泛关注的、大多在百度搜索相关结果大于100000条的为主。

说明2：上表中，信息来源除单独注明的之外，主要采纳了新华网、人民网、环球网等主流媒体网站的报道，原因有二：一是新华网、人民网、环球网等本身带有的主流媒体属性，二是新华网、人民网、环球网等的文章经由多家媒体和网站转载，因此，其报道带有主流媒体态度的普遍性。

说明3：上表中，采集信息的截止日期为2013年12月31日。

① 多篇相关报道都来自于10月25日中国新闻网健康频道的一篇报道，文章被转载时题目有所改变，有的题目是“复旦大学最新研究敲警钟，雾霾致国民健康亮红灯”。

后　　记

得知本书稿获得中国社会科学院创新工程学术出版资助的时候，正是新加坡前总理李光耀逝世（2015 年 3 月 23 日）之后，其时，铺天盖地的相关新闻报道接踵而至，微信朋友圈更是被相关信息“刷屏”。在此之前，李光耀曾经在社交网站“被逝世”，新加坡政府两次发表声明“辟谣”……而更加警示我们的是，李光耀“被逝世”并非个例，类似的“谣言”时有发生。我们不得不审慎思考：在信息源多元化、信息发布者普遍化的新媒体时代，如何甄别“谣言”，还信息以“确定性”？如何厘清“谣言”与“假新闻”的区别与联系？如何理性认识谣言及其传播现象？谣言传播在新媒体时代有什么新的特征？如何在保障信息张力与活力的基础上使我们的网络家园更加洁净透亮？本书仅以微薄的贡献试图揭开裹在谣言女神脸上无尽面纱中的其中一二。面纱随着时代的发展变化多端，而谣言女神的面目也纷繁多样。谣言的研究，任重道远！

本书初稿完成之际，正是我赴香港城市大学媒体与传播系作学术访问的时候。2014 年 3 月份的香港，鸟语花香，而城大校园里各处都是曲径通幽，三三两两的学子在散落校园各处的桌椅、沙发上或阅读，或低声探讨交流，一切都显得那么充实与和谐。正是在这样的氛围中，我开始了对初稿的修改。李金铨、李喜根等老师的循循善诱与耐心指引不仅为本书的修改提供了帮助，更为我将来的学术探索打开了多彩之门。在本书写作过程中，汇集了我的导师及本单位学术前辈尹韵公、唐绪军、宋小卫、卜卫、王怡红、姜飞、殷乐、孟威等老师的心血和指导意见，而刘晓红、钱莲生等老师一贯的严谨与认真态度和时统宇老师的理性与批判思维时刻提醒和鞭挞着我。在书稿修改过程中，还得到我非常敬重的郭庆光、杜骏飞、蒋原伦、唐润华、徐敏、施爱东、王灿发等教授的鼓励和启发。在此表示深深的感谢！我时常觉得自己很幸运，能在浓郁的学术氛围中见证这么多优秀的前辈和师长的人格魅力，感受他们的学术熏陶。他们温和、低调，而又不失厚重的学养滋灌与严谨的治学态度指引着我以一种纯净之心悉心钻研，踏实、精心、静心做学问。前辈们为学的谦恭和严谨时时刻刻鞭策着我对学术的敬畏与尊重，而与前辈们每一次的交流都缓缓流淌着无私而又饱满的温情，这些都将是我一生的财富。同时，感谢人民日报新闻协调部副主任、高级编辑丁伟、辽沈晚报社社长彭宁、辽沈晚报主编徐晓民、新浪网新闻中心副总监王薇、新浪网新闻中心传媒频道主编成功、中传互动营销研究院 CEO 于明、华艺传媒公司项目经理孙懿楚等热忱、耐心接受我的访谈。此外，感谢谣言研究领域所有前辈们所作的探索与贡献！

着手准备撰写本书稿的时候，正值父亲脑溢血住院，望着从昏迷状态苏醒过来的父亲，我以强装的轻松安抚他从未有过的脆弱，走出病房却是担心和心疼得泪流满面。感谢我智慧与宽容的母亲，多年来以温柔与坚韧维护着全家的安康。感谢父亲以自己强大的意志战胜身体上的多处顽疾，今天能以无比健康的状态与家人共享天伦之乐。感谢我的公公婆婆以坚强而乐观的人生态度感染全家。感谢我的爱人陪伴我度过难忘的欢乐与低落时光，并愿意与我分享所有的欢喜与忧愁。感谢我的儿子，从小到大的点滴成长过程，给了我无限的幸福与成全。感谢我身边所有的同事和亲友，你们身上总有那么多令我欣赏和羡慕的地方，有了你们，我的人生旅途中多了很多美丽的风景与欣喜！

回想整个书稿写作与完善的过程，确实有焦灼，有痛苦，但也有沉浸，有幸福。感谢在这一程中给予我学术指引、启迪、帮助和鼓励的每一位师友！惟愿自己时常以一颗感恩的心，将温情延续！

感谢中国社会科学院和新闻与传播研究所对于学者个人及其学术成果的重视与尊重，在市场化冲击下的喧哗与烦躁中，学者能安于一隅，静心钻研。感谢编辑陈肖静的细致、热情和智慧，使书稿最终得以理想呈现。研究和书写的过程，永远都有不足与遗憾。我将以前辈为榜样，在学习和工作的道路上继续探索、奋进。

欢迎各位师友指教、交流：leixia@cass. org. cn。

雷　霞

2015 年 7 月 8 日